古典文獻研究輯刊

十 五 編

潘美月・杜潔祥 主編

第 3 冊

顧棟高《春秋大事表》研究

魏 千 鈞 著

國家圖書館出版品預行編目資料

顧棟高《春秋大事表》研究／魏千鈞　著 — 初版 — 新北市：
花木蘭文化出版社，2012〔民 101〕
　目 4+194 面；19×26 公分
（古典文獻研究輯刊 十五編；第 3 冊）
ISBN：978-986-254-986-5（精裝）
1.（清）顧棟高　2.春秋（經書）　3.研究考訂
011.08　　　　　　　　　　　　　　　　　　101015058

ISBN-978-986-254-986-5

9 789862 549865

古典文獻研究輯刊
十五編　第三冊　　　　　　　ISBN：978-986-254-986-5

顧棟高《春秋大事表》研究

作　　者　魏千鈞
主　　編　潘美月　杜潔祥
總 編 輯　杜潔祥
企劃出版　北京大學文化資源研究中心
出　　版　花木蘭文化出版社
發 行 所　花木蘭文化出版社
發 行 人　高小娟
聯絡地址　新北市永和區中正路五九五號七樓
　　　　　電話：02-2923-1455／傳眞：02-2923-1452
網　　址　http://www.huamulan.tw 信箱 sut81518@gmail.com
印　　刷　普羅文化出版廣告事業
初　　版　2012 年 9 月
定　　價　十五編 26 冊（精裝）新台幣 42,000 元

顧棟高《春秋大事表》研究

魏千鈞　著

作者簡介

魏千鈞：國立臺灣大學中國文學系學士、碩士，目前為國立臺灣大學中國文學系博士候選人，指導教授為何澤恆教授。曾任國立臺灣大學人文社會高等研究院《東亞文明研究叢書》編輯助理。著有《顧棟高春秋大事表研究》一書，並發表〈毛奇齡古文尚書冤詞研究〉、〈上博二民之父母與禮記孔子閒居中「五起」順序優劣評議〉、〈左傳諸侯五月而葬說考辨〉等學術論文。

提　要

　　《春秋大事表》一書在《春秋》學史上有其重要性，但之前缺乏全面而深入的研究，本論文旨在全面考察此書特色與優缺點等問題。首章先對顧棟高的生平和《春秋大事表》的內容架構、成書經過有所論述。繼而從體裁編纂的角度切入分析，關注顧棟高在編纂各表時，並非隨意綴輯，而是用經經緯史的觀念來統攝各表，即史是變動的，必須透過觀察，瞭解其中變化的意涵，變動的史終究要回歸不變的經，也就是聖人透過《春秋》以垂教。顧棟高研究春秋，便是先從歷史下手。歷史的各種層面中，他又特別重視曆法和地理，用此建構春秋的客觀存在，有助於瞭解歷史事件的發展和意義，藉此探求《春秋》書載的真義。有了春秋的時空座標軸後，則可以進一步分析春秋的歷史。全書有關歷史的表可分成禮制、政治、軍事、世族、人物等類，將春秋各種「大事」都含括在內。《大事表》中對於時空和人事的分析，可說是對春秋歷史的探討。歷史的框架最終仍要回歸到經學的統攝，所以書中對於《春秋》經、傳、注的相關問題，也有詳細的探討。論文的第二章到第四章即據此將各表分成時間地理的考證、人事的歸納分析、經學的研究三方面，深入探討書中各表的體例、用意和優缺點。

　　論文的第五章先歸結和析論歷來學者對《春秋大事表》的評價，接著分析此書的特色。全書展現了表體的彈性調整的特色，又有論說考辨強化深度，是相當成熟的著作。至於顧棟高選擇表體編纂《春秋大事表》的原因，和主張用屬辭比事解釋《春秋》有關。顧氏反對一字褒貶之說，主張綜觀春秋歷史脈絡，結合客觀的時空等因素來評斷褒貶。表體具有透過排比史事來揭露歷史的脈絡的特性，就此而言顧氏選擇史表作為體裁的用意不言而喻。論文最後從綜觀全書的角度客觀分析其中的優缺點，衡量其中的得失，進而肯定《春秋大事表》在春秋學史上的重要性。

目

次

凡　例

　　引用中華書局本《春秋大事表》時，若標點符號更動而文意未有變動，如逗號改分號、句號改驚嘆號或問號之類，本文一律逕改不附注。其他明顯之標點錯誤或斷句錯誤，引用時則出注說明。

　　引文之文句有用小字夾注者，本文引用時改用「〔　〕」加以標識。另筆者自行附註說明、插注時，則用「（　）」加以區分。

　　稱引古今學者及師長之說，除孔子、孟子等沿用習稱外，一律直書姓名，即《春秋大事表‧凡例》所謂「庶使人一見瞭然，非敢唐突前輩也」之意。

第一章 緒 論

第一節 顧棟高生平傳略 [註1]

一、生平及治學過程

　　顧棟高，字震滄，又字復初，晚年自號左畬，江蘇無錫人，生於清康熙十八年(1679)。二十一歲時，父親去世。康熙六十年進士，授內閣中書。雍正元年（1723），受世宗引見，但因奏對越次而遭罷職。雍正八年（1730），應河東總督田文鏡的聘請，撰修《河南省志》。[註2] 雍正十三年（1735），江蘇巡撫顧琮舉顧棟高應博學鴻詞，未第。[註3] 乾隆七年（1742），掌教淮陰書

〔註 1〕關於顧棟高的生平傳略，《清史稿・儒林傳》（北京：中華書局，1976 年）及吳樹平〈顧棟高和他的春秋大事表〉（收入清・顧棟高：《春秋大事表》，北京：中華書局，1993 年）有詳細的介紹，以下傳略部分主要參考此二篇而成，並據其他相關資料予以增補。傳略引用《清史稿》及〈顧棟高和他的春秋大事表〉處不另出註，據其他資料增補之處則加註說明出處。

〔註 2〕顧棟高於《春秋大事表・春秋時晉中牟論》自述：「雍正八年春，余應河東田制臺聘修河南省志……」（頁 550）。然《四庫全書總目提要》（臺北：臺灣商務印書館，民國 72 年，影印武英殿本）於〈史部・地理類・河南通志〉記載：「雍正九年，河東總督田文鏡承命排纂，乃延編修孫灝、進士顧棟高等，開局蒐討。」（卷 6，頁 59 上），則與顧氏自述相差一年，附誌於此。

〔註 3〕顧棟高於雍正十三年受顧琮推舉，見載於清・王藻、錢林：《文獻徵存錄・卷五》（收入清代傳記叢刊第 10 冊，臺北：明文書局，民國 74 年），頁 775。此外清・諸可寶：《疇人傳三編・卷一・國朝補遺一》（收入清代傳記叢刊第 34 冊）亦載：「（顧棟高）乾隆初元，舉博學鴻詞未第。」（頁 278）記及顧棟高此次未第，而時間則晚前說一年。

院。〔註 4〕乾隆十一年（1746），在淮安志館撰修《淮安府志》。乾隆十五年（1750），高宗詔內外大臣推舉經明行修之士，大理寺卿鄒一桂推舉顧棟高，十六年（1751）時授與國子監司業職，但他因年老無法任職辭謝，於是改賜司業銜以示表彰。〔註5〕當時正逢皇太后大壽，顧棟高入京祝賀，受到高宗召見。他首先提及吳地敝俗，希望皇上躬行節儉以改善風俗，高宗聽了十分嘉許，賜七言律詩二首。〔註 6〕乾隆二十二年（1757），高宗南巡時再次召見，加祭酒銜，並賜御書「傳經耆碩」四字。乾隆二十四年（1759），卒於家中，享年八十一歲。

顧棟高為人個性正直，如上引皇太后大壽，顧棟高受高宗召見，並不歌功頌德，反而要求高宗應該要節儉以示海內。此外《郎潛紀聞二筆》中〈顧棟高奏對質直〉記載：「無錫顧震滄先生棟高，舉經學入都，荷蒙召見。面論云：『看汝年衰，是以準令回籍頤養，將來朕巡幸江南，尚可見汝。』顧奏云：『皇上還要南巡嗎？』高宗默然。旋賜國子監司業銜，放歸。先生奏對質直，固不改經生醇樸之氣，而聖天子優容宿學，度量與天地同符已。」〔註7〕此條記載顧棟高乾隆十五年時，因鄒一桂薦舉而受高宗召見，皇上見其年老令其回鄉養老，他反而說「皇上還要南巡嗎？」來質疑高宗屢次南巡之事。可見顧棟高性情樸直，所以《郎潛紀聞二筆》稱其「不改經生醇樸之氣」。

關於顧棟高的治學經過，《春秋大事表·總敘》中曾自述：「憶棟高十一歲時，先君子靜學府君手抄《左傳》全本授讀，曰：『此二十一史權輿也，聖人經世之大典於是乎在，小子他日當志之。』年十八，受業紫超高先生，時先母舅

〔註 4〕 據《春秋大事表·春秋絕筆獲麟論》自述：「余作此論，當乾隆之辛酉在鄧年丈悔廬學使署中……越明年掌教淮陰書院……」（頁 2439）乾隆之辛酉即乾隆六年，則其掌教淮陰書院在七年。

〔註 5〕 當時同受推舉的四十多人中，只有顧棟高、陳祖范、吳鼎、梁錫璵四人被認為名實相符而授與國子監司業之職。

〔註 6〕 此二首高宗御題詩見於《春秋大事表》（臺北：廣學社印書館，民國 64 年，影印同治十二年山東尚志堂刻本）卷前，一首為：「老不中書尚著書，皤然鶴髮被簪裾。滄辭待詔來金馬，榮為通經到玉除。詎曰宸嚴常穆若，欲諮民隱便傷如。題屏合傚王家例，一語還淳足起予。」另一首為：「文章風雅數東吳，誰似沈潛味道腴。為慕談經虛左席，用宏錫類慰慈烏。從教馬鬣榮光賁，要使蓬門義路趨。不是沉香呼學士，貂璫扶掖重醇儒。」本書採用《春秋大事表》之版本以中華書局點校本為主，引用此本時不另出註；但使用其他版本時，則加註說明。

〔註 7〕 清·陳康祺：《郎潛紀聞初筆、二筆、三筆》（北京：中華書局，1984 年），頁385。

霞峰華氏方以經學名世，數舉《春秋》疑義與先生手書相辨難，竊從旁飫聞其論，而未心識其所以然。二十一，先君見背，讀《儀禮‧喪服》，旁及《周官》、《戴記》，而於《春秋》未暇措手。年二十七、八，執筆學爲古文，始深識《左氏》文章用意變化處……」（卷前，頁1）可見顧棟高從小就由父親教導《左傳》。他進一步接觸到《左傳》的疑難問題，則要到弱冠後聽老師和自己的舅舅相互辯論《春秋》疑義。顧棟高的老師高愈，字紫超，無錫人，乃明高攀龍之從孫，對經學頗有研究，撰有《周禮集解》、《小學纂注》等書。顧棟高的舅舅華學泉，字天沐，號霞峰，無錫人，對經學亦頗有鑽研，撰有《讀易偶存》、《春秋經傳日鈔》、《春秋類考》、《春秋疑義》、《周禮疏義》、《儀禮喪服或問》等。〔註8〕顧棟高雖然在二十歲左右從老師和舅舅身旁聽聞到許多《春秋》疑義的辯論，但是卻「未心識其所以然」。父親過世，顧棟高居喪讀《禮》，對《儀禮》、《周禮》、《大戴禮記》都有所涉獵，對於《春秋》則未能覽讀。〔註9〕父親過世後，教導顧棟高的責任便落到母親和舅舅的身上，華希閔在〈顧母華太夫人八十壽序〉上便說：「震滄蚤歲失怙，而卓然能自振拔者，得舅氏及母夫人之教也。」

〔註8〕 吳樹平〈顧棟高和他的春秋大事表〉一文稱據《無錫金匱縣志》列高愈所撰之書有《讀易偶存》、《春秋經傳日鈔》、《春秋類》、《春秋疑義》、《周禮疏義》、《儀禮喪服或問》，而華學泉則列《春秋類考》、《儀禮喪服或問》。然翻閱清‧裴大中等所著《無錫金匱縣志》（收入《中國方志叢書‧華中地方》第21冊號，臺北：成文出版社，民國59年，影印光緒7年刊本），書中列高愈之著書有：《周禮集解》24卷、《小學纂注》6卷、《老子道德經解》、《薛胡羅三先生要語》（卷39，頁20下），而華學泉則撰有：《讀易偶存》6卷、《春秋經傳日鈔》28卷、《春秋類考》12卷、《春秋疑義》2卷、《增訂周禮集解》24卷、《儀禮喪服或問》1卷、《老子疏義》2卷、《楞嚴疏鈔》10卷、《霞峰文鈔》2卷（卷39，頁20下），與吳說差異頗大。且吳樹平於兩人所撰書目皆列《儀禮喪服或問》一書，頗疑有誤。根據《清史稿‧儒林傳》記載，高愈撰有《讀易偶存》、《春秋經傳日鈔》、《春秋類》、《春秋疑義》、《周禮疏義》、《儀禮喪服或問》（頁13114），而《清史稿‧藝文志》記載華學泉亦有《春秋疑義》（頁4245），疑《清史稿》其中一說應有訛誤。據《四庫全書總目提要》的著錄，華學泉有《春秋類考》12卷、《春秋疑義》1卷（卷31，頁12上），則〈儒林傳〉中所載高愈的著作中，《春秋疑義》應是華學泉所撰，此外《春秋類》不似書名，應是華學泉《春秋類考》之誤。此外《無錫金匱縣志‧儒林傳》更明載：「學泉尤以經學著，所著《儀禮喪服或問》，高愈亟稱之。」（卷21，頁27下）其說似較可信，《清史稿‧儒林傳》或誤將華學泉所撰之書列爲高愈所撰，而吳樹平又據誤而引。故此處二人所撰書目宜據《無錫金匱縣志》爲正。

〔註9〕 吳樹平於〈顧棟高和他的春秋大事表〉中說：「顧棟高二十一歲時，父親去世，當時他學習《儀禮喪服》，旁及《周禮》、《禮記》，但于《春秋》也未嘗釋手。」（頁5）恐怕是誤解「未暇措手」之意。

〔註10〕顧棟高到二十七、八歲之後，才對《左傳》中的文章筆法及相關問題有所體悟，從此便全力鑽研《左傳》。《郎潛紀聞二筆》記載他讀《左傳》的情況：「無錫顧祭酒少治《春秋》，篤好《左氏》學，晝夜研誦，輒未暫輟。偶懷岔憶，家人以《左傳》一卷置其几上，怡然誦之，不問他事。自壯至老，懃懃訂述，常若不及。夏月閉戶不見一客，卸衣解襪，據案玩索，膝搖動不止。每仰視屋梁而笑，人知其一通畢矣。」〔註11〕可見顧棟高的生活完全沈浸在《左傳》的世界裡。除了精通《左傳》外，顧棟高也曾對三《禮》用力甚勤。《無錫金匱縣志》記載：「華孳亨字子宏，與棟高並習《儀禮》，嘗畫宮室制度於棋枰，以棋子記賓主升降之節、器物陳設之序，如以身揖讓進退其間。」〔註12〕從中可見顧棟高和華孳亨一起學《儀禮》的情境。關於學習三《禮》的經過，顧棟高亦有自述。《春秋大事表・天子諸侯喪已廢絕于春秋時論》說：「余年二十一執先府君喪，讀喪禮，嘗恨《儀禮》獨詳于士，不獲覯天子諸侯之全。……嘗欲彙萃三《禮》、大小《戴》、《春秋》三傳及鄭、賈諸儒《儀禮》註疏，推類及天子諸侯者，裒輯成書，以補《儀禮》之闕，因循未逮，迄今老矣。」（頁 1559）此外《春秋大事表・左氏引經不及周官儀禮論》亦述及：「余年十八歲執經高先生，即令讀《周禮》。二十一，先府君見背，從授〈喪服〉及〈士喪禮〉三篇，已而漸及通經。」（頁 2565）可見顧棟高拜高愈為師時即從其學《周禮》，後逢父喪而學喪禮。顧氏本有鑑於《儀禮》缺天子諸侯的禮節，欲補輯其闕，但最後卻未完成，應是後來將精力完全投入研究《春秋》的關係。〔註13〕

二、相交遊的學者

顧棟高學問的奠基，得力於老師高愈和舅舅華學泉甚多。除此之外，顧氏和當時許多學者亦有所往來，互相討論學問，對於顧棟高的學術見解應有

〔註10〕清・華希閔：《延綠閣集》（收入《四庫未收書輯刊》九輯第 17 冊，北京：北京出版社，2000 年，影印清雍正刻本），卷 6，頁 34 下。

〔註11〕清・陳康祺：《郎潛紀聞初筆、二筆、三筆》，頁 462。

〔註12〕清・裴大中等著：《無錫金匱縣志》，卷 21，頁 29 下～30 上。

〔註13〕盧見曾在〈五禮通考序〉（見清・秦蕙田：《五禮通考》卷前，臺北：新興書局，民國 59 年，影印光緒六年九月江蘇書局重刊本）中說：「（顧棟高）曾為余言：『少時嘗欲鉤貫《六經》，作《周官聯》一書，未就。』余亟贊之曰：『子速成之，吾為子任剞劂之費。』會余以事謫徙塞外，而顧君有《春秋》之纂述，遂不果。」（頁 5 上）「《春秋》之纂述」即指《春秋大事表》一書，可見顧棟高後來的確將心力完全投入研究《春秋》之中。

相當的影響。眾多學者中，較有名氣的有方苞、李紱、盧見曾、秦蕙田、程廷祚、惠棟等人，今分述如下。〔註14〕方苞於顧棟高《春秋大事表》書成後曾為之作序，書後附錄亦有〈望溪先生手柬〉一則，可見兩人來往情況。李紱和顧棟高在學術上曾有所的討論，他在〈答顧震滄〉〔註15〕信中述及一別三年不見，當找機會再行拜訪，並在信中討論《春秋》以及編輯《荊公年譜》當慎重取材的問題。值得注意李紱在信中說「《春秋》頭緒棼如，得好學者閒中排比，又加論斷，可謂抱遺經究終始矣。」〔註16〕其中所指即是《春秋大事表》一書，可知顧棟高已將《春秋大事表》拿給李紱看，李紱便稱讚他「抱遺經究終始」。顧棟高和盧見曾十分熟識，盧見曾在為秦蕙田《五禮通考》寫的〈序〉中說：「通籍後，同年顧君震滄學問淵博，尤邃于經，余前任兩淮，延顧君教子……」〔註17〕足見盧見曾對顧棟高十分器重，特延聘他教導自己的兒子。此外《述菴先生年譜》記載：「乾隆二十三年正月，無錫顧震滄司業來揚州，以所注《尚書》屬考定，居數月。」〔註18〕說明顧棟高在晚年完成《尚書質疑》後，曾拿書拜訪盧見曾，並請其考定其中問題。至於秦蕙田和顧棟高的往來，《春秋大事表・附錄》中有〈寄秦子樹灃京邸三十韻兼柬蔡子宸錫、吳子大年〉以及〈樹灃答和〉二詩，即顧棟高和秦蕙田相互贈答之作。據《清儒學案・味經學案》所錄〈答顧復初司業論《五禮通考》書〉〔註19〕，知顧棟高曾對秦蕙田的《五禮通考》提出印行和編纂的相關意見，秦蕙田回信表示「足徵誨我之深，唯是尚有所疑，不得不臚列就正」，對相關問題提出自己的看法。由上可知顧棟高和秦蕙田兩人相交十分熟稔。至於程廷祚和顧棟高的交情，《春秋大事表》附錄中有〈程啟生贈詩五十五韻〉一詩，程氏表

〔註14〕關於和顧棟高往來學者的詳細名單，可參考徐世昌等編纂：《清儒學案》（臺北：世界書局，民國55年）卷56〈震滄學案〉以及《春秋大事表》卷前的鑒定校閱名單。

〔註15〕清・李紱：《穆堂初稿》（收入《李穆堂詩文全集》，國立臺灣大學圖書館藏清道光十一年辛卯珊城阜祺堂重刊本），卷43，頁23上～24上。

〔註16〕《春秋大事表・附錄》中〈穆堂先生手柬〉說：「《春秋》一書棼如亂絲，得好學深思如年兄者，閒中排比，并為著論，可謂抱遺經究終始矣。」（頁2777），繫手柬於己未年（乾隆四年），而和〈答顧震滄〉此段文辭稍異。

〔註17〕清・秦蕙田：《五禮通考》，卷前，頁5。

〔註18〕清・嚴榮：《述菴先生年譜》，轉引自曹江紅：〈盧見曾與乾嘉學派〉《史苑》第十期，此為電子期刊，載於中華文史網<http://www.historychina.net/cns/DZQK/WSWZK/epaper-content.jsp?infoid=9733&tempChannelid=891>）

〔註19〕徐世昌等編纂：《清儒學案》，卷67，頁11下～14上。

露彼此的過往情誼以及對顧棟高《春秋大事表》的讚賞。顧棟高和吳派領袖人物惠棟亦有交往，今雖未見兩人來往之書信，但顧棟高曾爲惠棟的《後漢書補注》作序，則兩人之相交亦略可推知。以上諸學者中，方苞、李紱、盧見曾、秦蕙田、程廷祚更參與《春秋大事表》的鑒定校閱。顧棟高與這些優秀的學者交往問學，對他的識見有一定的開拓和影響，自然也在情理之中。

三、著作及文章

關於顧棟高的著作，最爲人所熟知者即是《春秋大事表》。另外根據《清史稿》的記載，還有《尚書質疑》2 卷、《毛詩類釋》21 卷《續編》3 卷、《大儒粹語》28 卷。〔註 20〕上列三書，《四庫全書總目提要》皆有所評論。《四庫提要》對《尚書質疑》評價不高，認爲：「其例不載經文，亦不訓釋經義，惟標舉疑義。每條撰論一篇，爲數凡四十有一，大抵多據理臆斷，不甚考證本末。」〔註 21〕故只將之列爲存目。至於《毛詩類釋》，《四庫提要》則有較好的評價，謂：「此書則採錄舊說，頗爲謹嚴，又往往因以發明經義，與但徵故實，體同類書者有殊，於說詩亦不爲無裨也。」〔註 22〕至於《大儒粹語》一書，實非顧棟高所作。武英殿本《四庫提要》記載《大儒粹語》的作者曰：「國朝顧棟南撰。棟南字季任，又字未餘，吳江人。」〔註 23〕而浙江書局本《四庫提要》（以下簡稱浙本）則作：「國朝顧棟高編。棟高字季任，又字未餘，吳江人。」〔註 24〕同治七年廣東書局本（以下簡稱粵本）則和武英殿本記載相同。〔註 25〕關於《大儒粹語》一書之作者，應以武英殿本及粵本爲是：一、根據《四庫提要》的體例，已見著錄的作者，不需再記述其字號及爵里，而稱其有某書，已著錄。所以《毛詩類釋》、《春秋大事表》二書，《提要》皆稱：「棟高有《尚書質疑》，已著錄。」《大儒粹語》若爲顧棟高所作，卻仍載其字號和爵里，則和體例不合。二、《大儒粹語》的作者，《四庫提要》稱其「字季任，又字未餘，吳江人。」明顯和顧棟高之字號、爵里不合。三、佐以地

〔註 20〕關於《春秋大事表》一書之論述詳見下節。
〔註 21〕《四庫全書總目提要》，卷 14，頁 27 下。
〔註 22〕《四庫全書總目提要》，卷 16，頁 37 下。
〔註 23〕《四庫全書總目提要》，卷 97，頁 22 上。
〔註 24〕《四庫全書總目提要》（北京：中華書局，2003 年，影印浙江書局本），頁 825。
〔註 25〕《四庫全書總目提要》（臺北：藝文印書館，民國 78 年，影印同治七年廣東書局本），卷 97，頁 22 上。

方志的記載，《無錫金匱縣志》著錄的顧棟高著作中，並無《大儒粹語》一書。至於《吳江縣志》中著錄有顧棟南所著《大儒語錄》一書，〔註 26〕應即《提要》所著錄的《大儒粹語》。綜合三點而言，《大儒粹語》一書作者應是顧棟南，絕非顧棟高，浙本因「高」和「南」字形相近，遂有手民之誤。〔註 27〕粵本雖據浙本翻刻，但以武英殿本加以參校，故修正此訛誤。浙本之誤影響頗大，《國史文苑傳稿》、《清史列傳》、《國朝先正事略》、《清史稿》、《清代樸學大師列傳》等據以稱顧棟高著有《大儒粹語》，並云其所學合宋、元、明諸儒門徑而一之，援新安以合金谿，為調停之說，蓋皆以未加考覈而致誤。

除上列諸書外，據前所述，顧棟高亦曾參與《河南通志》、《淮安府志》兩種地方志的編纂。根據《無錫金匱縣志》所載，顧氏還有《毛詩訂詁》30卷、《儀禮指掌宮室圖》、《司馬溫公年譜》10 卷、《王荊公年譜》5 卷及《萬卷樓文集》12 卷等書。〔註 28〕以上諸書除《儀禮指掌宮室圖》無傳本外，《毛詩訂詁》、《司馬溫公年譜》及《王荊公年譜》今日皆有影印本傳世。至於《萬卷樓文集》，北京國家圖書館及上海圖書館則藏有抄本。無錫圖書館及上海圖書館亦藏有《萬卷樓賸稿》，疑為《萬卷樓文集》的稿本。據華希閔所作〈顧震滄制義序〉，顧棟高似乎長於制義之文，並編成書傳世，華希閔更稱讚：「震滄之文能百斛獨扛，而又善取題神於隱躍有無間，澹而旨，樸而文，令人久讀不厭。」〔註 29〕顧氏之文，翻檢清人文集總集，賀長齡《皇朝經世文編》收錄最多，除收《春秋大事表》書中的幾篇論外，還有〈六經不及貨泉論〉、〈汴宋歷朝錢文輕重記〉、〈郊祀分合議〉、〈書適孫葬祖父母承重弁後〉、〈兵論上、下〉、〈常制小敘〉、〈讀管子乘馬篇〉、〈荒政不弛刑論〉、〈漕運小敘〉等文章，從中可見顧棟高文章之規模。

顧棟高著作豐富，範圍更涵蓋經學、方志、年譜等領域。不過眾多著作當中，最被重視的還是其畢生心血所成的《春秋大事表》。

〔註 26〕清・倪師孟等纂：《吳江縣志》（收入《中國方志叢書・華中地方》第 163 冊號，臺北：成文出版社，民國 59 年，影印石印重印本），卷 46，頁 9。

〔註 27〕關於此一疑點，曾承北京中國社院歷史所陳祖武先生來臺時當面告知其曾閱及《大儒粹語》一書，作者應是某位姓顧的學者，而非顧棟高，但已忘記確切名字。惜臺灣各圖書館未藏有此書，故不能翻檢查覈。本文謹就《四庫提要》之體例及方志所載加以辨駁。附誌於此，並對陳祖武先生之指教謹致謝忱。

〔註 28〕清・裴大中等著：《無錫金匱縣志》，卷 39，頁 22 下。

〔註 29〕清・華希閔：《延綠閣集》，頁 677。（《延綠閣集》原刻本此頁無頁數，附上《四庫未收書輯刊》編排之總頁數。）

第二節　《春秋大事表》的內容架構、成書經過與流傳版本

一、《春秋大事表》的內容架構

　　《春秋大事表》一書，前有顧棟高之總敘，以及方苞、蔣汾功、楊椿、楊繩武、華希閔的序。序後則有顧棟高自輯的〈春秋綱領〉一篇，大體敘述對前儒論《春秋》書法義例的看法和意見。此外還有凡例二十條，羅列編輯《春秋大事表》時所依循的體例規則。至於《春秋大事表》的篇章，據〈總敘〉所言「為目五十，為卷六十有四」，說明全書有五十篇表，共六十四卷。除了這五十篇表外，〈春秋列國險要表〉後有〈春秋列國地形口號〉，〈春秋嘉禮表〉後有〈春秋五禮源流口號〉，共有兩篇口號。每篇表及口號前都有一篇說明該篇用意的敘，再加上〈時令表〉及〈列國疆域表〉兩篇後敘，全書共有敘五十四篇。書中除了表、口號及敘之外，有些篇後會附上相關問題的說論考辯。根據吳樹平的統計，說論考辯共有七十七篇，〔註30〕《四庫全書總目提要》則說：「附錄則皆諸表序并表中所未及者，又為辨論，以訂舊說之譌，凡百三十一篇。」〔註31〕兩家所言皆是根據《春秋大事表》書前目錄中的「敘說論考辨目錄」〔註32〕統計而來，不過《四庫提要》所言之數並未扣除五十四篇敘，吳樹平則將五十四篇敘扣除故有七十七篇說論考辯之數。然「敘說論考辨目錄」所列的篇目，實少列〈春秋時晉中车論〉、〈春秋時楚豫章論〉及〈春秋大夫無聲而賜氏論〉三篇，故《春秋大事表》應有說論考辨共八十篇。〔註33〕

〔註30〕吳樹平：〈顧棟高和他的春秋大事表〉，頁7。

〔註31〕《四庫全書總目提要》，卷29，頁29上。

〔註32〕中華書局點校本已改用重新編排之目錄，而無敘說論考辨目錄，廣學社影印本則存此目錄。

〔註33〕《四庫提要》及吳樹平統計之數皆因敘說論考辨目錄少列三篇論而誤。此外，《四庫提要》此處仍有兩點錯誤：一、論辨凡百三十一篇之數，應扣除敘的篇數，因為《提要》既說論辨乃「皆諸表序并表中所未及者」，則不應將敘說論考辨目錄中各表之敘列入統計。二、《提要》言「附錄則皆諸表序并表中所未及者，又為辨論……」然而《春秋大事表》一書的附錄所收乃〈輯《春秋大事表》竟漫為長歌繫其末〉以及多位學者寫給顧棟高的書信，並非指敘說論考辨諸篇。蓋原目錄中附錄下接著列敘說論考辨目錄，《四庫提要》應是受此誤導，未經覈實而有是說。

　　《春秋大事表》一書主要以五十篇表為主體而構成。顧棟高將《春秋經》和三《傳》的相關內容予以分類，計有時令、朔閏、長曆拾遺、列國疆域、列國爵姓及存滅、列國犬牙相錯、都邑、山川、險要、官制、姓氏、卿大夫世系、刑賞、田賦軍旅、五禮、王迹拾遺、魯政下逮、晉中軍、楚令尹、宋執政、鄭執政、爭盟、交兵、城築、四裔、天文、五行、三傳異同、闕文、吞滅、亂賊、兵謀、左傳引據詩書易三經、杜註正譌、人物、列女等類別；然後再將分類的內容透過表的方式陳列。各表在引述《經》、《傳》記載後，大量採用注疏及前人論說，在適切處更附上顧氏自己的意見考證，以明《經》、《傳》褒貶記述之旨，使得《春秋大事表》成為綱目清楚、引證翔實的著作。

二、《春秋大事表》的成書經過和編纂的學術背景

　　關於《春秋大事表》的成書經過，顧棟高在〈總敘〉中說是書：「泛濫者三十年，覃思者十年，執筆為之者又十五年。」（卷前，頁3）戴維對〈總敘〉之說有所論證：

> 此敘作於乾隆十三年八月，顧棟高正好七十歲，上推五十五年，則其時十五歲，與他〈總敘〉所說十一歲學於其父，十八歲學於高紫超俱不合，而上推二十五年，正值雍正元年癸卯，與〈總敘〉云『雍正癸卯歲，蒙恩歸田，謝絕勢利，乃悉發架上《春秋》諸書讀之』正好相合。上推十年，值雍正十二年甲寅，與〈凡例〉云『是編凡為目五十，經始於雍正甲寅，斷手於乾隆戊辰，歷十五年』也相合。其三十年之說為約數，十年、十五年則是確數，由此也可見其寢饋於斯者極久。〔註34〕

戴維根據〈總敘〉以及〈凡例〉的說法相互印證，得知三十年為約略之說，十年和十五年則是確指。由此可見「泛濫者三十年」是指從幼年接觸《左傳》開始算起，「覃思者十年」則是指因奏對失次而回鄉專心鑽研《春秋》之學的時期。所以顧棟高真正動手開始編纂《春秋大事表》是從雍正十二年（1733）至乾隆十三年（1748）這十五年期間。至於《春秋大事表·左氏引經不及周官儀禮論》中說：「五十以後輯《春秋大事表》，凡十四年而卒業」（頁2565），與十五年之說相差一年，或是記憶有別，無須深究。

〔註34〕戴維：《春秋學史》（長沙：湖南教育出版社，2004年），頁469。其中「上推十年」應是「上推十五年」之誤。

　　《春秋大事表》依據《春秋》史事分類而整理成各表，此一概念與方法
並非新創，如宋人程公說亦是採用此種方法來編纂《春秋分紀》。《四庫全書
總目提要》對此書內容有簡明的敘述：

> 年表九卷、世譜七卷、名譜二卷、書二十六卷、周天王事二卷、魯
> 事六卷、大國世本二十六卷、次國二卷、小國七卷、附錄三卷。其
> 年表則冠以周及列國，而后夫人以下與執事之卿，皆各爲一篇。其
> 世譜則王族、公族以及諸臣，每國爲一篇。魯則增以婦人名、仲尼
> 弟子。而燕則有錄無書，蓋原闕也。名譜則凡名著於春秋者，分五
> 類列焉。書則歷法、天文、五行、疆理、禮樂、征伐、職官七門。
> 其周、魯及列國世本以及次國、小國、附錄，則各以經傳所載分隸
> 之，條理分明，敘述典贍。〔註35〕

就內容來看，《春秋分紀》將《春秋》的事件分成年表、世系、人物、禮制、
職官等類目，再依據類目逐條排列經傳記載，讓人可以清楚且快速地掌握《春
秋》各事件的因循變革。《春秋大事表》和《春秋分紀》有近似的分類概念與
整理方法，例如都將《春秋》歸納成歷法、天文、五行、疆域、禮制、征伐、
職官等類目，再條列經文而加以辨析。也因此《四庫提要》說：「明以來其書
（指《春秋分紀》）罕傳，故朱彝尊《經義考》注曰未見。顧棟高作《春秋大
事表》，體例多與公說相同。棟高非剽竊著書之人，知其亦未見也。」〔註36〕
《春秋大事表》書中有引用程公說之論，〔註37〕究竟是顧氏眼見其書，或是
據他書轉錄，不得而知，至於《提要》斷言顧氏未見《春秋分紀》，有待商榷。
〔註38〕而從材料的蒐集和內容的組織等方面分析二書，《春秋大事表》的成就
皆超越《春秋分紀》。〔註39〕就此而論，如顧棟高曾看過《春秋分紀》，也只

〔註35〕　《四庫全書總目提要》，卷27，頁22下～23上。

〔註36〕　同上注，卷27，頁23上～下。

〔註37〕　如〈長曆拾遺表〉，頁462。

〔註38〕　值得注意的是，據《提要》所言，《四庫全書》採收之《春秋分紀》乃兩淮馬
　　　　裕家藏本（卷27，頁22上）。馬裕爲馬曰璐之子，而馬曰璐和其兄馬曰琯以
　　　　其小玲瓏山館藏書豐富著稱，厲鶚和全祖望等人皆曾至小玲瓏山館閱書。據
　　　　《春秋大事表》所載，馬曰琯參與〈闕文表〉的編校（頁2443），可見顧棟高
　　　　和馬曰琯有所往來。是以筆者懷疑顧棟高曾經看過馬家所藏的《春秋分紀》。
　　　　厲鶚和全祖望至小玲瓏山館閱書之事，分見《清史稿·儒林傳》，頁13373及
　　　　《全祖望集彙校集注·聚書樓記》（上海：上海古籍出版社，2000年），頁1065。

〔註39〕　吳樹平〈顧棟高和他的春秋大事表〉曾比對兩書內容，認爲「《春秋大事表》
　　　　在材料蒐集的完備性和內容組織的精密性，以及吸取前人成果的廣泛性、個

是吸取其體例，並未抄襲程公說之書。此外，顧氏以表的方式編纂《春秋大事表》，亦可能受舅舅的影響。華學泉曾撰《春秋類考》一書，《四庫提要‧春秋類存目》記載此書：「其書取《春秋》大事，分八十八門，以類排比。每事之下，附以諸家之注，閒綴己說……近時顧棟高著《春秋大事表》，體例亦略仿此書。」〔註40〕顧棟高以表的方式整理春秋史事作《春秋大事表》，料必受華學泉的啓發與影響，可惜《春秋類考》不傳，無法具體比較兩書的異同。

《春秋大事表》費時十餘年才完成，各表及各篇的完成時間自然不一。顧棟高當時並未逐篇表、論皆註明完成的時間，但書中仍有許多篇標識撰寫日期。吳樹平〈顧棟高和他的《春秋大事表》〉列舉十七條有具體年代的篇章；然經仔細覆檢全書，實共有二十四條，茲列於下：〔註41〕

一、〈春秋列國疆域表〉後附〈春秋時晉中牟論〉，撰於雍正八年（1730），顧棟高時年五十二歲。〔註42〕

二、〈春秋列國犬牙相錯表〉後附〈春秋時厲賴爲一國論〉，撰於雍正八年。〔註43〕

三、〈春秋列國疆域表〉後附〈春秋時楚豫章論〉，撰於乾隆四年（1739），顧棟高時年六十一歲。

四、〈春秋列國疆域表〉後附〈春秋列國地形口號〉，撰於乾隆四年。

五、〈春秋列國疆域表〉後附〈春秋時晉中牟論〉按語，撰於乾隆五年（1740），顧棟高時年六十二歲。

六、〈春秋軍禮表〉後附〈春秋五禮源流口號〉，撰於乾隆五年。

七、〈春秋列國疆域表〉後附〈春秋時楚豫章論〉，撰於乾隆五年。

八、〈春秋列國犬牙相錯表〉，完成於乾隆五年。〔註44〕

人研究的創見性等方面，都不同程度地超越了《春秋分紀》。」（頁7～8）

〔註40〕《四庫全書總目提要》，卷31，頁12上～13下。

〔註41〕以下所列諸條資料，其中顧棟高在篇末或按語中明確標示完成時間者，則不注出處；若需略加論述者，則加注說明。

〔註42〕顧棟高於此篇按語註明：「雍正八年春，余應河東田制臺聘修《河南省志》，作爲此論。」（頁550）

〔註43〕顧棟高於此篇按語說：「余在汴梁修志著此論。」（頁700）修志指修《河南省志》，時爲雍正八年。

〔註44〕顧棟高於〈春秋列國犬牙相錯表‧卷六之下‧四川〉之後的識語說：「已上凡八省，皆列春秋各國地形相錯處。自魯、衛、鄭、宋至畸零小國，以及晉地之闌入直隸、陝西、河南、山東，楚地之闌入江南、江西、河南、陝西及四川者，棼如亂絲，錯如列宿，靡不詳考縷載。若乃山西全爲晉地，湖北全爲

九、〈春秋三傳異同表〉後附〈春秋絕筆獲麟論〉，撰於乾隆六年（1741），顧棟高時年六十三歲。

十、〈春秋人物表〉完成於乾隆七年（1742），顧棟高時年六十四歲。〔註45〕

十一、〈春秋列國都邑表〉後附〈秦自穆公始東境至河宜從史記不宜從鄭詩譜論〉，撰於乾隆十年（1745），顧棟高時年六十七歲。

十二、〈春秋人物表〉後附〈列國諡法考〉，撰於乾隆十年。

十三、〈春秋列女表〉後附〈衛夷姜晉齊姜辨〉，撰於乾隆十年。

十四、〈春秋列國山川表〉後附〈書渡河考後〉，撰於乾隆十年。

十五、〈春秋列女表〉，完成於乾隆十年。〔註46〕

十六、〈春秋魯政下逮表〉後附〈春秋子野卒論〉顧棟高按語，撰於乾隆十年。

十七、〈春秋輿圖〉，撰於乾隆十年。

十八、〈春秋列國山川表〉後附〈春秋不書河徙論〉，撰於乾隆十一年（1746），顧棟高時年六十八歲。

十九、〈春秋亂賊表〉後附〈許世子止弒其君論〉，撰於乾隆十一年。

二十、〈列國姓氏表〉後附〈春秋大夫無生而賜氏論〉，撰於乾隆十一年。

二十一、〈春秋列國犬牙相錯表〉後附〈列國地名考異〉，撰於乾隆十三年（1748），顧棟高時年七十歲。

二十二、〈春秋左傳引據詩書易三經表〉後附〈左氏引經不及周官儀禮論〉，撰於乾隆十三年。

二十三、〈春秋列國犬牙相錯表〉後附〈齊穆陵辨〉，撰於乾隆十三年。

二十四、〈春秋大事表・總敘〉，撰於乾隆十三年。

楚地，而以前併吞諸國，學者亦多不詳其處。今仍以今之州府列之，詳其道里，別其異同，庶若網在綱，犁然易見云。乾隆五年庚申三月上浣復初氏又識。」（頁668）此段識語述及〈春秋列國犬牙相錯表〉詳細論述整理各地界的原因乃因為「棼如亂絲，錯如列宿」。即使山西全屬晉，湖北全屬楚，但地名仍有不詳處，所以亦詳加考證。就此段歸結性的識語必作於〈春秋列國犬牙相錯表〉完成之後，所以〈春秋列國犬牙相錯表〉在乾隆五年時應已完成。

〔註45〕〈春秋人物表〉後識語署「壬戌十月復初氏識」，壬戌即乾隆七年，則此表完成於乾隆七年。

〔註46〕此表之按語署「十月下浣又識」，吳樹平據〈衛夷姜晉齊姜辨〉之按語署「乙丑六月上浣八日復初氏識」，而繫之於乾隆十年。

　　從上列撰寫時間表來看，〈春秋時晉中牟論〉和〈春秋時厲賴爲一國論〉皆撰寫於雍正八年，可見《春秋大事表》一書所收論辨並非於雍正十二年著手編書之後才開始動筆，乃之前已有完成的考辨而加以收錄書中。

　　顧棟高在編輯《春秋大事表》的過程中，對於全書的架構有過調整。附錄所收〈寄秦子樹灃京邸三十韻兼柬蔡子宸錫、吳子大年〉一詩提及《春秋大事表》的架構乃「爲卷四十九，爲目四十四」其下更自注「後復增六項」（頁2772）。此詩作於癸亥年，即乾隆八年。可見最初《春秋大事表》只有四十四篇表，共四十九卷，後來才增補六篇成爲今日所見五十篇的規模。吳樹平據此詩作於乾隆八年，則增補的六篇表必作於乾隆八年之後，於是考訂其中有三篇應該是〈春秋列女表〉、〈春秋人物表〉以及〈春秋田賦軍旅表〉。〔註47〕但〈春秋人物表〉一篇顧棟高的按語作於乾隆七年，並非吳氏所稱乾隆十年，所以六篇中可考知者實只〈春秋列女表〉以及〈春秋田賦軍旅表〉二篇而已。

　　除了架構上曾經擴增，由於經過十餘年的編輯，其中篇章有曾經遺失或是加以增補的情形。〈凡例〉中便說：「家貧客遊，假館恆在千里外，文成輒識其處。又中閒十八項曾經失去，重復輯錄，最後乃得敘論數十首。」（卷前，頁 29）從這段話可以得知《春秋大事表》中的論辨有十八篇曾經遺失，後又重新輯錄增補成今日的篇數。又如〈春秋時晉中牟論〉本作於雍正八年，顧棟高於乾隆五年輯錄書中後便再加識語說明和補充。此外〈附錄〉中〈與楊農先生書〉提及：「謹將刻過諸卷併序文及凡例、總序草釘成本，呈上左右。」（頁 2776）此信作於乾隆十一年，信中提及將《春秋大事表》已完成的部分及〈凡例〉、〈總序〉呈送楊農過目，可見〈總序〉於此時已初成，今日所見〈總敘〉完成於乾隆十三年，則是再加修訂者。凡此種種皆可見各篇於完成後仍陸續有所修訂、增補。

　　《春秋大事表》這一部架構龐大，資料詳實的著作，主要固然由顧棟高親手編定，亦得力於眾多學者參與編定、校閱。書前列有鑒定校閱者，計有：方苞、李紱、蔣汾功、楊繩武、楊椿、程釜、胡期恆、顧陳垿、鄧鍾岳、王敞福、盧見曾、黃施鍔、程嗣立、華希閔、秦蕙田、鍾睌、周振采、程廷祚、秦大呂、王家賁、潘印賜、潘果賜、吳志涵、傅辰三、阮咸、邵之鵬、華孳亨、秦鈞儀、劉質玉等共二十九人。根據書中所列學者的序和書信來看，鑒定校閱者是指在《春秋大事表》編輯前後曾提供個人的見解與意見者，所以

〔註47〕吳樹平：〈顧棟高和他的春秋大事表〉，頁10。

顧棟高將之列名於前。除了鑒定校閱者外,編輯的過程中更有許多人幫忙參校核對,各卷之前皆列有參校者名錄,其中有華玉淳、程鐘、姚培謙、程易、程時、程春、程志銘、錢袁英、程雲龍、程澄、程昶、程昭、華育濂、孫廷鏞、孫廷鉞、楊邃曾、程志銓、楊覬曾、楊度汪、楊守禮、程廷鏞、馬曰琯、鄒宗周、俞魯瞻、顧龍光,以及顧棟高的學生吳光裕、華文緯、華廷相、華西植、夏建勳、吳昭烺、夏建謨、楊日炳、吳華熠、王耀、嵇城、王稻孫、杜灝、施鳳藻、唐寅保、夏瀛、楊潮觀、徐汝瓚、沈岵瞻、鄧愷、程開基、秦斌、程王章、沈金鰲、唐庚保、程樊、顧遷、華淞等人。顧棟高的弟弟顧極高也實際參與校核的工作。以上五十四人之中,出力最多的是華玉淳。華玉淳,字師道,是顧棟高舅舅華學泉的從孫,華摯亨之子。根據〈凡例〉所載,〈春秋列國官制表〉、〈春秋列國姓氏表〉以及〈春秋卿大夫世系表〉皆由其編纂完成,〈春秋朔閏表〉則是經手於華文緯,最後由華玉淳編定完成。此外〈附錄〉中收錄了華玉淳寫給顧棟高的手柬共五封,信中對《春秋大事表》的內容提出非常多的意見,對編輯是書有很大的貢獻。此外〈輿圖〉乃華淞一人所完成。除了華玉淳、華文緯、華淞之外,〈凡例〉還提及沈岵瞻、夏瀛、楊日炳三人「參校不憚再三」(卷前,頁 29),對於校對貢獻相當的心力。顧棟高在這麼多學者的幫助之下,便完成了《春秋大事表》這部大作的編纂。

　　一本著作的完成必定和作者當時的學術背景息息相關,則欲瞭解《春秋大事表》便不能忽略顧棟高編纂當時的學術背景。《春秋大事表》主要完成於雍正十二年(1733)至乾隆十三年(1748)。這十五年間,可說處於清初學術的發展階段。眾所皆知,清初的經學研究開始興盛,其中的原因,和「回歸原典」的精神相關。〔註48〕回歸原典即是擺脫宋、明以來理學的主觀臆說,將研究直接

<hr>

〔註48〕 「回歸原典」一詞,主要參考林慶彰〈明末清初經學研究的回歸原典運動〉(中華民國孔孟學會主辦國際孔學會議論文集,民國 76 年 11 月 11～17 日,頁 867～881)一文而來。實際上關於清初經學研究的興起,相關的研究如余英時在〈清代思想史的一個新解釋〉(收入所著《歷史與思想》,臺北:聯經出版社,民國 72 年)提出清初經典的考證的興起,乃在為求合理解決宋明理學內部義理的紛爭,必須取證經書此一脈絡下而產生(頁 142～148)。此外如林聰舜《明清之際儒家思想的變遷與發展》(臺北:學生書局,民國 79 年)中認為清初經學研究的興盛,和經世致用的思想有關。由經世致用轉向通經致用,最後再轉向純粹客觀的經史考證(頁 306～307)。林慶彰則從經學詮釋的角度,認為明末清初的學者為了糾正之前種種經學研究的偏失,於是回歸原典而進行經學辨偽的工作(頁 868～875)。上述學者歸結清初經學興盛的原因雖有歧異,但都指陳出當時學術研究回歸經書的特色。此處則沿用林慶彰「回歸原

回歸到經書上。此一特色在清代《春秋》學的發展上具有十分重要的意義。宋、明兩代，胡安國的《春秋傳》乃是官學，具有十分重要的影響力。胡安國《春秋傳》在詮釋《春秋》時往往擺脫《三傳》的說法，結合其理學思想和時代背景而另立新說。〔註49〕也因此其說解往往過於牽強，受到朱子以下眾多學者的批評。在清初回歸原典運動的風潮下，研究《春秋》的學者則能擺脫《春秋胡氏傳》的影響，直接研究《春秋》的經、傳。這方面又以顧炎武《左傳杜解補正》具有相當重要的地位。《左傳杜解補正》一書乃顧炎武為補正杜預《春秋經傳集解》的缺失而作。他吸取了前人的成果，以文字訓詁和名物考證的方式，對杜注多有訂正。《左傳杜解補正》以考證研究《左傳》的方法和修正杜注的路數，可說開啟後來清代《春秋》學者的研究路徑。〔註50〕在回歸原典的風氣下，對《春秋》經傳的名物考證受到學者的重視，也因此清初學者對於《春秋》的地理、曆法、禮制、世族等制度都有專門的考證著作，例如高士奇《春秋地名考略》、江永《春秋地理考實》、陳厚耀的《春秋長曆》和《春秋世族譜》、毛奇齡《春秋傳》等著作皆在此時相繼完成。就此而言，顧棟高編纂《春秋大事表》採取直接分析經傳記載，將其分類成曆法、地理、禮制、世族等類編成各表，亦即是清初回歸原典運動下的例證之一。

　　除了回歸原典運動外，經世思潮亦是清初學術不可忽略的風氣。清初的學者如顧炎武、黃宗羲等、王夫之等人，經世致用的思想可說是他們學問的核心。林聰舜認為經世致用更是「明清之際儒家思想中最核心的觀念」。〔註51〕由此可見經世致用的思潮在清初學術上的重要性。就此檢視《春秋大事表》，可以發現書中具有明顯的經世致用精神。例如顧氏在〈左傳兵謀表敘〉曰：「俾知儒者胸中當具有武事，匪徒侈文雅章句之業而已。」（頁2529）〈闕文表敘〉亦曰：「儒者釋經，為後王典制所自起，國家善敗恆必由之，可不慎哉！」（頁2443）對顧棟高而言，讀經並不是從中考究學問而已，而是要通經致用。所以讀《左傳》可以學習軍事戰陣的知識，經書更是用以制訂典制的

　　　　典」的說法，以舉稱此一時期經學研究的精神。

〔註49〕趙伯雄：《春秋學史》（濟南：山東教育出版社，2004年）即以為胡安國講解
　　　　《春秋》具有「力圖以天理與人欲的矛盾」和「解經盡量結合時政」的特徵
　　　　（頁506）。

〔註50〕如沈玉成、劉寧：《春秋左傳學史稿》（江蘇：江蘇古籍出版社，2000年）即
　　　　言：「《左傳杜解補正》三卷，是清代第一部補正杜注之作，也是以考據學研
　　　　究《左傳》的濫觴。」（頁284）。

〔註51〕林聰舜：《明清之際儒家思想的變遷與發展》，頁268。

依據。所以在書中顧氏往往針對春秋歷史抒發他對歷史發展的意見和看法。例如〈吳楚交兵表敘〉曰：

> 嗚呼！古之善戰者，常因地以制宜，隨時以適變。吳舍舟用車，而
> 卒破楚，晉毀車用卒，而能勝狄。至戰國而趙武靈王胡服騎射，後
> 世遂用爲長技，而車戰且成古法不可用。唐房琯一用之而敗，明孫
> 傳庭再用之而亦敗矣。古今之世變，豈可一律論哉！（頁2070）

顧棟高注意吳以車戰勝楚，晉以徒兵勝狄，瞭解到戰爭中隨機制宜的特性。他也發現到自趙武靈王胡服騎射之後，馬戰便成爲戰爭的主力，春秋常見的車戰便遭淘汰。不過後世卻仍有人欲效仿春秋之制採用車戰，最後都遭敗戰，顧氏便認爲這就是沒有體察到古今時勢的變化，不可刻意採古制用於今日的關係。顧棟高具有世變的觀念，提出戰爭形式應該隨時、隨地制宜的看法，顯露出個人通經又不泥於經的致用觀。以上例證皆顯露出《春秋大事表》中經世致用的精神。由此可見顧棟高亦受到經世思潮的影響。

　　不論是回歸原典或是經世思潮，在清初學術上都是重要的課題。而《春秋大事表》書中展露其回歸原典和經世致用的精神，更是和學術趨向相符，顯示出顧棟高受到當時學術環境影響的層面。

三、《春秋大事表》的流傳版本 〔註52〕

　　《春秋大事表》一書最早的刻本乃顧棟高自刻的萬卷樓刻本。根據書前牌記所載乃刻於乾隆十三年。〈附錄〉中的〈與楊農先生書〉云：「諸生輩用此捐資付刊，已成三分之一，除未經成卷外，謹將刻過諸卷倂序文及凡例、總序草釘成本，呈上左右。雖未成書，而大意已署具。」（頁2776）所以乾隆十一年時《春秋大事表》已經刻完三分之一，至乾隆十三年則竣工。不過書前蔣汾功的序作於乾隆戊辰臘月，即乾隆十三年十二月，楊椿的序則作於乾隆己巳夏四月〔註53〕，由寫作時間來看，此二序的雕版時間應在乾隆十四年才完成。此本每頁十一行，行二十五字，版心下刻有「萬卷樓」三字，每卷末有校字者姓名。書前影刻乾隆御題詩二首。書後所附〈春秋輿圖〉中輿圖

〔註52〕關於《春秋大事表》的流傳版本，吳樹平〈顧棟高和他的春秋大事表〉頁42
　　　　～44有詳細論述，本節即參考吳文並增補相關資料而成。

〔註53〕楊椿的序始言：「乾隆己巳春……」，最後署「是歲夏四月戊寅朔武進同學弟
　　　　楊椿」，則此序完成於乾隆十四年四月。

的古今地名以朱墨二色分別。

　　清高宗對於顧棟高十分賞識，在編纂《四庫全書》的聖諭中曾提及顧棟高等人的著作應該要予以收錄。〔註54〕因此顧棟高的《春秋大事表》便收入《四庫全書》之中。

　　同治十二年，山東巡撫丁寶楨又重刻《春秋大事表》一書。此次重刻依據萬卷樓的刻本，由山東尚志堂雕板。由於根據萬卷樓刻本重刻，所以版式一仍其舊，連卷末校字者姓名也和萬卷樓刻本相同。但是其中文字失於校讎，所以有所訛誤。今坊間廣學社印書館影印本即是根據尚志堂刻本影印。

　　光緒十四年，陝西求友齋亦根據萬卷樓刻本重刻《春秋大事表》，版式和萬卷樓本相同，但是版心下改題「陝西求友齋」，卷末校字則題「陝西求友齋校字」。

　　王先謙爲了增補《皇清經解》所未收的經學著作，於是編成《皇清經解續編》。《皇清經解續編》即收錄《春秋大事表》一書，亦據萬卷樓刻本刊印，版式和萬卷樓亦相同。

　　北京中華書局1993年出版《春秋大事表》點校本，由吳樹平和李解民兩位學者負責點校。點校本書前收有吳樹平〈顧棟高和他的《春秋大事表》〉一文，詳細論述《春秋大事表》的相關問題。據吳樹平先生所說，萬卷樓刻本文字錯訛較其他刻本少，故點校本根據的底本爲萬卷樓刻本。〔註55〕底本若有錯訛之處，點校本皆出校記予以更正說明。至於〈春秋輿圖〉朱墨二色標誌的地名，則改用不同的字體來區別。點校本根據的底本較佳，並且修訂許多原書的錯訛，是目前版本較好的流傳本。故本論文引用該書，主要即採用此本。

第三節　研究目的及研究方法

　　《春秋大事表》一書可說是研究《左傳》相當重要的參考書。梁啓超在〈梁啓超推薦國學書目〉中說：「讀《左傳》宜參觀顧棟高《春秋大事表》，可以得治學方法。」〔註56〕錢穆在《中國史學名著》中也說：「清初有顧棟高寫一書，名《春秋大事表》，這是指的春秋時代，所根據的就是《左傳》的內容，他分門

〔註54〕《四庫全書總目提要》，卷首聖諭，頁2上～下。
〔註55〕吳樹平：〈顧棟高和他的春秋大事表〉，頁44。
〔註56〕梁啓超：〈梁啓超推薦國學書目〉（收入《國學研讀法三種》，臺北：臺灣中華書局，民國47年），頁9。

別類地各爲製成一張一張的表，而加以叙述。這書極偉大，我們正可根據他的方法，來寫《宋代大事表》、《明代大事表》等。顧棟高是花了一輩子工夫在這兩百四十年的事情上的。」〔註57〕由此可見《春秋大事表》廣受後代學者的推崇，是一部研究《春秋》和《左傳》的重要著作。〔註58〕《春秋大事表》在《左傳》學史上有其價值與意義，但相關的研究論著卻爲數不多。目前以《春秋大事表》一書爲研究對象的專書，有陳槃的《春秋大事表列國爵姓及存滅表譔異》和《不見于春秋大事表之春秋方國稿》，對《春秋大事表》多所考訂。陳槃的研究致力於〈列國爵姓及存滅表〉以及對《春秋大事表》所失收的方國進行勘誤補缺，考證之功雖甚偉，但並不涉及對《春秋大事表》進行整體性的研究。關於探討《春秋大事表》在《春秋》學史上的意義與價值的論著，沈玉成、劉寧合著的《春秋左傳學史稿》、戴維的《春秋學史》以及趙伯雄《春秋學史》這幾部《春秋》學史的專著對此皆有所著墨。不過這幾部《春秋》學史的專著限於篇幅，對《春秋大事表》的研究並不深入。吳樹平〈顧棟高和他的春秋大事表〉一文，對於顧棟高其人以及《春秋大事表》的成書經過、版本、體例、特色、價值及優缺皆有所論述，是目前最詳細、有系統的研究論著。然而《春秋大事表》此一宏偉巨著，仍有許多面向值得進一步研究。

《春秋大事表》全書以表爲體，最值得關注的是各表所呈現的體系架構具有何種意義？論及這個問題之前，必須先瞭解表和史書之間的關係。表成爲中國史書的體例，來源已久，司馬遷和班固在編纂《史記》和《漢書》時皆有表這一體例。不過表在後來的《後漢書》、《三國志》等史書卻不被採用，直到歐陽修編纂《新唐書》才又納入其中。關於史書中是否該有表此一體例，劉知幾曾經有所評議。他在《史通·雜說》說：

> 觀太史公之創表也，於帝王則叙其子孫，於公侯則紀其年月，列行縈紆以相屬，編字戢舂而相排。雖燕、越萬里，而於徑寸之內犬牙可接；雖昭穆九代，而於方尺之中雁行有叙。使讀者閱文便觀，舉目可詳，此其所以爲快也。〔註59〕

〔註57〕 錢穆：《中國史學名著》（臺北：素書樓文教基金會、蘭臺出版社，民國90年），頁49。

〔註58〕 關於歷來學者對於《春秋大事表》的評價，論文第五章將有專節討論，此處不贅述。

〔註59〕 唐·劉知幾著，清·浦起龍釋，呂思勉評：《史通釋評》（臺北：華世出版社，民國70年），頁574。

劉知幾對於司馬遷建立表這一體例，讓史書能夠克服地域的寬廣性以及時間的長久性，將歷史以更清晰的排列方式展現，給予相當正面的評價。但是他在另一篇〈表曆〉中對表的體例卻有不同的評價：

> 夫以表爲文，用述時事，施彼譜牒，容或可取，載諸史傳，未見其宜。何則？易以六爻窮變化，經以一字成褒貶，傳包五始，詩含六義。故知文尚簡要，語惡煩蕪，何必款曲重沓，方稱周備。〔註60〕
>
> 觀馬遷《史記》則不然。天子有本紀，諸侯有世家，公卿以下有列傳，至於祖孫昭穆，年月職官，各在其篇，具有其說，用相考覈，居然可知。而重列之以表，成其煩費，豈非謬乎？且表次在篇第，編諸卷軸，得之不爲益，失之不爲損。〔註61〕

劉知幾兩說對於表的評價不一，學者以爲乃非作於一時的差異。〔註62〕他在〈表曆〉篇提出表用於譜牒或許還可以，但是用於史傳卻不恰當。因爲史傳之爲文應該簡明扼要，不當重複，如果表用於史傳則彼此互見而重複，並不妥當。他認爲《史記》之中天子有本紀，諸侯有世家，公卿以下有列傳，若要知道其中歷史，檢閱各篇即可，不需要重複內容另作成表。所以劉知幾對表體給予「得之不爲益，失之不爲損」的評語。史書編纂時，若取材時沒有善加安排，的確會有史傳和表互見而重複雜遝的現象，劉知幾的批評不無道理。

關於〈表曆〉篇對表此一體例的非議，清代學者則有不同的看法。朱鶴齡《愚菴小集》曾說：

> 太史公《史記》，帝記之後即有十表八書。表以紀治亂興亡之大略，書以紀制度沿革之大端。班固改書爲志，而年表視《史記》加詳焉。蓋表所由昉于周之譜牒，與紀傳相爲出入。凡列侯將相三公九卿，其功名表著者，既系之以傳。此外大臣無積勞亦無顯過，傳之不可勝書，而姓名爵里存沒盛衰之跡要不容以遽泯，則于表乎載之。又其功罪事實傳中有未悉備者，亦于表乎載之。年經月緯，一覽瞭然。作史體裁莫大于是。而范書闕焉。使後之學者無以考鏡二百年用人行政之節目，良可歎也！其失始于陳壽《三國志》，而范曄踵之……〔註63〕

〔註60〕同上注，頁 67。
〔註61〕同上注，頁 67。
〔註62〕如清・浦起龍以爲：「大抵內、外篇非出於一時，互有未定之說，兩存參取，折衷用之，不爲無助。」同上注，頁 69。
〔註63〕清・朱鶴齡：《愚菴小集》（收入《文淵閣四庫全書》1319 冊，臺北：臺灣商

朱鶴齡提出「表以紀治亂興亡之大略」的說法肯定表的功用，以爲表可以補史傳的不足，並且可以「年經月緯」來呈現史實，使之更有條理。所以朱氏對於《後漢書》及《三國志》缺表提出了批評。顧炎武《日知錄·作史不立表志》一條也引用朱說表示贊同。此外朱彝尊在爲萬斯同《歷代年表》所作的序說：

> 易編年爲紀傳，古史之法微矣，其遺意猶存者，吾於表有取焉。表或年經而國緯，或國經而年緯，或主地，或主時，或主世系，事微不著者，錄而見之……（劉知幾）乃又詘其煩費無用，得之不爲益，失之不爲損，豈篤論乎？〔註64〕

朱彝尊對於表體對史書的重要性表示肯定，並說明表在經緯交錯之下，可以將「事微不著者」排比而見。此外表可以根據不同的歷史分類，「或年經而國緯，或國經而年緯，或主地，或主時，或主世系」來彈性調整綱目。因此朱彝尊對劉知幾〈表曆〉篇對史表體例的批評予以駁斥。盧文弨在〈後漢書補表序〉中亦說：「夫史莫重於表、志，而自漢東京以至於隋，志尚閒見之，表則全闕。表也者，標也，標明其義類，使綱舉而目張。」〔註65〕對於表可以根據不同的史事進行性質分類，使歷史綱目明白，給予肯定的評價。上面幾位學者的意見的確都揭櫫表的優點，也就是透過綱目排列之下讓歷史更加清楚，並且可以編列不足以纂入紀傳的史事，以相互補充的方式讓歷史更完整。由於表具有這樣的優點，所以歷代學者對於各代史書皆爲其編纂各類的史表，讓各朝代的歷史脈絡更明顯地呈現。

　　瞭解史表編纂的優缺點，則可進一步探討《春秋大事表》體系建構的問題。《春秋》本身雖是經，卻也具有史書的性質，也因此顧棟高編纂《春秋大事表》即欲透過整理不同內容的表，讓春秋時期的歷史脈絡從中顯現。一如其書〈凡例〉第一條所言：「是編名《大事表》，凡《春秋》之無關於天下之故者皆不錄。」（卷前，頁24）可見顧棟高編纂時有分類的概念，將春秋歷史分爲數種重要的事項，如曆法、地理、禮制、軍事、氏族等，將其編纂成表，

務印書館，民國72年），卷13頁6下。

〔註64〕清·朱彝尊：〈歷代年表序〉（見清·萬斯同：《歷代年表》卷前，收入《百部叢書集成》，臺北：藝文印書館，民國53年，影印廣雅書局史學叢書本），卷首，頁3上。

〔註65〕清·盧文弨：〈後漢書補表序〉（見清·盧文弨：《後漢書補表》卷前，收入《後漢書三國志補表三十種》，北京：中華書局，1981年），頁252。

使春秋時期的歷史脈絡清楚可尋。然而顧棟高此一編輯的分類概念究竟只是單純的將史事依類群分，還是在分類時具有框架概念來建構所有的表？顧棟高雖然在〈凡例〉第十九條說「是編……隨手輯成，不拘次序」（卷前，頁28），似乎是隨意而成，不過依據書中各表以及〈總敘〉、〈凡例〉來分析，則可發現顧棟高其實是有整體框架來建構書中各表的。在〈總敘〉中他提及：「春秋強兼弱削，戰爭不休，地理為要。學《春秋》而不知地理，是盲人罔識南北也。雨雹霜雪失時為災，蒐田城築非時害稼，時日尤重。學《春秋》而不知時日，是朝菌不知晦朔也。」(卷前，頁 1）是以顧棟高相當重視春秋中的曆法和地理，所以在二十條〈凡例〉中，第 2 至 6 條及 17 條均談曆法，第 7 至14 條則是談地理的編纂體例與相關問題。所以《春秋大事表》最先是有關曆法的〈時令〉、〈朔閏〉諸表，其次則是有關地理的〈疆域〉、〈都邑〉、〈山川〉、〈險要〉諸表。顧棟高最重視並最先處理《春秋》中的曆法和地理，實有其深義。曆法即是歷史，也就是春秋所涵蓋的時間；地理則是指春秋所包括的空間。時間和空間是乃是春秋客觀存在的範限。楊向奎對此有所論述：

> 《大事表》從「時令」開始，又有……「朔閏」，「長曆拾遺」，繼之以地理。深明人類歷史之意義者乃能有此。蓋人類歷史為時間座標，無歷史則無時間可言。茫茫宇宙，只是三維世界，何處而覓時間，歷史只能是人類的「回憶」。但人類任何行為有起有訖，此起訖之間為「當時」，即時間之顯現于人間者，亦即歷史。無歷史則無時間可言。而「空間」則為人類活動場所，此一場所在宇宙間亦滄海一粟。此一粟間倘無人類活動，無東西南北可言，無時間可言，只是「三維世界」，「三維」是不完整的宇宙，完整的宇宙是「四維」即「空——時」，顧棟高能從時、空開始治《春秋》，乃深明歷史之真義者。〔註66〕

時間和空間可說是呈現歷史的座標軸，沒有時間和空間，歷史即不存在。顧棟高從時間和空間著手，即是要確立春秋的客觀存在，也就是春秋所跨越的時間長度，以及當時人所生活的空間範圍。顧棟高在〈總敘〉中說明：「列〈朔閏〉及〈長曆拾遺〉二表，以補杜氏之《長曆》，而春秋二百四十二年之時日屈指可數。列〈疆域〉及〈犬牙相錯〉五表，以補杜氏之《土地名》，而春秋一百四十國之地里聚米可圖。」（卷前，頁 2）即是標舉曆法、地理相關諸表的重要性，也就是劉知幾所說的「雖燕、越萬里，而於徑寸之內犬牙可接；

〔註66〕楊向奎：《清儒學案新編》（濟南：齊魯書社，1985 年），第三卷，頁85。

雖昭穆九代，而於方尺之中雁行有敘。」顧棟高作曆法及地理諸表不但確立了春秋的時空，實際上他更要透過這客觀的座標軸來衡量《春秋》之義。〔註67〕所以顧棟高才會強調「學《春秋》而不知地理，是盲人罔識南北也。……學《春秋》而不知時日，是朝菌不知晦朔也。」曆法及地理諸表建立了《春秋》的座標軸，進一步則可以將春秋中的人事予以歸類。顧棟高在〈總敘〉中論述完曆法及地理諸表之後，接著論述著作各表的起因。分析歸類，顧棟高實將春秋的人事分成禮制、軍事、政治、世族、人物各類。其中禮制類包含吉、凶、賓、軍、嘉等五禮表及〈五禮口號〉；軍事類則包含〈爭盟表〉、〈交兵表〉、〈齊紀鄭許宋曹吞滅表〉及〈兵謀表〉；政治類則是〈列國官制表〉、〈王跡拾遺表〉、〈魯政下逮表〉、〈晉中軍表〉、〈楚令尹表〉、〈宋執政表〉、〈鄭執政表〉、〈刑賞表〉、〈田賦軍旅表〉諸表；世族類包括〈列國姓氏表〉、〈列國卿大夫世系表〉；人物類則有〈人物表〉、〈列女表〉、〈亂賊表〉。除此之外還有其他深關《春秋》大義者，顧棟高也將之整理成表，如〈城築表〉、〈五行表〉、〈四裔表〉。這些類目大致涵蓋春秋史事的重要脈絡，透過這些分類有助於掌握其中的因革變化。透過曆法與地理諸表可以建立春秋的時空座標軸，然後將人事分類歸納成各表，則可以系統呈現春秋情勢之大概。上列諸表都是春秋歷史的建構與呈現，偏向史這一方面的整理，但是《春秋》畢竟是經書，不能只偏向史學而不探究其經學的內容。關於《春秋》經和史的相互關係，顧棟高於〈凡例〉第八條論述地理險要時說「使學者知《春秋》為後代戰爭權輿，庶無失經經緯史之意。」（卷前，頁25）此外〈五禮源流口號〉第一首亦說：「緯史經經昔典型，樞機端在一麟經。史從托始經垂教，尼父心傳燦日星。」（頁1653）這裡他提出「經經緯史」的概念，也就是說《春秋》是史書，所以可以明興亡變革，但是《春秋》也是經書，具有垂教後世的功能，這中間的權衡原則就是「經經緯史」，以史為緯最終還是要回歸不變的常經。所以《春秋》的歷史框架必須回歸經學的統攝，這樣的《春秋》才完整。由於「經經緯史」的原則，所以《春秋大事表》便有〈闕文〉、〈三傳異同〉、〈左傳引據詩書易三經〉、〈左傳杜註正譌〉四表來整理《春秋》經學上的問題。

〔註67〕此一問題第二章及第五章將有所討論，此處僅略述其中大概。顧棟高基本上反對書例和一字之褒貶，他認為對人物和事件的評價是要透過事實前因後果的客觀分析和比較而來，不必拘泥於探求書中一字一句的記載有無深義。而時間和空間對顧棟高而言即是最客觀的座標軸，將事件放入座標軸中分析，其中的褒貶之意自然就會呈現。

顧棟高編纂《春秋大事表》，其框架概念是先建立春秋的時空座標，然後將人事予以分類歸納，最後回歸經學問題的探討。他即以這樣的框架來組織編纂各表。就此一框架來看，《春秋大事表》以表來整理《春秋》的經史脈絡，從中尋求《春秋》之眞旨，可說是條理明確。在各表的編纂中他還詳引各家說法，並加以考證，甚至遇特殊問題則另作論辨詳細討論，對其中許多錯綜複雜的問題確有釐清作用。以史表體例而言，《春秋大事表》對《春秋》的整理並無劉知幾所說的煩費之失，是相當成功的著作。本文即欲本顧棟高編纂各表的框架概念著手，將各表納入框架中來探討顧棟高編纂《春秋大事表》各表的體例、用意，也兼論其優缺。〔註68〕

〔註68〕此處需先說明本論文並不旨求全面考證《春秋大事表》的內容，而是著重以學術考察的觀點來研究是書體裁的相關問題，即顧棟高從表的編排和論辨的考述之中探討、呈現了什麼？其目的和方法爲何？以及其優缺爲何？

第二章 《春秋大事表》諸表分析（上）
——褒貶評斷的座標：春秋時間與地理的考證

　　前文〈緒論〉已言，顧棟高《春秋大事表》對春秋的曆法及地理極為重視，投入相當多的心力加以研究。此兩方面的問題相當複雜，歷來解釋眾說紛紜，難以適從。本章用意即在探討顧棟高就此二項所作各表的體例，及其關係春秋大義的部分；對於其論說的是非，則偶引學者的評斷或申述個人淺見，並不旨求一一詳加考究。

第一節　天文朔閏類諸表

　　顧棟高於〈總敘〉既言：「雨雹霜雪失時為災，蒐田城築非時害稼，時日尤重。學《春秋》而不知時日，是朝菌不知晦朔也。」(卷前，頁 1)可見其對春秋牽涉的曆法相當重視。其於曆法相關的表則有〈時令表〉、〈朔閏表〉、〈長曆拾遺表〉以及〈天文表〉四篇。

一、〈時令表〉

　　〈時令表〉一篇探討《春秋》所載的時令，究竟為何？歷來論先秦的曆法，有三正之說，即夏正、商正、周正三者。夏正建寅，以一月為歲首；商正建丑，以十二月為歲首；周正建子，以十一月為歲首。《春秋》於隱公元年

首書「春王正月」，杜預以爲「周王之正月也」〔註1〕，後學多從其說。然如〈時令表敘〉所言，蔡沈以爲周「不改時改月」，而胡安國以爲「夫子虛加『春』字於月之上，謂周本是冬十一月，夫子特借以明行夏時之意。」（頁1）針對蔡、胡兩人之說，顧棟高表示反對的意見。他在〈總敘〉中針對胡安國的說法提出批評：「胡氏之《春秋》多有未合聖心處，蓋即開章『春王正月』一條，而其背違者有二：其一謂《春秋》以夏時冠周月，是謂夫子以布衣而擅改時王之正朔也……」（卷前，頁1）又於〈時令表敘〉中表示：「謂夫子爲周之臣子，改冬爲春，改十一月爲正月，戾王朝之正朔，改本國之史書，尤不可以訓也。」（頁1）其意以爲孔子爲周之臣子，不可能隨意改周之正朔。顧氏於〈敘〉中進一步舉經文中的例證反駁胡安國之說：「隱九年『三月大雨震電』，若是夏正，則震電不爲災矣。桓十四年『春正月無冰』，若是夏正，則無冰不足異矣。」（頁1）《春秋》於隱公九年載「三月大雨震電」，顧氏以爲《春秋》若用夏正，三月有震電並非災異，當是周正之三月，夏正的一月。又如桓公十四年「春正月無冰」一條，若是夏正，一月無冰不足爲異，當是周正之一月，夏正之十一月。顧棟高主張周用周正，《春秋》記事亦用周正，除於〈敘〉中加以聲明外，亦在表中舉《經》中之例，參以諸家之說解加以疏證。如「桓四年春正月，公狩於郎」一條，其引諸說曰：

《左傳》：「書時，禮也。」

杜《註》：「冬獵曰狩。周之春，夏之冬也。田狩皆夏時也。」

《公羊傳》：「冬日狩。常事不書，此何以書？譏遠也。」

張氏以寧曰：「周春正月，夏十一月也。冬日狩，不以不時書，以譏遠書。」（頁3）

關於桓公於正月狩於郎，《左傳》以爲合時而書。杜預特別註明狩於冬日舉行，乃用夏時，《經》書春即夏正之冬，故《左傳》以爲合於時。若爲合時則常事應不書，《公羊》和張以寧便以爲《春秋》記載乃譏其狩過遠而書。就此一條論之，《春秋》乃用周正。又如「莊七年秋，大水，無麥、苗」一條，其引杜預及孔穎達說加以說明：

杜《註》：「周之秋，今五月。平地出水，漂殺熟麥及五稼之苗。」

孔氏《正義》：「直言無麥苗，似是麥之苗。而知麥、苗別者，蓋此

〔註1〕 晉・杜預注，唐・孔穎達疏：《春秋左傳正義》（臺北：藝文印書館，民國70年，影印嘉慶二十年江西南昌學府重刊宋本），卷2，頁5上。

秋是今之五月，麥已熟矣，不得方云麥之無苗。故知熟麥及五稼之
苗皆爲水漂殺也。種之曰稼，禾始生曰苗。」（頁 6）

杜預以爲無麥苗乃指熟麥及五穀之苗皆爲大水所漂殺。孔穎達進一步解釋「麥
苗」非指麥之苗，乃兼言麥及五穀之苗，因爲《經》書秋乃爲夏正之五月，
此時麥已熟，故不得言麥之苗。故《經》書「無麥、苗」乃指熟麥及五穀之
苗等所有農作物皆受大水侵害而損失收成。〈時令表〉於《春秋》中書時者皆
以周正闡釋其中書旨，無一例外。然其中仍有一問題，即《春秋》和《左傳》
對同一件事記載的時日偶有參差。顧氏以爲：

　　《傳》文內間有一二從夏正者，蓋亦有故。隱六年「冬宋人取長葛」，
　　而《傳》書「秋」，劉氏敞謂丘明作書雜取當時諸侯史策，有用夏正
　　者，有用周正者，故致與《經》錯異。可見當時諸侯亦不盡用周正。
　　孔氏穎達云：「王者存二王之後，使統其正朔，服其服色，故杞、宋
　　各行其祖正朔。」先儒謂宋行商曆，晉行顓曆，顓曆即是建寅。故
　　傳書晉國之事多有從夏正者，若卜偃與絳縣老人之言可証也。要自
　　其國通行已久，習俗使然，三代原所不禁，而其告於王朝則一稟周
　　之正朔。《左氏》特採錄列國之私史，其史官之紀載未經改正，故致
　　偶見此一二耳，無容以爲不改時月之驗也。（〈時令表敍〉，頁 2）

顧棟高提出《左傳》和《春秋》所載同事但時間有異者，乃因《左傳》有時
襲用各國史策所採用的夏正或商正未改，所以和以周正記事的《春秋》不同。
〈敍〉中並舉宋用商曆、晉用夏曆，其國內皆通行甚久，可見各國未必盡用
周正。關於各國所用乃商正或夏正，表中皆加以論證。例如「隱六年冬，宋
人取長葛」一條，《左傳》載：「秋，宋人取長葛。」《經》書冬而《傳》書秋，
顧氏即以爲：「愚謂此是宋事，赴告或當用商正耳。」（頁 3～4）蓋謂原因在
於《春秋》採用周正，《左傳》則沿用宋之商正，故記時不同。至於晉用夏正，
顧氏亦舉數例論之。如僖公五年晉侯攻虢圍上陽，獻公問卜偃攻克之時，卜
偃曰：「九月、十月之交乎？丙子旦，日在尾，月在策，鶉火中，必是時也。」
而後《左傳》載「冬十二月丙子朔，晉滅虢。」〔註 2〕顧氏即曰：「卜偃對君
之言，乃是夏正。先儒謂晉行夏時，此其證也。」（頁 13）卜偃言攻克之時在
九月、十月之間的丙子日，但《左傳》載十二月丙子滅虢，可見《左傳》此
時記事用周正，卜偃所言乃指夏正而言，故兩者相差兩個月。正因晉用夏正，

─────────────

〔註 2〕晉・杜預注，唐・孔穎達疏：《春秋左傳正義》，卷 12，頁 24 下～25 下。

故《左傳》所載晉事亦偶沿用夏正。例如僖公十五年的韓之戰，顧氏論曰：

> 《傳》云：「九月壬戌戰于韓原」，即于是日獲晉侯，而《經》書「十
> 有一月壬戌」。杜《註》云「《經》從赴」，非也。《傳》之「壬戌」
> 即是十一月之壬戌，但《傳》因晉之夏正而稱九月，《經》自用周正
> 而書十一月耳。《左傳》紀晉事，與《經》文前後多差兩月者，此類
> 是也。（頁14）

杜預以爲《經》書十一月，乃從赴告之日。顧棟高反對杜說，以爲晉既用夏
正，《左傳》記晉事與經相差兩個者，皆是沿用晉之夏正記事所造成。〈時令
表〉除論《春秋》和《左傳》中的時令問題外，還旁及《毛詩》、《尚書》、《周
易》、《周禮》、《禮記》、《論語》、《孟子》等各經的問題。例如《論語》「顏淵
問爲邦，子曰：『行夏之時。』」一條，表中引張以寧之說曰：

> 夫子明言「行夏之時」，有夏之時，則有商、周之時。朱子謂周實是
> 改冬爲春，改十一月爲正月。夫子只是爲他不順，故欲改從建寅。
> 若周元不改時月，則夫子亦不須告顏淵以行夏之時。（頁48）

《春秋胡氏傳》所謂「以夏時冠月，垂法後世。」〔註3〕即根據《論語》此條
主張孔子作《春秋》乃用夏時冠於周月之上，以爲後世垂教。〈時令表〉引張
以寧說考證《論語》這段話，說明周確實改時改月，否則孔子不會說行夏之
時，孔子只是表示欲改從夏時而非眞改用夏時罷了。透過表來分析《春秋》
的時令，孔子皆用周正，胡安國夏時冠周月之說乃屬不可信。

　　〈時令表〉一篇不僅對於胡安國夏時冠周月之說提出反駁，復求於表後
〈附錄〉收入史伯璿、陳定宇等人的說法，對蔡沈不改時月的說法加以駁斥。
顧氏提出《春秋》和《左傳》中的時令基本皆用周正，兩者記載時日有差異
者，則是各國史策採用當國的曆法，《左傳》沿用其記載未改所造成，對《春
秋》時令的爭議有所論辨澄清。

二、〈朔閏表〉、〈長曆拾遺表〉

　　自古以來有許多學者企圖恢復《春秋》之曆法，其成果皆不盡相同。顧
棟高亦嘗試恢復《春秋》之曆法，編有〈朔閏表〉及〈長曆拾遺表〉二表。
其於〈朔閏表敘〉言：

〔註3〕　宋・胡安國：《春秋胡氏傳》（收入《四部叢刊廣編》，臺北：臺灣商務印書館，
　　　　民國70年，影印常熟瞿氏鐵琴銅劍樓藏宋刊本），卷1，頁2上。

余讀《春秋》，每苦日食置閏不得其解。據先儒舊說，《春秋》不應置閏而置閏者凡二〔見莊二十五年「六月辛未朔日有食之」及文元年「閏三月」〕，應置閏而失不置者凡三〔見昭二十年「二月己丑南至」、襄二十七年「冬十月乙亥朔日有食之」、哀十二年「冬十二月螽」〕，至日食之乖繆尤多……歷千年周有折衷。又《經》、《傳》中日月多有互異。孔穎達曰：「凡異者，多是《傳》實而《經》虛。」以余考之，亦有《經》不誤而《傳》誤者，有《經》、《傳》俱不誤，而杜以駁正《經》、《傳》反致誤者。孔氏僅能發明杜氏之義，而無能救正杜氏之失……歲癸亥，華生綱從余遊，年二十三歲，性敏而有沈思，余教以推求春秋朔閏之法。以方幅之紙，一年橫書十二月，每月繫朔晦于首尾，細求《經》、《傳》中之干支，日數不合，則爲置閏。始猶覺其牴牾，十年以後迎刃而解。其合者凡十九，不合者前後率不過差一、兩日。因《經》、《傳》之日數以求晦朔，因晦朔之前後以定閏餘，與杜氏《長曆》不差累黍，其違異者則爲著論駁正之。乃知《春秋》二百四十二年之事迹，指掌可數，粲若列眉。（頁61～62）

《春秋》之日食、朔閏相關問題，千年以來眾說紛紜，顧棟高當初亦不得其解。之後發現杜預註解春秋之曆日多有錯誤，便自己進行春秋朔閏的還原。顧氏還原春秋朔閏的方法，在於以紙書寫每月的朔晦，然後透過《經》、《傳》所載的干支來推算朔晦之干支。如果日數不合，則予以置閏。顧氏在華綱、華玉淳〔註4〕的幫助下，經過十年的功夫終於排出春秋首尾之詳細朔閏。其所復原之朔閏和《經》、《傳》所載大體相合，和杜預《春秋長曆》相比亦多吻合，若不吻合則另論說予以駁正。〈朔閏表〉一年佔用一個表，首格書魯國及各國國君之紀年，其下由正月至十二月依序排列，每月佔一格。若有閏月，則將其與所閏之月置於同格，例如閏十二月則置閏月於十二月該格之左。各月之中，右邊書該月朔日之干支，左邊書晦日之干支，若《經》、《傳》於該月有干支日之記載，則附記載於朔晦之間，作爲朔閏推算的定位點，進而論其推算之依據。其論干支之日，採杜預及孔穎達之說爲主。如隱公十年《經》載：「春王二月，公會齊侯、鄭伯于中丘。」《傳》作：「正月，公會齊侯、鄭

〔註4〕 〈朔閏表敘〉言：「余于此用心良苦。而位置閏月、排列朔晦，則華生經始，華子師道改正之力爲多。」（頁63）華生即前所提及之華綱，華師道即華玉淳。

伯于中丘。癸丑，盟于鄧。」顧氏列杜說及己之案語曰：「杜《註》：『推《經》、《傳》日月，癸丑是正月二十六日，知《經》二月誤。』按：據此則正月戊子朔。今〈朔閏表〉同。」（頁78）此處顧氏即採用杜預《傳》是《經》非之說。若表中所排和杜預之論不同，則另論述己意。如昭八年《經》載「冬十月壬午楚師滅陳」《傳》書作：「十一月壬午，滅陳。」表中列杜說和己論曰：「杜《註》：『壬午，（案：表中此處引杜《注》缺「十」字）月十八日。《傳》言十一月，誤。』按：據此則十月乙丑朔。今推得乙未朔，壬午是十一月十九日，《傳》是而《經》誤。」（頁315）杜預以為此條《經》、《傳》時日相異乃《經》是而《傳》非。顧棟高所排則以為《傳》是而《經》誤，對杜說有所駁正。全表既採用杜預《長曆》之說，亦對其有所駁正。根據陳廖安的統計，〈朔閏表〉和杜預《長曆》之說之異同如下：

《長曆》和〈朔閏表〉於置閏方面之異同	數量
《長曆》和〈朔閏表〉閏月相同，月建為大者	15
《長曆》和〈朔閏表〉閏月相同，月建為小者	16
《長曆》和〈朔閏表〉閏月相同，《長曆》為大月〈朔閏表〉為小月	3
《長曆》和〈朔閏表〉閏月相同，《長曆》為小月〈朔閏表〉為大月	17
《長曆》和〈朔閏表〉閏月相同，朔日不同	29
《長曆》和〈朔閏表〉閏月不同，朔日不同	5
《長曆》置閏，〈朔閏表〉不置閏	3
《長曆》不置閏，〈朔閏表〉置閏	3

《長曆》和〈朔閏表〉於月朔方面之異同	數量
《長曆》和〈朔閏表〉全年月朔相同者	51
《長曆》和〈朔閏表〉全年一個月朔不符者	42
《長曆》和〈朔閏表〉全年二個月朔不符者	24
《長曆》和〈朔閏表〉全年三個月朔不符者	29
《長曆》和〈朔閏表〉全年四個月朔不符者	16
《長曆》和〈朔閏表〉全年五個月朔不符者	25
《長曆》和〈朔閏表〉全年六個月朔不符者	36
《長曆》和〈朔閏表〉全年七個月朔不符者	6

《長曆》和〈朔閏表〉全年八個月朔不符者	4
《長曆》和〈朔閏表〉全年九個月朔不符者	8
《長曆》和〈朔閏表〉全年十個月朔不符者	2
《長曆》和〈朔閏表〉全年一十個月朔不符者	1
《長曆》和〈朔閏表〉全年月朔皆不符者	1

《長曆》和〈朔閏表〉於《春秋》日辰方面之異同	數量
《春秋》日辰，《長曆》和〈朔閏表〉月朔相符者	37
《春秋》日辰，〈朔閏表〉較《長曆》先一日者	36
《春秋》日辰，〈朔閏表〉較《長曆》後一日者	38
《春秋》日辰，〈朔閏表〉可考，《長曆》無考者	4
《春秋》日辰，《長曆》可考，〈朔閏表〉無考者	4
《春秋》日辰，〈朔閏表〉和《長曆》俱無考者	32

《長曆》和〈朔閏表〉於《左傳》日辰方面之異同	數量
《左傳》日辰，《長曆》和〈朔閏表〉月朔相符者	22
《左傳》日辰，〈朔閏表〉較《長曆》先一日者	19
《左傳》日辰，〈朔閏表〉較《長曆》後一日者	37
《左傳》日辰，〈朔閏表〉可考，《長曆》無考者	5
《左傳》日辰，《長曆》可考，〈朔閏表〉無考者	3
《左傳》日辰，〈朔閏表〉和《長曆》俱無考者	18

〔註5〕

　　由統計可看出顧氏於杜說之依違。大體而言，顧氏置閏和月朔的推算和杜預相近，間或有些微差異；日辰的考訂則相同者較多，或前後參差一日而已。

　　顧氏既於〈朔閏表〉推算春秋之朔閏，又作〈長曆拾遺表〉一篇。長曆拾遺者，還原杜預《春秋長曆》之意。〈長曆拾遺表敘〉曰：

　　　　余既輯〈春秋朔閏表〉，懼後人不之信，因命施生龍淵就《註》、《疏》

〔註5〕 陳廖安：〈顧棟高春秋朔閏表述評〉（中研院文哲所籌備處清代乾嘉學者的治經貢獻第二次學術研討會會議論文，民國90年11月22～23日），頁1～28。以上四表據陳文加以編排。陳文論述較詳，並依年月排「杜氏、顧氏春秋朔閏異同表」，可詳參。

中採出杜氏《長曆》凡百餘條，都爲一卷。嗚呼！《長曆》一書，
意當唐初孔氏穎達世猶存，今已不可得見。獨其吉光片羽，流傳于
斷楮殘墨之間，學者得因是以考見當時之日月，誠不可不寶愛而珍
惜之也。余嘗觀其前後，歎杜氏用心精細，千年來未有及者……（頁
407）

杜預《春秋長曆》一書於後代流傳過程中亡佚，《左傳正義》中仍可得見其部
分內容。顧棟高既肯定杜預春秋朔閏的推算成果，於是從《左傳正義》中輯
錄杜預《長曆》之說，以證〈朔閏表〉之推算乃有憑據。其於〈敘〉中又曰：

杜氏迄今二千年，其《長曆》之存于今者千百之十一耳。然即此十
一求之，以考見當時之日月，先生有知，應引爲繼起之有人，則余
小子曷敢多讓。謹就此百餘條內，其標明日月者，推明是月爲某朔，
以余所推合之。其不同者，既具論如右；其同者，識明一「同」字。
與〈朔閏表〉相表裏，俾學者知今日之推求非無根據。而先生之《長
曆》幾如碎鼎之復完，晉、唐以來不獲睹之書，至此復燦然大明于
世。（頁408）

〈長曆拾遺表〉輯錄杜預《長曆》之說共 103 條，顧氏以爲雖非其全貌，仍
可據以推論春秋之朔閏。就〈朔閏表〉而言，其依據杜預《長曆》之處頗多，
但結論則有同有異，故於〈長曆拾遺表〉中比較兩者之異同，以明其推論之
根據。顧氏編輯〈長曆拾遺表〉，其用意在於和〈朔閏表〉相表裡，不但輯錄
杜預《春秋長曆》之說，更在杜預的成果上，重新復原春秋之朔閏。所以此
二表實可視爲對杜預《春秋長曆》的復原與訂補，即〈長曆拾遺表敘〉中所
言「《長曆》幾如碎鼎之復完，晉、唐以來不獲睹之書，至此復燦然大明于世。」
〈朔閏表〉排定春秋之朔閏情形，〈長曆拾遺表〉則先輯錄杜預《長曆》，依
據其說詳加論述，以示其排定有所憑據，並論述杜說和〈朔閏表〉的異同。〈朔
閏表〉之推算多和杜預《長曆》相合，偶有不同者，例如「昭九年：『夏四月，
陳災。』《傳》：『火出而火陳』」一條，表引杜《注》、孔《疏》並附己說曰：

杜《註》：「火，心星也。火出，于周爲五月，而以四月出者，以《長
曆》推，前年誤置閏。」

《正義》曰：「昭十七年《傳》曰火出，於周爲五月，今以四月出者，
《長曆》云閏當在此年五月後，而在前年，故火以四月出也。《長曆》
以爲前年閏八月，則此年四月五日已得中氣，二十日已得五月節，

故四月得火見。」

　　按：九年《傳》二月有庚申，十年五月有庚辰，則八年實無閏。今
　　〈朔閏表〉移閏于十年五月後。蓋四月之末，大火以夜半見于東南，
　　不必初昏也。（頁 438～439）

杜預和孔穎達以爲心星於五月得見，昭九年《傳》載四月得見，是將原本此
年五月之後才須置閏者，誤提前於八年閏八月之故。然而顧氏根據〈朔閏表〉
的排定，九年《傳》二月的庚申乃「是月二十八日。若從杜氏于去年八月置
閏，則是月無庚申。」（頁 317～318）十年五月《傳》之庚辰乃「是月二十五
日。若從杜氏于八年八月置閏，則是月無庚辰。」（頁 318～319）所以修訂杜
預八年閏月之說，將閏月置於十年五月後。接著顧氏解釋四月若於夜半觀看
東南方的星空，仍可見到心星，《左傳》載火出於四月並無錯誤。從表中皆見
顧氏輯錄杜預《長曆》之說，並論兩人朔閏排定的異同。〈長曆拾遺表〉既輯
杜預《長曆》之說，其附錄更仿趙汸《春秋屬辭》之例，將杜預《長曆》之
推算（案：並補上顧氏修正杜預推算的看法）和據《大衍曆》推算春秋之曆
日相比較，列「《長曆》及《大衍曆》置閏異同」及「《長曆》及《大衍曆》
合朔同異與《經》文日月差繆」兩表，以《大衍曆》的推算顯示春秋曆法的
疏漏。從〈朔閏表〉和〈長曆拾遺表〉的體例和成果來看，顧氏乃在杜預《長
曆》的推算基礎下對春秋的曆法進行還原。

三、〈天文表〉

　　〈長曆拾遺表〉附錄最後有「附《元史·曆志》所推《春秋》日食三十
七事」，顧氏對《春秋》記載之日食推算即據此。今將其修正《春秋》記載者
表列如下：

《春秋》經文之記載	《元史·曆志》之修正
隱公三年春王二月，己巳日有食之。	今《授時曆》推之是歲三月己巳朔。
桓公三年七月壬辰朔，日有食之，既。	以今曆推之是歲八月壬辰朔。
桓公十七年冬十月朔，日有食之。	以今曆推之是歲十一月。
莊公十八年春王三月，日有食之	以今曆推之是歲三月朔不入食限，五月壬子朔入食限，蓋誤「五」爲「三」。
僖公十二年春王三月庚午朔，日有食之。	今曆推之是歲五月庚午朔入食限，蓋誤「五」爲「三」。

僖公十五年夏五月，日有食之。	今曆推之是歲四月癸丑朔。
文公元年二月癸亥，日有食之。	今曆推之是歲三月癸亥朔。
宣公八年秋七月甲子，日有食之，既。	今曆推之是歲十月甲子朔入食限，蓋「十」誤爲「七」。
宣公十七年六月癸卯，日有食之。	今曆推之是歲五月乙亥朔。
成公十七年十二月丁巳朔，日有食之。	今曆推之是歲十一月丁巳朔。
襄公十五年秋八月丁巳，日有食之。	今曆推之是歲七月丁巳朔。
襄公二十一年冬十月庚辰朔，日有食之。	不應頻食。
襄公二十四年八月癸巳朔，日有食之。	不應頻食。
襄公二十七年冬十二月乙亥朔，日有食之。	今曆推之是歲十一月乙亥朔。
昭公十五年六月丁巳朔，日有食之。	今曆推之是歲五月丁巳朔。
昭公十七年夏六月甲戌朔，日有食之。	今曆推之是歲九月甲戌朔。
定公十二年十一月丙寅朔，日有食之。	今曆推之是歲十月丙寅朔。

　　根據上表，《春秋》中日食記載和推算不合者，大體相差一個月，多因所謂失閏和推步不準之故，其他還有月數訛誤和不應頻食等情形。除於〈長曆拾遺表〉之附錄引《元史》推考《春秋》之日食外，顧氏亦於〈天文表〉對日食問題再進行研究。〈天文表〉列《春秋》之日食及星變之事，輔以各家之說法。星變者，乃指《春秋》書星隕、隕石及星孛的記載，表中引諸家之說，認爲此皆警惕國君的災異。〈天文表〉一篇雖有整理羅列《春秋》星變之記載，其眞正關注之焦點，則在春秋之日食問題上。顧氏對日食多引學者之說，表中並無個人論述。〈天文表敘〉曰：

> 余讀《春秋》至日食與失閏，輒歎周之曆法不傳，其故殆莫可考而知也……日月行度，據後世曆家推家推算，大率以一百七十二日有餘而一交，交則月掩日，而日爲之食。然亦有不正相値，或食于夜，則日食不見，但無頻月食法。而襄二十一年九月十月頻食，二十四年七月八月頻食，諸儒皆所不解，以日月無頻交之理，不交無從有食。（頁 2201）

顧棟高對《春秋》日食的見解，乃根據歷來曆算家的說法而來，故〈敘〉中亦無個人見解。如前表所列，顧氏引《元史·曆志》論《春秋》所載日食與推算不合者皆有緣故，唯有襄公二十一年九月十月頻食及襄公二十四年七月

八月頻食兩次頻食的記載，歷來學者皆不詳其錯誤產生之由。《元史・曆志》以爲《春秋》襄公二十一年十月及襄公二十四年八月的記載是錯誤的，此時不該發生日食。顧氏於〈敘〉中雖表示不詳其故，但在表後〈書萬充宗黃梨洲春秋日食問答後〉一篇之案語則嘗試提出自己的見解：

> 頻食既斷無此法，而《春秋》之所以書者何也？是時周曆算法已不准，推步常遲一月，頒曆云某月朔應日食，到前一月之朔而日大食甚。至襄二十四年七月朔食之既，人所共見，魯史既據實書之矣。至後一月不見有食，則以周保章氏所頒，未敢輕削。魯史非精曆算者，不能考正是月之不入食限也。則疑食之微，或食于夜而人不見，因並存之，孔子因而不革。（頁 2214）

此論頻食的記載，前一月之日食乃實際觀測的紀錄，後一月之日食則是原本推測日食發生的的日子，但卻未發生日食，於是史書存疑而記。如此一來，顧氏便將《春秋》所有的日食記載皆能交代何者正確，何者錯誤，以及錯誤之爲何產生。

顧棟高試圖從上列數表解決《經》、《傳》中的曆朔以及相關的天文問題。其企圖令人佩服，成果卻頗值商榷。舉〈時令表〉來說，其以周朝行周正及《春秋》採用周正之說駁正蔡沈、胡安國的說法，足正二者之失，但〈時令表敘〉曰：「《後漢書・陳寵傳》有曰：『天開於子，天以爲正，周以爲春；地闢於丑，地以爲正，殷以爲春；人生於寅，人以爲正，夏以爲春。』是子、丑、寅三陽之月皆可以言正，皆可以爲春明矣。」（頁 1）標舉周正固定爲建子之說。此說以今日之研究成果檢視，似並非如此。新城新藏研究《春秋》的曆法，將其分成兩個時期，文公宣公以前「大體以較含冬至之月遲一個月爲正月」，文公、宣公以後則以「含冬至之月爲正月」。〔註6〕張培瑜亦以爲「魯曆歲首僖公以前多建丑，文公以後常建子，但時有擺動。」〔註7〕兩說相符，可見《春秋》之曆法非固定以建子爲歲首。顧棟高雖然體察到「古曆疏闊，置閏失當」（頁 493），但未能瞭解歲首會因此更動，所以楊向奎批評曰：「我們說顧棟高爲春秋始終都用周正〔子月〕周月的說法是不正確的，但當時曆

〔註 6〕 [日]・新城新藏著，沈璿譯：《東洋天文學史研究》（上海：中華學藝社，民國 22 年），頁 360。

〔註 7〕 張培瑜：〈春秋經內外傳天文曆法紀事的比較研究〉（佛光人文社會學院歷史系第一屆世界漢學中的春秋學學術研討會論文集，民國 93 年 11 月 17～18 日），頁 191。

法尚不固定，各國之間各用所宜的意見還是可取的。」〔註8〕此外，〈時令表〉以各國有各自的曆法，未必行周正，例如表中舉晉行夏正、宋行商正者。實際上各國曆法多和魯國相異，表中仍有未明者。例如鄭國，表中列「隱公三年四月，鄭祭仲帥師取溫之麥。秋，又取成周之禾」一條，引杜《注》曰：「四月，今二月也；秋，今之夏也，麥禾皆未熟。言取者，蓋芟踐之。」（頁12～13）表中還列孔穎達和張以寧贊同杜《注》的看法，足見顧氏同意杜預之說。然楊伯峻以爲：「四月，夏正之四月，麥已熟，故鄭人帥師割取之。趙翼《陔餘叢考》卷二所謂『是鄭用夏正也』。杜預以爲周正四月，即夏正之二月，麥未熟，鄭人故意芟踐之，誤。」「秋，亦是夏正之秋」〔註9〕楊說的解釋較杜預芟踐之說合理，則鄭亦不用周正，顧氏於此反受杜《注》所誤。各國的曆法和魯國不同，但其中曆日的參差卻不規律。以晉國而言，〈時令表〉言其用夏正，則應和魯曆相差兩個月。不過《左傳》記晉事，卻有只差一個月者。張培瑜以爲：

> 《經》「成公十有八年春王正月，晉殺其大夫胥童。」《左傳》成公十七年曰：「閏月乙卯晦，欒書、中行偃殺胥童。」《左傳》事在成公十有七年，似差一個月。但接下來《春秋經》載「庚申，晉弒其君州蒲。」而《傳》「十八年春，王正月庚申，晉中行偃使程滑弒厲公」，又與《春秋經》月日相同。故也可能是建正無異而魯晉曆朔不一，所致曆日不同而已。〔註10〕

就張說來看，晉是否用夏正仍有討論的空間。此外就〈朔閏表〉而言，學者對其研究成果頗多非議。新城新藏歸納歷來研究春秋曆法有三種方式：一種是「按排曆日之干支，推察其插入閏月之位置」，一種是「假定一定之曆法，以檢查朔閏干支之記事果與此合否」，第三種則是「利用日食之記事，而決定其相當之時日，然後由此推察長曆之大勢」。〔註11〕杜預和顧棟高的方法即屬第一種。此類的排定方法使推求的曆日必定合於《經》、《傳》記載，但方法卻不無爭議。例如顧氏論曰：「自桓元年閏十二月至七年閏十二月，首尾歷七十三月，中間應更有一閏，今〈朔閏表〉于四年置閏十二月。」（頁451）其

〔註8〕 楊向奎：《清儒學案新編》，第三卷，頁88。
〔註9〕 楊伯峻：《春秋左傳注》（北京：中華書局，1990年），頁27。
〔註10〕 張培瑜：〈春秋經內外傳天文曆法紀事的比較研究〉，頁191。原文句讀不順，此處引用略加修改。
〔註11〕 ［日〕·新城新藏著，沈璿譯：《東洋天文學史研究》，頁308～309。

論杜預推算桓元年閏十二月至桓七年閏十二月兩者相隔太久，中間應還有一閏，此乃合理的懷疑。不過其間無任何干支定點的依據，便將閏月訂爲四年閏十二月，未免過於武斷。此類情形〈朔閏表〉、〈長曆拾遺表〉中多見，後世學者對此難免多所批評。羅士琳曰：「錫山顧震滄先生譔《春秋大事表》，分〈朔閏〉爲四卷，又〈長曆拾遺〉及附錄一卷，非不考覈精密，援引賅博。特顧氏本不知曆，唯憑排數日月，故于襄二十七年下，一仍杜氏《長曆》，疊置兩閏。」〔註12〕王韜曰：「顧氏雖時能矯杜之失，而用心彌勤，差之愈遠。須知不由推步則無從知其失閏。必先以今准古，而後古術之疏乃見，失閏之故可明。」〔註13〕施彥士採顧棟高〈朔閏表〉之體裁而作《春秋朔閏表發覆》一書，亦對顧氏批評曰：「竊以杜氏《長曆》、顧氏〈朔閏表〉祇就《經》、《傳》推較，而未諳曆法。」〔註14〕陳廖安亦批評：「《春秋》經傳之紀事，或有先後差池，月日多有互異，兼且設閏失紀，補閏無方，遷就載籍以設閏排日，雖與《經》、《傳》日辰多有偶合，而乖違章蔀置閏之法，此顧氏〈朔閏表〉之所以多見疵議也。」〔註15〕這些都是對顧棟高推求朔閏方法的評議。顧棟高既不知曆法推算之理，於春秋日食之推算只能依據《元史・曆志》及各家推算之說。此外顧氏在前人看法的基礎上，於〈天文表〉試圖解釋《春秋》書襄公二十一年、二十四年頻食之故，此說便大有問題。顧氏以爲頻食中後一個記載乃因周代曆法推算日食不準，魯史照常書載之故。春秋時期已能推算日食之發生週期並頒佈之，此論頗難令人置信。就算眞如其論，則周曆既不準，又豈只在襄公二十一年、二十四年才有頻食之載？顧氏此論之謬誤顯然，〈闕文表〉中引齊履謙之論頻食爲傳寫之誤反較爲公允。

　　顧棟高在曆法的研究上雖然難以令人信服，但不可不注意此類諸表在《春秋大事表》中的重要性。顧氏在曆法、日食等複雜的問題上一一予以析論，試圖止息歷來學者的紛爭，使《春秋》之時日確切無疑。如此則可還原春秋歷史中的時日。〈總敘〉所言：「雨雹霜雪失時爲災，蒐田城築非時害稼，時

〔註12〕清・羅士琳：《春秋朔閏異同・序略》（收入《皇清經解續編》，臺北：復興書局，民國 61 年），卷 755，頁 2 上。

〔註13〕清・王韜：《春秋朔閏日至考》（收入《續修四庫全書》第 148 冊，上海：上海古籍出版社，1995 年，影印清光緒十五年鉛印弢園經學輯存本），卷上，頁 25 上。

〔註14〕清・施彥士：《春秋朔閏表發覆》（收入《續修四庫全書》第 148 冊，上海：上海古籍出版社，1995 年，影印清道光十二年求己堂刻本），卷首，頁 2 上。

〔註15〕陳廖安：〈顧棟高春秋朔閏表述評〉，頁 16。

日尤重。學《春秋》而不知時日，是朝菌不知晦朔也。」所以《經》書「不雨」、「無冰」、「大無麥禾」等，即可根據正確的時令瞭解《春秋》書載之義。時日問題既然關係《春秋》之義重大，顧氏不但辨析其中之疑義，其更重要在於使春秋之時日人人可以輕易掌握。所以〈朔閏表〉不憚其煩，以魯國世系和年號爲基準，繫各國諸侯年號於首格，縱向排列該年的各月之朔晦以及置閏情形，逐年排下，如此讀者翻閱即可輕易對照春秋 242 年之時日，不至於無所適從。就此而言，顧棟高的用意值得嘉許。

第二節　地理類諸表

顧棟高於〈總敘〉曰：「春秋強兼弱削，戰爭不休，地理爲要。學《春秋》而不知地理，是盲人罔識南北也。」(卷前，頁 1) 其對地理之學重視如此，而《春秋大事表》於春秋地理之考論則有〈列國疆域表〉、〈列國爵姓及存滅表〉、〈列國犬牙相錯〉、〈列國都邑表〉、〈列國山川表〉、〈列國地形險要表〉各表，及爲方便記誦所作〈列國地形口號〉，和便於檢閱而繪製的〈春秋輿圖〉。

一、〈列國疆域表〉

顧棟高瞭解春秋列國疆域的重要，作〈列國疆域表〉。是表重視疆域歷史的變化，〈列國疆域表敘〉曰：

> 昔武王大封列侯，各有分地，至春秋時猶存百二十四國。稅安禮爲作《春秋指掌圖》以明之。余謂是不可圖也。若從其始封，則與春秋時之疆境不合；若從春秋當日，則二百四十年中強兼弱削，月異而歲不同，當以何年爲準而圖之？（頁 495）

顧氏體認到春秋時期各國之間攻伐併吞的情形頻繁，列國的疆域變化激烈，所以認爲若用圖則無法選擇基準點來界畫各國領地的大小。〈敘〉中歷引數國疆域之變動以爲例，如其論晉國曰：

> 晉之始封太原，百里之地耳。其後獻公滅耿、滅霍、滅魏，拓地漸廣。而最得便利者，莫如伐虢之役，自澠池迄靈寶以東崤、函四百餘里，盡虢略之地。晉之得以西向制秦，秦人抑首而不敢出者，以先得虢扼其咽喉也。至文公啓南陽，奄有覃、懷，後經營中原，迫逐戎狄。凡衛河以北殷墟之境之沒于狄，及邢之滅于衛、滑之滅于秦者，晉盡取

之。于是東及朝歌，北盡邯鄲，自河南之彰德、衛輝，至直隸之大名、

廣平、順德，悉爲晉有，而謂晉猶昔日之晉乎？（頁495）

晉地最初只有太原周圍，隨著侵滅耿、霍、魏、虢各國以及擁有南陽等地後，其疆域日益開展，已非當初百里之國的大小。以晉一國爲例，可想見春秋時期疆域的變動劇烈，的確無法以圖畫示其疆界。所以顧氏用另一種方法標識春秋的疆域變化：

夫不原其始封，則不明先王星羅棋置、犬牙相錯之至意；而不極吞併所至，則又無以識春秋當日之大勢。故自王畿以下，凡晉、楚諸大國，先區明其本境，以漸及其拓地之疆域，終春秋之世而止。而小國亦還其始封，末云後入某國爲某邑。庶前後之疆索瞭如，而廢興之故亦從可概睹矣。（〈列國疆域表敘〉，頁496）

顧氏編輯〈列國疆域表〉的方法在於先將各大國始封之地列出，此後逐條記載其兼併之地及吞滅之國，則春秋各國疆域變化的大勢，即可於表中一目了然。〈列國疆域表〉所列的國家，有魯、齊、晉、楚、宋、衛、鄭、秦、吳、越十國及周王畿。其間疆域變化大體依時間先後順序排列，若有時間不詳者，如「荀不知何年滅于晉」、「賈不知何年滅于晉」（頁513）之類，則以約略的時間置入表中。〈列國疆域表〉取材主要據《春秋》和《左傳》的記載，兼採《史記》、《漢書》等材料，如魯伯禽初封曲阜即據《漢書·地理志》，并多用《史記》的材料補秦之疆域拓展。顧氏既於表中詳列各國疆域發展，表後更有案語及各國疆域論，以論述各國發展大勢及疆域地理之影響。例如齊疆域表後之案語論齊之發展大勢曰：

齊在春秋，兼併十國之地，紀、郕、譚、遂、鄣、陽、萊七國之滅見於《經》，如莒之故封介根及牟、介二國俱不詳其滅之何年。其疆域全有青州、濟南、武定、登州、萊州五府之地。獨青州府之安丘、諸城二縣闌入莒地，後入魯。又東昌府之聊城爲聊囂，堂邑縣爲棠邑，茌平縣爲重丘，泰安府治與魯接境，又兼有東阿、肥城、平陰及東平州。斗入兗州府之陽穀一縣、沂州府之蒙陰一縣，與魯、衛錯壤。又曹州府之范縣爲齊廩丘及顧地，則齊、晉、宋、魯、衛五國交錯處也。直隸天津府之慶雲縣爲齊無棣地。（頁510～511）

各表後之案語皆概述其國之吞滅發展，並將各國之領地，比對清代的地名，使人容易掌握春秋各國的位置及疆界之梗概。表後各國之疆域論，則闡述疆

域地理於國勢之影響。例如〈魯疆域論〉曰：

> 余讀《春秋》至隱五年「公矢魚于棠」，《傳》曰：「非禮也，且言遠
> 地也。」哀十四年「西狩獲麟」歐陽子曰：「西狩言遠也。」嗚呼！
> 魯之東西境盡之矣。余嘗往來京師，親至兗州魚臺縣，訪隱公觀魚
> 處，詢之土人，云距曲阜不二百里。又北至汶上，為齊、魯接界，
> 俱計日可到。其地平衍，無高山大川為之限隔，無魚鹽之利為之饒
> 沃，故終春秋之世，常畏齊而附晉。又其西南則宋、鄭、衛及邾、
> 莒、杞、鄫諸國地，犬牙相錯，時吞滅弱小以自附益，祊易之鄭，
> 防取之宋，須句取之邾，向、鄫取之莒，而邾則空其國都致邾衆退
> 保嶧山，與莒爭鄆無寧日。逮晉文分曹地，則有東昌府濮州西南；
> 而越既滅吳與魯泗東方百里地，界稍稍擴矣，然終不能抗衡齊、晉。
> 豈特其君臣之孱弱，亦其地當走集，以守則不足以固，以攻則不足
> 以取勝也。徒以周公之後世為望國，為晉、楚所重，故楚靈為章華
> 之臺，而蘧啟疆特致魯侯以落之，好以大屈。至戰國時猶存，于諸
> 姬最為後亡，豈非周公之明德遠哉！（頁507～508）

〈魯疆域論〉以為魯國境內地勢平坦，無險要可以踞守，此為先天條件發展
之限制。此一限制決定魯國終春秋之世不能有所發展，不足與齊、晉大國相
抗衡，只能侵略周遭弱小之國以自益。然魯之地勢不足為守，國祚卻能綿延
至戰國時才為楚滅，顧氏以為乃各國敬重其為周公之後的緣故。〈魯疆域論〉
結合地理因素評述魯國于春秋的發展，其論值得參考。各國之疆域論亦多據
疆域地理來論述各國的情勢和發展，形成〈列國疆域表〉中的一大特色。

二、〈列國爵姓及存滅表〉

顧棟高於〈列國疆域表〉後續編〈列國爵姓及存滅表〉，其〈敘〉論曰：

> 余既輯春秋疆域，自成周以迄齊、楚、秦、晉，凡十一國。而當日
> 之形勢，如鱗次櫛比、犬牙相錯，凡行軍用師、出入往來之迂直遠
> 近，及築城戍守之輕重疎密，莫不瞭然具見。繼為原其封爵之所由，
> 及其姓氏與小國之入于某國為某邑。而春秋之列侯，始而星羅棊布，
> 繼而疆兼弱削，究其源流，指掌可數。作而歎曰：封建之裂為郡縣，
> 蓋不自秦始也。自莊公之世，而楚文王已縣申、息，封畛于汝。逮
> 後而晉有四十縣。哀二年趙鞅為鐵之師，誓曰「克敵者上大夫受縣，

下大夫受郡」。終春秋之世，而國之滅爲縣邑者強半天下，而諸國卒
以強盛。（頁 561）

顧氏以爲〈列國疆域表〉將春秋當時各國之地理和軍事情勢，一一詳細呈現，
然而其中各國之初始受封，仍有可論述者。所以作〈列國爵姓及存滅表〉，將
各國從始封至滅亡，以表呈現。由是表可看出從周初之分封諸國，演變至春
秋、戰國時大國兼併小國的情形，顧氏以爲此即由封建轉變成郡縣的先聲。〈列
國爵姓及存滅表〉所收的國家有齊、晉、楚、秦等大國，有滕、薛、許、莒
等小國，亦有犬戎、赤狄、淮夷等蠻夷之國，至於周代以前的古國如有莘、
豕韋、觀、扈等亦列入表中，全部共列 209 國。每一國家由國名、爵、姓、
始封、都、存滅情形，一一列引。如曹：爵位爲伯；姓姬；始封乃文王子叔
振鐸；都于陶丘，在清之山東省曹州府定陶縣；桓公三十五年始見於《春秋》，
曹伯陽十五年滅于宋。若其不可考者，表中則缺而不論。從表中的爵位，可
以得知當時分封的大略情況；由國姓著手，則舉凡彼此同姓異姓之區分，姬、
姜、嬀、嬴等各姓繁衍受封之多寡亦可清楚掌握。所以瀏覽是表，各國之概
況皆能了然於胸。

三、〈列國犬牙相錯表〉

〈列國疆域表〉將春秋列國之間的疆域形勢有所剖析，對於各國的約略
位置皆能有所掌握。至於各國彼此交界的實況，則無法從中得知詳細的地界。
爲此顧氏作〈列國地形犬牙相錯表〉三卷，以明各國交界的詳細情形。其〈敘〉
曰：

> 先王建國，各有分地，紛若列碁，界如分畛。其後列侯爭相侵奪，
> 務據勢勝，而春秋列國之疆域繁然亂矣。如山東濮州范縣爲晉士會
> 邑；楚之子西爲商公，爲今陝西商州之雒南縣，學者多所不曉。以
> 此讀《傳》，譬若矮人觀場。余竊病之。今詳考輿圖，各據今之州府
> 而列春秋當日之地形犬牙錯互處，以左氏《經》、《傳》附註其下。
> 其在大國者無論，即如鄭、衛、魯、宋，[註16] 以一國而錯列幾府；
> 邾、滕、郳、薛以四國而並處一縣〔今兗州府滕縣〕；他如吳、楚、
> 徐、越，界在蠻夷，未收版籍。今日而欲知其交兵苦戰者在何地，

〔註16〕本句中華書局本標點原作「其在大國者，無論即如鄭、衛、魯、宋」，今加以
　　　　改正。

> 使命通接者在何方……而凡行師道里之迂直，遠近盟會徵調之疏數
> 繁簡，靡不曉然，確知其故。斯亦學《春秋》者之所必講也。（頁
> 609～610）

顧氏以爲春秋時期各國雜然相處，大國有互跨數府者，小國有數國共處一縣者。各國之間的交界往來，乃讀《左傳》者必須知曉之事。顧棟高眼見學者多不知地理之遠近，所以作〈列國地形犬牙相錯表〉，則交戰的地點，行軍的遠近，盟會的往來，皆可於表中詳知其故。〈列國地形犬牙相錯表〉既欲使人讀表可知地理之遠近，故以清代的地名爲依歸，逐一詳列其春秋之地名。全表先列河南、山東、直隸、陝西、江南、浙江、江西、四川八省，後列山西、湖廣二省。其用意爲：

> 已上凡八省（按：即上所言河南等八省），皆列春秋各國地形相錯處。
> 自魯、衛、鄭、宋至畸零小國，以及晉地之闌入直隸、陝西、河南、
> 山東，楚地之闌入江南、江西、河南、陝西及四川者，棼如亂絲，
> 錯如列宿，靡不詳考縷載。若乃山西全爲晉地，湖北全爲楚地，而
> 以前併吞諸國，學者亦多不詳其處。又二國都屢遷而名仍相襲，如
> 晉再遷而皆名曰絳，楚三遷而皆名曰郢。又晉有二瑕，楚丹陽在歸
> 州，尤易蒙混。今仍以今之州府列之，詳其道里，別其異同，庶若
> 網在綱，犁然易見云。（頁668）

河南等八省所佔之地，於春秋列國交界的情形相當複雜，故皆詳細考述。山西雖全爲晉國所有，湖北雖全爲楚國所據，但是其中的地名亦有釐清的必要，顧氏亦予以論證。是表以此十省爲主，然後再依州、府及縣的次序論春秋之地理。各省先據轄屬之州、府，繫諸春秋之歸屬和列國交界的情形，使人閱表即能明瞭。表後依各州、府下轄的縣，逐一論述其春秋之地名。是表之考證論述，頗見顧氏的用意及特色。例如論述地理之交界，必先考證地理位置之所在。〈列國地形犬牙相錯表〉大體依據杜預、高士奇、顧祖禹等前人地理考證來判斷今日之地古爲春秋之何地，春秋於此發生何事。若前人論述不足時，則顧氏再補充個人的考證。以陝西延安府爲例，其考證曰：

> 高氏曰：「晉文公初伯，攘白翟，開西河，魏得之爲河西、上郡。至
> 戰國惠王六年魏始納陰晉，八年納河西地，十年納上郡十五縣。陰
> 晉，今華陰縣。河西，孔氏曰同、丹二州，丹州今延安府宜川縣。
> 上郡爲延安以北。」案：晉地至此，疑其太遠。然惠公于韓之戰已

曰「寇深矣，若之何」。韓爲今韓城縣，濱河，爲秦、晉接界，無寇
深之理。而延安府治東去山西黃河界四百五十里，晉之幅員廣遠，
在惠公時早已至此，合之寇深之言，理當有之。（頁647）

顧氏本懷疑晉地不應至延安府，但韓之戰時晉惠公言「寇深矣」，韓在陝西韓
城縣，位於黃河之濱，往北方即延安府，距離黃河四百五十里，合於晉惠公
之語，所以認爲春秋晉地應已至此。此據《左傳》記載而考證地理者。表既
曰犬牙相錯，故對各國交接往來之地理特別重視。以論大名府所轄開州爲例：

今開州治西南三十里有濮陽城，爲衞帝丘，僖三十一年衞成公遷都
于此。又州西北爲衞澶淵，與河南彰德府內黃縣接界，襄二十年晉
及諸侯會于澶淵，即此。又州北五里爲衞鐵丘，哀二年晉趙鞅、鄭
罕達戰于鐵，即此。又二里爲衞孫氏之戚邑，文元年晉侯疆戚田，
即此。又州東南爲衞斂盂，僖二十八年晉侯、齊侯盟于斂盂，即此。
東南三十里爲衞清丘，宣十二年同盟于清丘，即此。東南六十里爲
衞鹹地，僖十三年會于鹹，即此。又州東有衞圉城，襄二十六年孫
蒯敗衞師于圉，即此。又東二十五里爲昆吾觀，哀十七年衞侯夢于
北宮，見人登昆吾之觀，即此。又戚東鄙爲衞茅氏，襄二十六年晉
戍茅氏，即此。俱在開州境，爲會盟要地。孫氏之難，晉助孫氏，
衞之受師，亦多于此。蓋開州瀕河，東與東昌觀城縣接界，北與內
黃縣接界，據中國要樞，不獨衞之重地，抑亦晉、鄭、吳、楚之孔
道也。（頁639～640）

春秋時衞之帝丘、澶淵、鐵丘、戚、斂盂、清丘、圉城等皆在開州之境內，
爲會盟及爭戰之重要地點。顧氏認爲其因在於開州瀕河，地處要害，爲各國
往來的要道所在，所以重要性不言而喻。顧氏於考證春秋地理之交界外，有
時更結合後代的地理及事件加以論述，如：

今易州爲燕之下都……又燕昭王築黃金臺在易水東南十八里。子丹
踵其迹，荊軻歌「風蕭蕭兮易水寒」，是其地也。（頁637）

此即以易州之易水，論及燕昭王及荊軻之事，以明後世之典故。又如：

慶雲縣爲春秋時齊之無棣。案：杜氏《通典》：「鹽山，春秋時之無
棣邑也。」元分其地置兩無棣縣，一屬河間路之滄州，一屬濟南路
之棣州。明改河間之無棣爲慶雲，改濟南之無棣爲海豐，蓋二縣皆
與鹽山接壤也。今慶雲屬天津府，海豐屬山東武定府。（頁637）

此則藉以論後世郡縣設置之沿革。各國交界之處，往往多險要，故表中亦常論各地之險要，如：

> 荊門州西北有長林城，接當陽縣東南境，爲楚之大林。文十六年戎
> 伐楚之西南，師于大林，即此。當陽之北接長林之境，拱木修竹，
> 隱天蔽日，即曹操追先主處，所謂當陽長坂也。（頁682）

荊門西北的長林，春秋時爲楚之大林。此處乃三國時的當陽長坂，由是可見其地理位置的重要性。以上乃表中論單一地名時，多據其地論其事。又春秋之地名有多地同名之例，增加地理考證中的困難，顧氏對此有所留意，故其在論春秋楚之丹陽時曰：

> 歸州東南七里北枕大江，有丹陽故城，爲楚始封之丹陽。《史記·楚
> 世家》周封熊繹于楚蠻，居丹陽。徐廣、宋忠以爲在南郡之枝江縣，
> 而郭璞注《山海經》則曰丹陽在秭歸，爲說不同。杜佑《通典》曰：
> 「楚初都丹陽，今秭歸東南故城是。後徙枝江，亦曰丹陽也。」春
> 秋時諸侯徙都，常襲前都之名，如晉遷新田仍名絳之類。至後世猶
> 仍兩丹陽之名。晉王濬伐吳，破丹陽，遂克西陵，此秭歸之丹陽。
> 西魏伐江陵，曰爲蕭氏計，席捲渡江，直據丹陽，此枝江之丹陽也。
> （頁688）

顧氏根據《通典》的說法，注意到春秋時各國遷都，往往沿用前都之名稱新都，如晉之絳，楚之丹陽之類。所以歷代學者在考丹陽之地望時便有歧說，實際上乃前後不同時期之丹陽。這類情形只是春秋時期地名複雜的情形之一，〈列國地形犬牙相錯表〉於最後便附〈列國地名考異〉論證其中的問題，顧氏之識語曰：

> 列國地名，〈都邑表〉已備列今府、州、縣之某地。而《左傳》更有
> 兩地、三地、四地同一名者，更有二名同一地者，後學恐致混誤。
> 且杜《註》與後人之說，或合或分。今彙聚而剖析之，并略附鄙見，
> 庶一覽瞭如指掌。（頁689）

據《左傳》所載，顧氏認爲春秋有數地同名，或者是二名同地的情形，故作地名考異加以析辨。數地同名者，如「魯有東郚、西郚」一條：

> 文十二年城諸及郚。此東郚也，莒、魯所爭之邑，今爲山東沂州府
> 沂水縣之郚城。
>
> 成四年城郚。此西郚也，今爲濟寧州鄆城縣之舊城。（頁689）

則魯國有二鄆，一在東，一在西。有各國皆有之地名者，如「魯、齊、楚、萊俱有棠邑」一條，其論曰：

> 隱五年公觀魚于棠。魯濟上之邑，在今兗州府魚臺縣東北十二里。
>
> 襄二十五年傳齊棠公尚，杜《註》「齊棠邑大夫」，今爲東昌府之堂邑縣。
>
> 襄十四年傳楚子囊師于棠以伐吳。今爲江南江寧府之六合縣。
>
> 襄六年齊滅萊，萊共公奔棠。杜《註》「棠，萊邑」，今膠州即墨縣南八十里有甘棠社。襄十八年齊靈公將走郵棠，即此。（頁691）

據《左傳》所載，魯、齊、楚、萊皆有棠邑。有地名相異而實爲一地者，如「唐即棠」一條曰：

> 隱二年公及戎盟于唐。杜《註》「高平方與縣有武唐亭」，在今魚臺縣西十二里。
>
> 隱五年公觀魚于棠。杜《註》「與唐同」。《方輿紀要》于魚臺縣武唐亭下亦並列二年、五年《傳》，合爲一地。

顧氏據杜預和顧祖禹之說以爲魯之唐即棠。凡此種種，〈列國地形犬牙相錯表〉皆詳細考證，將春秋地理的複雜情形梳釐清楚。

四、〈列國都邑表〉、〈列國山川表〉、〈列國地形險要表〉

〈列國地形犬牙相錯表〉詳於各國疆界交會的情形，至於列國國內的地理考證，則在〈列國都邑表〉一篇。〈列國都邑表〉整理周、魯、齊、鄭、宋、衛、曹、邾、莒、杞、紀、徐、晉、虞、虢、秦、楚、陳、蔡、許、庸、鄅、吳、越等二十四國，然後分成都、邑、地三類討論各國境內之地名。都乃各國之國都，其國都內的建築名稱及小地名亦在內，如周之洛邑王城，表中列其南門曰圉門、北門乾祭門。邑則爲各國之城邑，如周之邑列鄔、劉、蔿、邢、溫、原等邑。地則爲各國內之地名，如周列畿內之地如伊川、坎欿等地。表中大體依據杜《注》及歷來地理考釋著作，對各國之都、邑、地詳釋其地理位置。若前人說法不可信，則另立說辯駁之。如宋之「蒙澤」，其考證曰：

> 前《傳》宋萬弒閔公于蒙澤，杜《註》：「宋地，梁國有蒙縣。」今商丘縣北有蒙澤。案：高氏謂蒙爲宋邑，非也。下文云遇仇牧於門批而殺之，則蒙澤當在宮門之內。意蒙水之引入宮牆內爲遊觀，如齊桓公乘舟于圃之類耳。《公羊》云「婦人皆在側」，則此爲宮中燕

私之地可知。（頁 770）

顧氏根據《左傳》前後文，認爲蒙澤應該是在宮內，反駁其爲宋邑之說。若其地之位置有疑或不可考，則皆註明。如衛之「厥憖」，杜《注》缺，則曰：「或曰在今衛輝府新鄉縣境」（頁 783）；又如宋之「薠蕵」，則曰：「今無考」（頁 775），皆存疑不論。在考釋各國地名時，有時亦連繫該地於後代發生的歷史事件，如楚邑之「析」，則曰「戰國時秦昭王發兵下武關攻楚取析是也」（頁 840）。顧棟高即在此類考論中架構其〈列國都邑表〉。

〈列國都邑表〉於考證春秋各國地名時，對各國之山川，如周之伊川、洛汭之類，亦列入表中。此類下皆曰詳見〈山川〉，即指〈列國山川表〉一篇。〈列國山川表〉列周、魯、齊、晉、秦、鄭、衛、曹、邾、宋、楚、吳、越、虞、虢、北燕等十六國的山川，表中分山險和水道兩部分詳細論述。顧氏除詳細論述各國特有之山川外，也注意到有些山川乃橫跨數國之間。例如泰山亙齊、魯二國，大河經流秦、晉、周、鄭、衛、齊六國等等，皆於表後詳加註明。

顧氏於各國之地名考論還有〈列國地形險要表〉一篇。〈列國地形險要表敘〉曰：

> 險要之爲天下重也，從末世起也。羣雄起而後有戰爭，戰爭用而後出奇制勝，設守要害，則險要尚焉。太平之世，天下爲家，未嘗有也。余讀《左氏》知春秋險要之地莫多於秦、晉、吳、楚、鄭、衛。鄭、衛南北所爭，而吳、楚、秦、晉壤地相錯，爲日交兵之國……（頁 969）

又：

> 險要有常所，初無定形，有千年不易之險要，有一時因敵爲防之險要。往往在後世爲要害，在春秋爲散地者，此亦古今時勢不同之故也。聖王安不忘危，《大易》有設險之義，〈周書〉有愼固之訓，三代之世何嘗不以險要爲兢兢。故詳列《春秋》所書，參以後世攻守之事，使古今山川險固瞭若列眉，而列國強弱之勢與當日行軍用師交爭累戰之故，俱可考而知焉。（頁 970）

顧棟高雖說太平之世未有險要，畢竟又說「聖王安不忘危……三代之世何嘗不以險要爲兢兢」，故仍肯定險要的重要性。其論險要，有自古以來即爲險要者，亦有一時設置之險要者，切合歷史發展的規則。是表著重於「古今山川

險固瞭若列眉」，而能從中瞭解春秋險要的概況。〈敘〉中提出秦、晉、吳、楚、鄭、衛這六國險要最多，因爲鄭、衛兩國地處要害，乃各國所爭之地；吳、楚、秦、晉則多有兵事，所以此六國之險要最多。表中於此六國之外，還加上周、魯、宋三國，詳論九國之險要。各國險要簡列於下：

國　名	險　要
周	轘轅、闕塞、北山、洛汭、太室
魯	西鄆
齊	穆陵、東陽、馬陘、盧
晉	桃林、二殽、茅津、河陽、棘津、孟門、太行、壺口、華山、陰地、河曲、稷、顛軨、下陽
宋	彭城
衛	楚丘、澶淵、馬陵
鄭	虎牢、廩延、敖
秦	河西、王城、中南
楚	少習、方城、夏汭、大別、鍾離、州來、巢、大隧、直轅、冥阨、渚宮、潁尾、沈、申、棠、鵲岸、長岸、昭關
吳	鳩茲、朱方、橐皋、鍾吾、善道、笠澤

　　由表所列，除周之外，列國的確以秦、晉、吳、楚、鄭、衛這六國險要最多。其中晉、楚兩大春秋強國所設之險要更遠超過他國，蓋因領土廣闊，兵事頻繁之故。各國的險要多據天然地形加以設置，例如轘轅即據轘轅山，廩延即據黃河。顧氏於表中多論述險要之地勢險惡，如論虎牢之險：「城中突起一山，如萬斛囷；出西郭則亂嶺糾紛，一道紆曲其間，斷而復續，使一夫荷戈而立，百人自廢。」（頁 972）從其描述即可想見虎牢之險峻。表中所列眾多險要中，有於春秋形勢影響極爲重大者，如「桃林、二殽、茅津之爲西北險也，以秦、晉七十年之戰爭著也。函谷一入秦而六國之亡兆矣。鍾離、州來、居巢之爲東南險，也以吳、楚七十年之戰爭著也。州來一入吳而入郢之禍基矣。」（頁 969）晉之能抵秦者，桃林、二殽及茅津爲屏障，故戰國時函谷關（即春秋之桃林之塞）失守，秦即能肆意於東方。又如楚爲抗吳而築鍾離、州來、居巢三險，後州來爲吳所據，則定公四年吳即據此入郢。此類險要對於春秋局勢皆有重大的影響。又如〈敘〉中所言「有千年不易之險要」，故表中亦闡述有春秋之險要，至後世仍爲重要關塞者。例如論廩延曰：「石勒

破劉曜途出于此，以河冰泮爲神靈之助，號靈昌津。唐安祿山渡此破洛陽。」
（頁973～974）可見虜延地理位置的重要，千古以來皆然。以上數項，皆〈列
國地形險要表〉陳述之重點，使人見表能得見險要之重要性。

顧棟高既作〈列國疆域表〉等六表，爲使人方便記誦，又作〈列國地形口
號〉，共七言絕句117首。除此之外，以諸表雖於地名考釋有所助益，卻無法即
此得知確切的方位及位置，故更爲〈春秋輿圖〉，以清代的輿圖地名爲基準，再
將考證所得的春秋古地名標示圖上，以朱墨兩色作古今地名的區隔，使學者容
易檢閱。〈春秋輿圖〉以總圖一篇爲始，下附河南、山東、山西、直隸、陝西、
江南、湖廣、浙江各省地圖以及河未徙（附入河、出河諸水及附濟水）、河初徙、
淮水、江水漢水（附入江、入漢諸水）等以水文爲主題的地圖。各輿圖則皆附
地名地理之論述。由此來看，顧氏於春秋地理的考證可說大費苦心。

顧氏之地理考釋多篇，各表之間互相參見的情形相當多，實際上應視爲
彼此貫串不可分割的綿密之作。而且表、圖一體，使人閱表能知前後疆域的
變化以及各國地理的差異，覽圖而能透過古今地名比對瞭解方位及遠近，兩
者相輔相成。顧氏在地理上的考釋能有所成就，在於他大量地參考許多著作。
其考釋雖以杜《注》爲準，於前人地理的考釋著作也參考了許多，如《水經
注》、《括地志》、《通典》、《元和郡縣志》，對高士奇《春秋地理考實》、顧祖
禹《讀史方輿紀要》等著作往往多加參考。典籍中有助於考釋者如《史記》、
《漢書‧地理志》、《吳越春秋》、《越絕書》等，表中亦多有引用。除此之外，
由於顧棟高曾經參與編纂《淮安府志》及《河南省志》，對地方志的價值必有
瞭解，所以對地方志中的材料亦相當重視，故表中亦常見引用各地方志中的
材料。顧氏大量採用典籍、方志及後人的地理考釋成果，所以其成果十分豐
碩。除了從書中找尋材料外，顧氏更透過走訪的方式來從事地理考察。〈列國
地形口號〉說「余經歷七省，到處訪求春秋地理」（頁997）蓋欲透過親自探
訪的方式來考察春秋的地理，從實際遊歷各地來體驗印證地理的遠近概念，
期能有正確的考論。所以如〈魯疆域論〉所說：「余嘗往來京師，親至兗州魚
臺縣，訪隱公觀魚處，詢之土人，云距曲阜不二百里。又北至汶上，爲齊、
魯接界，俱計日可到。」（頁507）〈宋疆域論〉：「余嘗適汴梁，取道鳳陽，由
歸德以西，歷春秋吳、楚戰爭地及杞、宋、衛之郊……」（頁529）這些都可
看出實際的訪察對於地理考證的正確有所助益，庶幾不致爲典籍記載所囿，
徒爲紙上談兵。

顧氏於地理方面的考證，其用心不可謂不勤。不過其地理之考釋，仍不免有一些闕誤。如〈列國疆域表〉于宋之疆域列「戴不知何年屬於宋」，其考證曰：「隱十年宋人、蔡人、衛人伐戴，自後不見《經》。地入于宋，但不知何年。」（頁526～527）據《左傳》隱公十年之說，戴在宋、衛、蔡、鄭之交界，故數國交爭。此後不見《經》、《傳》記載，顧氏以爲宋所滅，並無根據。陳槃認爲《漢書·五行志》顏師古注和《路史》皆據隱公十年《春秋》最後書載「鄭伯伐取之」，以戴在此年爲鄭所滅，于是肯定此說較爲可信。〔註17〕又如〈列國爵姓及存滅表〉，陳槃認爲顧氏在編纂是表固然取材嚴謹，卻也因此無法對古史異說進行全面的考證，亦沒有採用金文的材料，於是著《春秋大事表列國爵姓及存滅表譔異》一書，對表中的國、爵、姓、始封、都、存滅各項考證再加以訂補。〈列國爵姓及存滅表〉所收方國只有209國，其中仍有可補充者，陳槃則又依照其體例著《不見春秋大事表之春秋方國稿》增補之。又如〈列國犬牙相錯表〉論魯國有三防曰：

隱九年公會齊侯于防。此東防也，本魯地，在今沂州府之費縣。世爲臧氏食邑。襄二十三年臧紇自邾如防，即此。

隱十年敗宋師于菅，辛巳取防。此西防也，爲魯取宋地，在今兗州府之金鄉縣。欲別于臧氏之防，故謂之西防。

僖十四年季姬及鄫子遇于防。此魯國之防山也，在曲阜縣東二十里。

孔子父母合葬于防，即此。（頁689～690）

然上列三防之外，魯實還有一防。《春秋》昭公五年：「莒牟夷以牟婁及防、茲來奔。」顧氏論此防地望曰：「防在今安丘縣西南六十里。」（頁506）於論列國地名考異時獨缺此防，魯實有四防才是。此外上引顧氏據韓之戰晉惠公言「寇深矣」，將韓定在陝西韓城，於是論晉當時領地應可到延安府一帶，此說頗可疑。楊伯峻曰：「舊說韓在今陝西省韓城縣西南，然據《傳》『涉河，侯車敗』，『晉侯曰寇深矣』之文，其不在黃河之西可知。《方輿紀要》以爲今山西省芮城縣有韓亭，即秦、晉戰處；江永《考實》則以爲當在河津縣與萬榮縣之間。」〔註18〕《左傳》明言「涉河」，故韓實不在河西之韓城縣，晉文公時之領地恐亦未及延安府。至於〈列國都邑表〉中，其論都、邑、地亦不

〔註17〕陳槃：《春秋大事表列國爵姓及存滅表譔異》（臺北：中央研究院歷史語言研究所，民國86年），頁386～387。

〔註18〕楊伯峻：《春秋左傳注》，頁350～351。

免尚有些問題。如晉之銅鞮之宮、虒祁之宮（頁810～811）其地皆不在新田，爲杜預所言之離宮，表中歸入晉都之下；而宋之連中，引杜預說曰「館名」（頁774）乃宋景公遊賞居住之所，則亦當如離宮別館之類，表反將其歸入宋邑之下，此乃體例不一之處。又如交剛，表中據「成十二年晉人敗狄于交剛」列爲晉地（頁813），但晉敗狄豈必在晉地？又如楚之脾洩，杜《注》明言「楚邑」，卻以其近郢都而列於楚都之下。〈列國山川表〉於鄭之山險下據「宣十二年戰邲《傳》晉師在敖、鄗之間。杜《註》：『二山在滎陽縣西北。』」（頁924）但表只列敖山，卻缺鄗山。〈列國險要表〉中於晉之險要列河陽一地。（頁976～977）但《左傳》所載河陽唯僖公二十八年「天王狩于河陽」一條，實不足判斷其於春秋之世是否爲險要，不應據後世此地爲險要即列爲晉之險要。此類皆顧氏於地理考證中有待商榷者。

顧氏地理考證中，其謬誤最爲明顯者則在於前後說法矛盾，此類情形在書中亦有所見。例如既於〈列國地形犬牙相錯表〉附〈春秋時厲賴爲一國論〉，批評《通典》分爲兩國，〈列國爵姓及存滅表〉中卻仍列賴、厲爲兩國。同樣如荀及郇，〈列國地形犬牙相錯表〉既言郇「亦曰荀」，〈列國地形口號〉亦作此論（頁1001），〈列國爵姓及存滅表〉卻仍列荀、郇爲兩國。又如穆陵關，〈齊穆陵辨〉已論其應爲楚地，非齊地之臨朐縣穆陵關，〈列國地形犬牙相錯表〉（頁631）、〈列國都邑表〉（頁736）〈列國險要表〉（頁971）卻仍主張爲齊地。諸如此類或是一時失察，或因爲各表的完成時間不同，前後見解改變，未能據後說改正所造成。例如顧氏於〈吳疆域論〉主張豫章爲南昌，而後加案語曰：「此論猶仍舊說，以豫章即南昌。其實豫章非南昌，另有論見後。」（頁545）蓋即指〈春秋時楚豫章論〉。又〈齊穆陵辨〉之案語曰：「師茂初作此論示余，凡千餘言。余初不以爲然，尋繹久之，實是有見。」這些都可看出顧棟高地理論證前後變化之跡。由此可知顧氏前後見解容有不同，若不及校改或附註說明，便有相互矛盾的缺失出現。

顧氏在地理上的考證雖仍有缺失，但大體而言其成果是豐碩的。透過詳密的考證，以圖、表使人容易知悉春秋之地理，並就不同的主題對春秋的地理形勢、疆域變化有更深入的瞭解。最重要的是，地理考證對顧棟高來說並非只是純粹的考證，乃洞察《春秋》之義重要的一環。如僖公十四年「沙鹿崩」，既以沙鹿爲在衛國之山，故不取《左傳》、《穀梁》之說，取《公羊》「爲天下記異」之說（頁931）。又如〈衛疆域論〉曰：

衛地西鄰晉，東接齊，北走燕，南拒鄭、宋。楚之與晉爭伯也，爭鄭、宋而衛不受兵，以鄭、宋南面爲之蔽也。晉文城濮之戰，楚始得曹而新昏于衛，蓋欲爲遠交近攻之計，結衛以折晉之左臂，使晉不得東向爭鄭也。故晉文當日汲汲焉首事曹、衛，豈惟報怨之私，亦事勢有不得不爾。晉欲救宋，則不得不先伐衛；晉欲服鄭，則不得不先服衛，衛服而鄭、魯諸國從風而靡矣。蓋衛踞大河南北，當齊、晉、鄭、楚之孔道，晉不欲東則已，晉欲東則衛首當其衝。曹衛以北方諸侯而爲楚之役，天下幾不復知有中夏，此晉之用兵所以不獲已也。（頁 532）

對於僖公二十八年晉文公伐曹、衛兩國之事，范甯注《穀梁傳》引鄭嗣之語曰：「曹、衛并有宿怨于晉，君子不念舊惡，故再稱晉侯以刺之。」〔註19〕胡安國亦曰：「《左氏》初公子重耳之出亡也，曹、衛皆不禮焉，至是侵曹、伐衛，再稱晉侯者，譏復怨也。」〔註20〕此皆以爲晉文公當初周遊列國，曹、衛兩國國君不禮，於是文公便挾怨報復而攻曹、衛。顧氏從地理位置否定此一說法，認爲衛國位於各國往來的要道，其重要性不言而喻。晉文公若要制衡楚國，則曹、衛必須先在控制之下，其勢力才能延伸至鄭、宋及魯。此時楚國結合曹、衛兩國，對於諸夏的威脅嚴重，所以晉文公乃審度當時情勢決定攻曹、衛，非是爲了報復私怨。地理考釋對顧棟高來說可對春秋的形勢有更精闢的掌握，並可正確衡量《經》、《傳》所載之大義。〈春秋時楚始終以蔡爲門戶論〉言：「讀《春秋》者必熟曉地理，而後可知春秋之兵法，而後可知聖人之書法。」（頁 2024）熟曉地理便能知聖人之書法，此即顧棟高地理考釋用意之所在。

〔註19〕晉・范甯注，唐・楊士勛疏：《春秋穀梁傳注疏》（臺北：藝文印書館，民國70年，影印嘉慶二十年江西南昌學府重刊宋本），卷9，頁10下。
〔註20〕宋・胡安國：《春秋胡氏傳》，卷13，頁1上。

第三章 《春秋大事表》諸表分析（中）
——春秋人事的分類與歸納：
禮制、軍事、政治、世族、人
物等表

　　《春秋大事表》中將春秋中的朔閏及地理相關問題以表分類加以析論後，對於《春秋》和《左傳》所記載之人事，用相當多的篇幅予以分析。書中人事類的表共有〈列國官制表〉、〈列國姓氏表〉、〈列國卿大夫世系表〉、〈刑賞表〉、〈田賦軍旅表〉、〈吉禮表〉、〈凶禮表〉、〈賓禮表〉、〈軍禮表〉、〈嘉禮表〉、〈五禮源流口號〉、〈王迹拾遺表〉、〈魯政下逮表〉、〈晉中軍表〉、〈楚令尹表〉、〈宋執政表〉、〈鄭執政表〉、〈齊楚爭盟表〉、〈宋楚爭盟表〉、〈晉楚爭盟表〉、〈吳晉爭盟表〉、〈齊晉爭盟表〉、〈秦晉交兵表〉、〈晉楚交兵表〉、〈吳楚交兵表〉、〈吳越交兵表〉、〈齊魯交兵表〉、〈魯邾莒交兵表〉、〈宋鄭交兵表〉、〈城築表〉、〈四裔表〉、〈五行表〉、〈齊紀鄭許宋曹吞滅表〉、〈亂賊表〉、〈兵謀表〉、〈人物表〉、〈列女表〉等共37篇。若依性質將各篇加以分類，則可分成一、禮制類：〈吉禮表〉、〈凶禮表〉、〈賓禮表〉、〈軍禮表〉、〈嘉禮表〉、〈五禮源流口號〉。二、政治類：〈列國官制表〉、〈刑賞表〉、〈王迹拾遺表〉、〈魯政下逮表〉、〈晉中軍表〉、〈楚令尹表〉、〈宋執政表〉、〈鄭執政表〉。三、軍事類：〈田賦軍旅表〉、〈齊楚爭盟表〉、〈宋楚爭盟表〉、〈晉楚爭盟表〉、〈吳晉爭盟表〉、〈齊晉爭盟表〉、〈秦晉交兵表〉、〈晉楚交兵表〉、〈吳楚交兵表〉、〈吳越交兵表〉、〈齊魯交兵表〉、〈魯邾莒交兵表〉、〈宋鄭交兵表〉、〈齊紀鄭許宋

曹吞滅表〉、〈兵謀表〉。四、世族類：〈列國姓氏表〉、〈列國卿大夫世系表〉。
五、人物類：〈亂賊表〉、〈人物表〉、〈列女表〉。其他還有關乎春秋大事者而
無法繫屬成類者，則有〈城築表〉、〈四裔表〉、〈五行表〉三篇。下文依照分
類論述各表編纂之意及相關問題。

第一節　禮制類諸表

　　《春秋大事表》中關於禮制類的表有〈吉禮表〉、〈凶禮表〉、〈賓禮表〉、
〈軍禮表〉、〈嘉禮表〉所構成的五禮表，以及方便閱讀者記誦所作的〈五禮
源流口號〉一篇。五禮之名起於先秦，《周禮・地官・大司徒》即言：「以五
禮防萬民之偽而教之中。」〔註1〕鄭玄注引鄭眾之說云：「五禮謂吉、凶、賓、
軍、嘉。」〔註2〕後代學者多以吉、凶、賓、軍、嘉五禮涵蓋所有的禮制，如
與顧棟高同時的秦蕙田即作《五禮通考》詳論歷代禮制之變化，顧棟高亦將
春秋時期的禮制分為吉、凶、賓、軍、嘉五類而成五禮表。正如〈總敘〉中
所言：「郊禘、社雩、崩薨、卒葬、蒐田、大閱、會盟、聘享、逆女、納幣，
雜然繁夥，列吉、凶、賓、軍、嘉五禮表，以紀春秋天子諸侯禮儀上陵下僭
之情形。」（卷前頁 2）春秋時由於上至天子，下至諸侯、卿大夫都不採行應
當遵從的禮儀，使得禮制紛然雜亂。〈吉禮表敘〉對春秋禮制崩壞的情形有所
論述：

> 嗚呼！以諸侯而用天子之禮，是為上僭。上僭自魯公以後，世世行
> 之。孔子身為魯臣子，而不忍言也。以諸侯用天子之禮，而旋為大
> 夫所竊，是為下陵。下陵自宣、成之世始之。孔子心憂其漸而不能
> 以救也，不得已從其甚者書之。（頁 1435）

可見春秋之時諸侯僭越用天子之禮制，之後大夫再僭越用當時諸侯所行之
禮，這種情形十分普遍。此外，〈凶禮表敘〉更論及當時禮制的崩壞：

> 春秋之世，有諸侯不奔天子之喪，不會天王之葬，而擅自盟會及郊
> 祀，又大國受小國之奔喪會葬，而未嘗以禮報者，而君臣之道闕。
> 有居喪而納幣，衰絰而從戎，祔廟而逆祀，而父子之倫喪。有以妾

〔註1〕漢・鄭玄注，唐・賈公彥疏：《周禮注疏》（臺北：藝文印書館，民國70年，
　　　影印嘉慶二十年江西南昌學府重刊宋本），卷10，頁26下。
〔註2〕同上注。

匹嫡，天王歸賵，列國會葬，下及僖、宣、襄、昭四妾母薨稱夫人，
葬稱小君，而夫婦之道苦。（頁 1485）

顯現當時貴族階層完全無視於禮的約束力，行爲隨意放恣，造成君臣、父子、
夫婦等人倫廢喪。顧棟高在〈吉禮表敍〉中提到：「孔子曰：『天下有道，則
禮樂征伐自天子出。』又曰：『天下有道則政不在大夫。』嗚呼！此孔子當日
作《春秋》之發凡起例也。」（頁 1436）〈賓禮表敍〉亦提到：「由魯以知天下，
而王室之微，諸侯之不臣，概可見矣。」（頁 1561）他認爲孔子有鑑於禮樂制
度的崩壞而作《春秋》，此即《春秋》深意之所在。由魯國不遵行禮法的情形，
便可推知當時天下禮樂崩壞之概況，所以顧氏根據《春秋》的記載編輯五禮
表，列舉出當時禮制陵僭崩壞的種種情形，並附歷代學者的論說，以明《春
秋》之義。

一、〈吉禮表〉

《周禮・天官・大宗伯》言：「以吉禮事邦國之鬼神示。」〔註 3〕則吉禮
乃古代祭祀的各種禮制。顧棟高於〈吉禮表敍〉提出自周初到春秋魯君遵循
的吉禮的沿革變化：

昔成王以周公有大勳勞，賜魯重祭，其目有三：曰郊、曰禘、曰大
雩。而望亦郊之屬，因郊遂以有望。凡郊禘及宗廟之樂用八佾之舞，
然亦有差別。魯無日至之郊，殺于天子，四望闕其一，雩惟建巳之
月，大雩帝用盛樂，其餘因旱而雩，則禱于國內之山川而已。八佾
惟用于文王、周公之廟，自魯公且不得與，況其下之羣公乎！（頁
1435）

〈敍〉中提出魯國因先祖周公有功勞，所以成王賜魯可用三種天子之禮：郊、
禘、大雩。不過魯國舉行這三種禮儀卻仍和周天子之制有所差別，例如郊祭
不能行日至之郊，望只有三望；雩祭則建巳之月才可雩祭上帝，其他因乾旱
而舉行的雩則只能祭禱國內之山川；八佾只能用於祭祀文王和周公。這些差
別即顯示天子和諸侯之禮有嚴格的區分。不過這種區分到了春秋則有所改變：

至春秋之世，其僭益甚，或僭用日至之郊。宣三年、成七年、定十
五年、哀元年之改卜牛，皆在春正月是也。雩凡二十有一，皆書，

大凡旱暵之祭皆僭用雩上帝之盛樂矣。閔公竊禘之盛禮以行吉祭，僖公用禘禮以合先祖，敍昭穆，用致夫人于廟，而禘始夷于常祀之禮。隱五年考仲子之宮，初獻六羽，明八佾〔註4〕前此之皆用羣公之廟之無不用也。嗚呼！以諸侯而用天子之禮，是爲上僭，上僭自魯公以後，世世行之。孔子身爲魯臣子，而不忍言也。以諸侯用天子之禮，而旋爲大夫所竊，是爲下陵。下陵自宣、成之世始之。孔子心憂其漸而不能以救也，不得已從其甚者書之。郊以龜違書，牛害書，非時大不敬書，大雩以旱書，禘以別立廟與致小君書……孔子立定、哀之世，目擊禍敗，追原本始，書之重，辭之複，繁而不殺，君有短垣而自踰之，何有于大夫。……孔子曰：「天下有道則禮樂征伐自天子出。」又曰：「天下有道則政不在大夫。」嗚呼！此孔子當日作春秋之發凡起例也。（頁 1435～1436）

禮制到了春秋時期受到嚴重的破壞，即使是魯國的國君也僭越使用天子的禮制：舉行日至之郊，一般雩祭採用雩上帝的禮樂，祭祀魯公採用八佾。此外連禘祭也淪爲一般舉行的常用的祭祀禮儀。到此諸侯不但僭用天子之禮，就連諸侯自身的禮制規範也被破壞。禮制的崩壞日益嚴重，本來只是諸侯僭越天子之禮，後來大夫也倣效當時諸侯之行爲，天子和諸侯之禮淪爲大夫所竊用。《論語》中孔子見季氏用八佾之舞即是此一情形的眞實寫照。這種上僭下陵的情形日益嚴重，顧棟高以爲孔子眼見禮制的崩壞不能挽救，於是將最爲違禮的行爲，逐一記載於《春秋》之中以作懲戒，編輯〈吉禮表〉正是標舉孔子當日作《春秋》的「發凡起例」。

〈吉禮表〉將春秋時期魯國國君的吉禮分成郊、禘、大雩、常祀、不告朔、宮廟、即位、公至八種，再將《春秋》的記載分類彙整於各項之下，隨後並附各家論說，以明《春秋》褒貶之義。其中不告朔、即位和公至三種並非祭祀相關之禮，顧棟高應是以其舉行儀節的場所在宮廟，所以納入吉禮之中。〔註5〕這八類中，顧棟高對於郊、禘的相關禮制討論最多，表後之〈春秋

〔註4〕 中華書局本於「明八佾」之下有逗號，然考察上下文，「明八佾前此之皆用羣公之廟之無不用也」應連讀，此處加以改正。

〔註5〕 告朔、即位皆在宮廟之中舉行相關儀節，而公至指魯國國君遠行回來後，告於宗廟的儀節，亦在宮廟之中舉行。顧棟高以不告朔（告朔爲常事，《春秋》不書，所以列舉非禮之不告朔）、即位、公至列入吉禮，然亦有不同分類者，如秦蕙田《五禮通考》便將告朔（觀象授時）、即位（即位改元）納入嘉禮。

三傳禘袷說〉、〈書春秋禘袷說後〉、〈魯無文王廟論〉、〈辨四明萬氏兄弟論禘之失〉、〈辨萬氏季野論禘之失〉、〈禘祭感生帝說〉、〈書陳止齋春秋郊禘說後〉等篇論辯即針對郊、禘盤根錯雜的相關問題再進行辯駁。以下即以郊和禘爲例，見其如何闡明《春秋》之義。

關於郊制，顧棟高於表前引吳澂之語以論《春秋》記載之郊。吳澂說：

> 經書郊者九，龜違者四，牛災者四，非時大不敬者一。蓋魯郊雖僭，
> 行之已久，視爲常事，故不悉書。惟卜之不從，牛之有變，及時之
> 大異于常而後書。（頁 1437）

這段話簡明地解說《春秋》記載魯國郊禮九次，其中卜行郊禮不從者四次，欲行郊禮而牛牲受傷或死亡四次，郊禮舉行非時一次。吳氏接著解釋魯國行僭越之郊禮已久，基於常事不書的原則，《春秋經》並不一一詳載，只記載其中「大異於常」的九條。對於魯郊非禮的情形，顧棟高在表前亦引華學泉之說：

> 魯無冬至大郊之事，四望闕其一，降殺于天子。成王所賜，伯禽所
> 受，蓋爲祈穀之郊，在啓蟄之月。魯以諸侯而郊，已爲非禮，其末
> 流之失，抑又甚焉。或僭用日至之郊，宣三年、成七年、定十五年、
> 哀元年之改卜牛，皆在春正月是也。或踰啓蟄之節，僖三十一年、
> 成十年、襄十一年及定、哀之改卜，皆以四月、五月。又其甚者，
> 成十七年之書九月用郊是也。夫魯之郊久矣，隱、桓、莊、閔不書，
> 先儒謂聖人不敢無故斥言君父之過，故因其變異而書，不及時則書，
> 過時則書，卜郊不從則書，四卜五卜以瀆書，用郊以廢卜書，郊牛
> 傷鼷鼠食郊牛以紀異書，不郊猶三望，以可已不已書。若宣三年王
> 喪而卜郊，哀元年先公未小祥而郊，忘哀從吉，違禮褻天，則又比
> 事觀之，而惡自見矣。（頁 1437）

華學泉認爲魯郊只是祈穀之郊，乃成王賜給伯禽的特權。魯國始用郊禮已僭越其份，後世魯君則更違失其禮。如魯郊應該在啓蟄之月份舉行，經文記載則或見其僭用冬至之郊，或者於啓蟄之後才舉行郊禮。此外華氏提到魯郊行之已久，經文所記載皆是其中最爲非禮或奇異者。華學泉和吳澂對於經文記載魯郊的意見大體相同，都認爲常事不書，經文所載皆是變異違禮者，但華氏論魯郊之非禮則較吳說更爲詳密。對這九條記載，顧棟高將其一一羅列成表，並列舉歷代說解來解釋經文之意。如「宣三年春王正月，郊牛之口傷，改卜牛。牛死，乃不郊，猶三望」一條，其旁引《左傳》及張洽、家鉉翁語

解釋云：

> 《左傳》：「望，郊之屬也。不郊，亦無望可也。」
>
> 張洽曰：「此因事之變以明魯郊之非禮。時天王崩甫四月，僭禮之中復有忘哀從吉之罪，《春秋》所以特書之。」
>
> 家鉉翁曰：「魯宣篡弒，除喪始郊，而天示之譴也。一書十有六言，辭煩而不厭，特著其變異。」（頁 1438）

《左傳》認爲望是附屬於郊禮的，宣公三年不郊，自然應該不望，所以宣公的行爲是非禮的。張洽則提出宣公此時舉行郊禮，距離周匡王崩才四個月，忘卻哀悼之節而行吉禮，所以《春秋》記載這件事以貶抑之。家鉉翁則認爲魯宣公是篡弒得國，剛服完文公之喪即行郊禮，所以上天特別降下譴示，讓牲牛受傷、死亡，《春秋》不厭其煩記載此事，即彰顯宣公之惡。張洽和家鉉翁的解釋雖稍有差異，但是對於宣公的貶責卻是相同的。又「成七年春王正月，鼷鼠食郊牛角，改卜牛。鼷鼠又食其角，乃免牛。不郊，猶三望。」一條，〈吉禮表〉列劉向、程端學、汪克寬的說法來說明：

> 劉向曰：「鼠，小蟲，性盜竊，鼷又小者也。牛，大畜，祭天尊物也。角，兵象，在上，君威也。小小鼷鼠食至尊之牛角，季氏執國命以傷君威之象。」
>
> 程端學曰：「時成公幼弱，三桓擅政，鼷鼠食郊牛角，天示譴也。不知變懼，而又食其角，天譴深矣。」
>
> 汪克寬曰：「既書免牛，又書不郊，因閒有吳、曹二事，不可但言猶三望，故以不郊起之也。」（頁 1438）

劉向認爲牛象徵成公，鼷鼠則象徵當權的季孫行父，所以此次鼷鼠食牛角即是反映季氏當國而君權低落的情形。程端學以爲鼷鼠一再食郊牛之角，正是上天對三桓擅權顯示譴責，但三桓卻不知懼怕，一仍往常行徑。汪克寬則提出經文既書免牛，又書不郊，是因爲在免牛和不郊中間夾著發生「吳伐郯」和「曹伯來朝」兩件事，說明此處《春秋》的書法。由上例可知〈吉禮表〉列《春秋》魯郊之記載，並舉諸家說法以明其非禮之體例。

論及禘祭，自古以來即有禘祫異同的問題。孔穎達於《詩經・玄鳥》疏引鄭玄《魯禮禘祫志》：「儒家之說禘祫也，通俗不同，學者競傳其聞，是用訩

訩爭論，從數百年來矣。」〔註6〕可見漢代對於禘祫的訓解即有諸多歧異，漢代以降的歷代學者對此一問題更是爭論不息。〔註7〕〈吉禮表〉欲整理羅列《春秋》的禘祭，則不可迴避這個問題。顧棟高於表前對於禘祫的名義加以論述：

杜氏以審諦昭穆謂之禘，合食羣廟謂之祫。祫即禘，禘即祫，一祭而有二名也。故閔二年、僖八年之書禘，禘也。文二年大事于太廟，躋僖公，《公》、《穀》皆以爲祫，祫即禘也。故杜氏亦以大事爲禘。宣八年有事于太廟，亦禘也。故孔氏《正義》亦謂之禘。昭十五年有事于武宮，《傳》明稱禘于武公。定八年從祀先公，《傳》明稱禘于僖公。又昭二十五年禘于襄公。《傳》文灼灼可據，故無論經書大事有事，皆祫，即皆禘也。（頁1440）

顧氏對於禘祫名義的問題，接受杜預一祭二名的說法，也就是祫即是禘。〔註8〕他提出文公二年《春秋》經文記載「大事於太廟」，《公羊》、《穀梁》皆以爲禘，而昭公十五年《春秋》經文記載「有事于武宮」，《左傳》稱禘于武公，以及其他定公八年和昭公二十五年等例子，認爲經文所載之大事或有事，是禘也是祫，兩者是異稱同名。顧棟高接著對朱子採趙匡禘祫不同的說法提出反駁，強化禘即祫的論述。禘即祫之說，顧氏的論述能否確立其實不無問題，〔註9〕不過顧棟高於表中即採用禘即祫的說法，對於《春秋》經中八條有關的記載，編列成表，以論《春秋》記載之義。例如「閔二年夏五月乙酉，吉禘于莊公。」一條，表中列舉諸家的說法：

《左傳》：「速也。」

《公羊》：「其言吉何？未可以吉也。三年之喪，實以二十五月。其

〔註6〕漢・毛亨傳，漢・鄭玄箋，唐・孔穎達疏：《毛詩正義》（臺北：藝文印書館，民國70年，影印嘉慶二十年江西南昌學府重刊宋本），卷20之3，頁14上。

〔註7〕關於歷代禘祫的異說問題，可參見周何：《春秋吉禮考辨》（臺北：嘉新水泥公司文化基金會，民國59年），頁97～114有詳細的論說。

〔註8〕杜預並未論禘祫之名義問題，顧棟高所謂杜氏之說，實是孔穎達根據杜預之注解加以申論的看法。孔穎達於《左傳・僖公三十三年》疏說：「杜解《左傳》，都不言祫者，以《左傳》無祫語，則祫禘正是一祭，故杜以審諦昭穆謂之爲禘，明其更無祫也。」（卷17，頁21下）

〔註9〕如顧氏將《春秋》經文中的「大事」和「有事」直接等同，而謂《公羊》和《穀梁》的祫即《左傳》中的禘，實大有問題。此外雖引先秦典籍推翻帝嚳爲后稷之父說，欲反駁禘爲專祭始祖和始祖之所自出，但此說只能對禘是否包含祭始祖之所自出有所釐清，而對禘和祫爲不同之說並無有效的反駁。

言于莊公何？未可以稱宮廟也。」

何氏休曰：「時莊公薨，至是適二十二月，閔公以莊公在三年之中，
未可入太廟，禘之于新宮，故不稱宮廟。」

劉氏敞：「禘，非禮也。吉禘，亦非禮也。于莊公亦非禮也。」

張氏洽：「此蓋出于哀姜，慶父樂哀謀篡而爲之，又非他日僭禮之所
得比矣。」（頁 1442）

《公羊傳》以爲此時未可以舉行吉禮，而稱莊公，乃未能稱宮廟也。何休解
釋《公羊傳》的意思認爲此時距莊公薨爲二十二個月，仍在二十五月之三年
喪期，不應舉行吉禮，故《左傳》亦曰「速也」。莊公此時尙未入太廟，閔公
乃禘莊公於新宮，何休以爲此乃《經》稱「吉禘於莊公」乃不稱於宮廟之意。
劉敞則認爲行禘、吉禘和吉禘於莊公皆是非禮。張洽則指出此次吉禘乃出於
哀姜之決定，慶父則樂於見哀姜參與篡謀而行非禮之吉禘，則此吉禘莊公更
甚於其他非禮之事。是以諸家說解皆對閔公吉禘于莊公之事提出非禮的評
論。又如「僖八年秋七月，禘于太廟，用致夫人」一條，表中引《左傳》和
杜預之說以見其非禮：

《左傳》：「禘而致哀姜焉，非禮也。」

杜氏預曰：「禘，三年大祭之名。致者，致新死之主於廟，審定而列
之昭穆。哀姜淫而與弒，薨又不于寢，僖公疑其禮，故死已八年，
遲迴歷三禘之久，至是果行之。嫌異常，故書。」（頁 1441）

《左傳》以爲禘而及哀姜爲非禮，因爲「凡夫人不薨于寢，不殯于廟，不赴
于同，不祔于姑，則弗致也。」〔註10〕杜預加以解釋認爲致乃將新死之牌位，
依據昭穆之位放入宗廟中。哀姜通淫於慶父，又參與國君之弒，死時非在正
寢，理不當致。僖公在多年的考慮後，還是於八年禘祭時致哀姜。僖公的行
爲顯然違背禮制，故《春秋》書之以貶。從上舉諸例證，可知〈吉禮表〉的
體例乃將《春秋》中吉禮的記載羅列成表，並引述後代學者的解釋來闡明《春
秋》書載之旨，從而顯現當時吉禮之崩壞。

二、〈凶禮表〉

凶禮所指乃喪葬之禮。〈凶禮表〉一篇將《春秋》有關凶禮者分成天王崩

〔註10〕晉・杜預注，唐・孔穎達疏：《春秋左傳正義》，卷13，頁 7 上。

葬、公薨、未成君卒、公葬、夫人薨葬、歸賵含及奔喪會葬、外諸侯卒葬、
內大夫卒、外大夫卒葬、內女卒葬等七類，其用意皆在於明禮制之崩亂。例
如天王之崩葬，引胡安國《傳》曰：

> 《春秋》十二王，桓、襄、匡、簡、景志崩志葬，赴告及，魯往會
> 之也。莊、僖、頃崩葬皆不志，王室不告，魯亦不往也。平、惠、
> 定、靈志崩不志葬，赴告雖及，魯不會也。王子猛未踰年不書崩，
> 敬王崩在春秋後。（頁 1487）

根據《左傳‧隱公元年》之說「天子七月而葬，同軌畢至。」〔註11〕則周天
子之喪葬，魯君應往會。但是《春秋》記載周天子之喪，有書崩書葬者，有
書崩不書葬者，亦有崩葬皆不書者。胡安國以為崩葬皆書者，周有赴告，魯
亦往會葬；書崩不書葬者，則周有赴告，但魯未往會葬；崩葬皆不書者，周
未赴告，魯亦不往會葬。是以《春秋》之書法見周不赴告之非禮，魯未往會
葬乃不臣也。至於魯雖有前往會葬者，亦是非禮。其於「文九年二月，叔孫
得臣如京師。辛丑，葬襄王」一條之下引何休及趙鵬飛等論曰：

> 何氏休曰：「惡文公不自往。僖公成風之喪，襄王比加禮，故錄之以
> 責內。」

> 趙氏鵬飛曰：「天王書葬者五，而魯以大夫會葬者二，此年得臣之行，
> 與昭二十二年熟鞅如京師葬景王而已。其三則不書大夫如京師，蓋
> 使微者往也。然猶愈夫不會葬者。」（頁 1488～1489）

據禮天子之葬，國君應親往會葬，《春秋》所載魯往會葬之例，大夫往會者二
次，其餘未記載往會者之身分。據表中引胡安國之說：「微者往會，慢也。或
曰親之而常事不書，非矣。崩葬始終之大變，豈以是為常書而不書乎！」（頁
1488）顧棟高亦以為「《經》不書遣大夫如京師，蓋使微者往，著其慢也。」
（頁 1490）則《春秋》所以書葬而未載往會者身份，蓋因派遣地位低下之使
者前往會葬。魯君不親往會葬而遣大夫，已屬非禮，甚至遣微者往會，更是
非禮之甚，可見魯無視於周天子之威嚴。是以表中一一引證，以明《春秋》
書法之微旨。

　　孔子既因見禮制崩壞而作《春秋》，其中禮制之書載必有其用意。〈凶禮
表〉除於事件逐一探求書法之微旨，更於〈敘〉中論述探求《春秋》微意之
方法：

〔註11〕同上註，卷2，頁21下。

世儒多以例釋《春秋》，吾不知所爲例者，將聖人自言之乎？抑出于後儒之揣測也？是不以凡例釋《春秋》，而直以《春秋》釋凡例，而經旨益晦。余觀凶禮一編，而《春秋》二百四十二年之書法，其微意所在，往往前後不相蒙，始終不相襲，而知例之斷斷不可以釋經也。《儀禮‧喪服傳》曰：斬衰裳、苴絰、杖、絞帶、冠繩纓、菅屨者，子爲父、妻爲夫、諸侯爲天子及臣爲君，此三者，人道之大綱也。春秋之世，有諸侯不奔天子之喪，不會天王之葬，而擅自盟會及郊祀；又大國受小國之奔喪會葬，而未嘗以禮報者，而君臣之道闕。有居喪而納幣，衰絰而從戎，祔廟而逆祀，而父子之倫喪。有以妾匹嫡，天王歸賵，列國會葬，下及僖、宣、襄、昭四妾母薨稱夫人，葬稱小君，而夫婦之道苦。聖人于百五十年間，一書之，再書之，垂戒深切著明矣。然以魯不報答小國爲非禮，至昭、定之世，滕、薛及曹，魯俱遣使會葬，似足正邦交之失，而聖人未嘗與也。以躋僖逆祀爲非禮，至定之八年從祀先公，似足釐廟祀之謬，而聖人未嘗與也。以以妾配適爲非禮，至定、哀之世，定姒不書薨、不書夫人、不書小君，似足正嫡妾之分，而聖人未嘗與也。其不與者何也？前之失由魯之恃強凌弱，倨傲無禮，後之失由季氏之樹援結黨，弁髦其君；前之失由禮臣之逢迎主上，紊亂典禮，後之失由陽虎之謀爲不軌，假正濟私；前之失由諸公之私厚所生，混淆名分，後之失由季氏之目無君上，菲薄禮儀。聖人前後各據實書之，以著其顛倒益甚，罪狀益深，世道益不可問。（頁1485～1486）〔註12〕

自杜預作《春秋釋例》一書，歷來皆有以書例探求《春秋》之旨者。顧棟高認爲書例多是後人揣測，並不能尋求聖人之意，以禮制爲例，即發現《春秋》前後書載的用意往往不同，書例「斷斷不可以釋經」。如春秋之初，魯國皆不與小國之喪，而昭、定之時滕、薛及曹之喪魯皆往會，似乎因其合禮而書。不過事實並非如此，如表中「昭二十七年冬十月，曹伯午卒。二十八年春，王三月，葬曹悼公」一條記載魯往會曹國之喪，顧氏以爲：

是時季逐君出居乾侯，而不廢列國會葬之禮，儼然自以爲君，而列

〔註12〕此段引文中華書局本之標點多有不妥之處，如「至昭、定之世，滕、薛及曹」此句之下將逗號誤爲頓號等，此處皆一一改正，兩相比較即可見異同，不另行出注說明。

國亦不之問。《春秋》于兩年之首書公至自齊，居于鄆，書公如晉，
次于乾侯，而復備書此等，所謂直書而義自見，不假一字爲褒貶者
也。（頁 1518～1519）

則魯往會喪乃季氏專權所爲，實爲非禮。故魯之初未往會喪乃恃強陵弱，之
後往會乃季氏欲藉此結外援，兩者皆應貶斥，《春秋》書其會小國之喪，乃志
季氏專權結援之非。其他如從杞先公及定姒卒不書薨、不書夫人、不書小君，
其例似乎皆足以正前逆祀和以妾配嫡之非禮，然《春秋》之書旨並非如此，
乃欲志權臣掌政專斷而藉故擅改魯君祭祀之典。此類顧氏認爲若由書例來判
斷褒貶，則無法知《春秋》書載之用意，應該通觀前後史事得知褒貶之意。
所以如魯往會曹悼公之喪，顧氏即透過比對《春秋》所載前後之史事，通觀
而探求其旨。顧氏既以《春秋》之微旨應通觀前後相關史事，〈凶禮表〉即遵
循此一方法揭櫫《春秋》書法之用意，春秋喪葬禮制之崩壞則從中顯露無遺。

三、〈賓禮表〉

〈賓禮表〉所列乃春秋時各國朝聘會盟之事。〈賓禮表敘〉言：

昔者先王爲賓禮，以親邦國，制爲朝覲、聘問、會同、盟誓之禮，
所以協邦交、明上下、崇體統、息紛爭也……東遷而後，王政不綱，
諸侯放恣，于是列邦不脩朝覲之禮，而天王且下聘矣，歸賵矣，錫
命矣。終春秋之世，魯之朝王者二，如京師者一，而如齊至十有一
（案：應爲十之誤），如晉至二十（案：應爲二十一之誤），甚者旅
見而朝于楚焉。天王來聘者七，而魯大夫之聘周者僅四，其聘齊至
十有六，聘晉至二十四，而其受列國之朝則從未嘗報聘焉。由魯以
知天下，而王室之微，諸侯之不臣，概可見矣。隱、桓之世盟會繁
興，諸侯互結黨以相軋。自莊十三年齊桓爲北杏之會，而天下之諸
侯始統于一，無敢擅相盟會。歷一百五十六年，晉伯衰，鄭陵始復
爲參盟，而諸侯之權復散，七國之分擾，秦雄之并吞，實兆于此。
蓋嘗綜一經之始終而論之，由王而伯，由伯而爲戰國，世運遷流，
殆非一朝一夕之故矣。（頁 1561～1562）

顧氏提出先王爲了維持邦國彼此的和諧以及其對周室的向心力，於是制訂朝
聘會盟之制。不過隨著春秋各種制度的崩壞，賓禮也日漸毀敗。例如魯朝王
及如京師合計只有三次，朝齊、晉和楚等大國的次數則遠多於此。周聘魯七

次，魯聘周只四次，聘齊十六次，聘晉則二十四次，對其他國則從未報聘。
由此可見，魯國並不重視周天子的地位，對其他各國亦不行朝聘之禮，只專
心謹慎事於齊、晉等大國。所以〈敘〉中即言「由魯以知天下，而王室之微，
諸侯之不臣，概可見矣。」除諸侯不脩朝聘之禮而賓禮壞，會盟的頻繁亦是
賓禮另一變化。春秋除齊、晉稱霸的時期外，各國之間互相結盟的情形相當
繁盛，彼此透過會盟尋求外援，藉以攻伐他國。春秋之共主實由周王轉至霸
主，霸權不興之後則不得不淪爲戰國。故春秋賓禮之遞嬗，非但顯露禮制之
崩壞，更可見春秋必定轉變爲戰國的跡象。

　　〈賓禮表〉中將春秋之賓禮分成公朝、列國來朝、列國旅見、朝不于廟
及受世子朝、附列國來朝後、公如列國、天王來聘、聘周、聘列國、列國來
聘、外裔來聘、來聘及盟、特會、參會、外特會參會、特盟、外諸侯特盟、
參盟、公與大夫盟、內大夫盟諸侯、主盟、遇、胥命等類，其中除主盟一項
顧氏註明見〈爭盟表〉外，其他皆一一列表，並於表中附諸儒說解和己意，
以見《春秋》書載之旨。延續〈敘〉中所論賓禮之壞，表中對此亦多加闡釋。
如朝不于廟及受世子朝之下「莊二十三年，蕭叔朝公」一條，顧氏論曰：

> 禮，朝聘必受之于太廟，歸美于先君，且重賓。故朝不言朝公，聘
> 不言聘公，謙不敢以己當之也。今公方與齊侯遇穀，而蕭叔就穀朝
> 之，公偓然受之。書朝公，以志公爲己侈，不書來朝，以志蕭叔行
> 禮爲己簡，交譏之。（頁1572）

朝禮應該於太廟中舉行，而莊公朝蕭叔於穀，故《春秋》書之以見莊公和蕭
叔兩人之輕慢而壞亂朝禮。又如其於特會引華學泉之論曰：

> 會有三例，特會也，參會也，主會也。其初以諸侯而特會，其後以
> 大夫而特會諸侯矣，又其後以大夫而特會大夫矣。其初以諸侯而主
> 會，其後以大夫而主諸侯之會矣，又其後以大夫而主大夫之會，而
> 君若贅疣矣。其初以諸侯主諸夏之會，以攘夷狄，其後以夷狄同主
> 諸夏之會，而晉、楚之從交相見矣，又其後以夷狄獨主夷夏之會，
> 大合十三國于申，而伯主不復與矣。懼楚而通吳，會吳以謀楚，卒
> 之楚敗而吳強。而黃池之會，《春秋》以是終焉。通而論之，諸侯之
> 特會者，多在隱、桓以前。自有主會，無特會、參會者矣。大夫之
> 特會者，多在文、宣以後。有大夫特會而後有大夫主會者矣。以諸
> 侯而主天下之會自北杏始，以大夫而主天下之會自鍾離始，以夷狄

> 而同主天下之會自宋始。有北杏而後有葵丘之會。宰周公至溫之會，
> 而天王實狩焉，而諸侯之亢極矣，然後大夫乘之。大夫主天下之會，
> 而諸侯失政，然後夷狄乘之。《春秋》詳而志之，得失之故可考矣。
> （頁1603）

華氏對於春秋特會形式的變化提出簡要的說明，認為最初乃諸侯相特會，其後以大夫特會他國諸侯，其後則更淪為大夫彼此特會，足見政下大夫之勢。諸侯之特會，隱、桓之前較多，即〈敘〉中所言「諸侯互結黨以相軋」也。大夫特會盛興於文、宣之後，諸侯喪權而政出自大夫。可見特會之目的，春秋之世亦有變化，其初為抗抵夷狄而會，之後則夷、狄可與諸夏之會，最後則淪為夷、狄主諸夏之會，夷狄之危害中國，春秋霸主由興至衰之勢從中朗然可見。故《春秋》載特會之事，即在於其關係天下之要。凡此可見春秋賓禮之壞，意義不只代表禮制不行，更關係著天下秩序的改換，春秋局勢之挪移實與此息息相關，此即〈賓禮表〉用意之所在。

四、〈軍禮表〉

〈軍禮表敘〉言：

> 《晉書‧禮志》曰：「五禮之別，其四曰軍，所以和外寧內，保大定功者也。但兵者凶事，故因蒐狩而習之。《傳》曰：「春蒐、夏苗、秋獮、冬狩，皆於農隙以講事，所以明貴賤、辨等列、順少長、習威儀。」晉文大蒐以示之禮，登有莘之墟以觀師曰：少長有禮，其可用也。則蒐狩之於禮大矣哉！周衰，禮制廢壞，軍禮尤甚。以魯一國言之，其始也縱弛忘備，強鄰交侵，臨時講武，淹留異地；其繼也權臣僭竊，國柄倒持，黷武興師，征役不息。夫子於此蓋不勝世變之感焉，故蒐狩之合禮者皆不書。于桓、莊之狩必書公，志非時與非地也。則其平日之忘備，而國威之不振可知矣。昭、定之蒐不言公，則軍非其軍，國非其國，君若贅旒然，其得失無與於公也，而魯事益不可為矣。爰綜蒐狩之見於《經》者，并大閱、治兵與夫乞師、獻捷、歸俘都為一編，以志魯之遞衰非一日之故云。（頁1629）

顧棟高引《晉書‧禮志》和《左傳》的記載，以為蒐狩之禮可以和協內外，亦足以明貴賤。然春秋禮制崩壞，軍禮之壞更是其中嚴重者。以《春秋》所載魯國之制而言，其初如桓、莊蒐狩非時非地，則平日「縱弛未備」，可見當

時之魯軍事不興，國勢不振。而後昭、定之蒐，《春秋》之載不言公，則軍歸三桓所掌，其權爲大夫所竊而公不得與。是以〈軍禮表〉之意在明軍禮之日益崩壞，魯之國勢亦隨之衰敗。

〈軍禮表〉將春秋之軍禮分成蒐狩、軍旅、乞師、獻捷、歸俘五類。〈軍禮表敘〉既曰：「蒐狩之合禮者皆不書」，故本諸合禮不書的原則，《春秋》所載各種軍禮皆爲非禮。如蒐狩之禮中「桓公四年春正月，公狩於郎」一條，顧氏舉數說加以說明：

> 《公羊》曰：「常事不書，此何以書？譏遠也。」

> 杜氏預曰：「周之春，夏之冬。田狩從夏時，故《左氏》曰：書時，禮也。」

> 案：此不以非時書，以譏遠書也。（頁 1630～1631）

《左傳》認爲此次蒐狩合時而書，但顧棟高既主張合禮不書，遂採《公羊》之說以爲此次田狩乃譏其地太遠，否定《左傳》之說。又如乞師，其中有「僖二十六年，公子遂如楚乞師」一條，表中引諸儒之說申明之：

> 葉氏夢得曰：「召陵之盟，桓公與我伐楚而楚服。今我乃欲與楚伐齊而恃之以勝，公之謀國亦疏矣。」

> 趙氏鵬飛曰：「楚自累年以來兵交于宋，未嘗及齊也。今魯不忍齊之侵伐，而遠乞師于楚，使之深入中國，爲天下患，其罪可勝誅乎！」

> （頁 1633～1634）

葉夢得和趙鵬飛皆據歷史發展的角度批評此次魯國向楚國乞師的行爲，認爲魯國求助於蠻夷之楚，助長其肆虐中國，其罪顯然。諸如此類，〈軍禮表〉皆引眾說以明春秋軍禮之崩壞。

五、〈嘉禮表〉

〈嘉禮表〉一篇所列乃《春秋》記載昏禮之事。〈嘉禮表敘〉以爲：「東遷而後，禮教不修，倫紀廢壞，陳靈以君臣宣淫，晉文以懷嬴薦寵，衛宣有〈新臺〉之刺，齊襄有〈南山〉之行，人道同於禽獸，典禮棄若弁髦，大亂極矣，聖人憫焉。是故詳其制於禮，而嚴其律於《春秋》。」（頁 1637）昏禮之制於春秋時廢亂，孔子是以載於《春秋》以正禮制。〈嘉禮表〉將《春秋》中昏禮之制分王后、王姬、逆夫人、內女四類，以見其頹壞之跡，明聖人記

載之意。表中「王后」一類乃天子娶妻之典制，其中如「桓八年，祭公來，遂逆王后于紀」，表中引杜預和趙匡之說明其典制及違禮之處：

　　　杜氏預曰：「天子娶于諸侯，使同姓諸侯爲之主。王使魯主昏，故祭
　　　公來受命于魯。」

　　　趙氏匡曰：「祭公來謀逆后之期，當復命于天子，命之逆則逆。今祭
　　　公不復命于王，專逆王后于紀，故曰遂以惡之。」（頁 1639～1640）

據杜預之說，天子娶諸侯之女，使同姓諸侯主昏，所以祭公來魯。《左傳》以爲「祭公來，遂逆王后于紀，禮也。」〔註13〕然〈嘉禮表〉引趙匡之說認爲祭公來魯請逆王后之期，當復命天子而後逆之，但祭公卻直接赴紀逆女，故《春秋》書「遂」以志其非禮。是以〈嘉禮表〉反對《左傳》合禮之說，認爲祭公逆王后爲非禮。又如「逆夫人」乃魯君迎娶夫人之禮。逆夫人之禮牽涉到魯君是否親迎，歷來眾說多以爲國君應該親迎，以《春秋》記載皆因不親迎而書，如表前引華學泉之說云：「親迎不書，公子翬、公子遂、叔孫僑如以大夫逆則書。」（頁 1641）即主張如此。顧棟高並不贊同此說，他在〈春秋譏不親迎論〉中肯定程子所云「親迎者，迎於其所館，豈有委宗廟社稷而遠適他國以逆婦者。非唯諸侯，即卿大夫亦然。文王親迎于渭，周國自在渭旁，未嘗出疆也。況其時乃爲公子，未爲國君」（頁 1650）的主張，認爲國君不可隨意離國親自至他國迎娶。顧氏反對其舅之說，認爲逆夫人者乃由大夫至他國迎娶，國君再迎于館，公子翬、公子遂、叔孫僑如以大夫身份逆夫人並不違禮。《春秋》之書載既然和身份無關，其意實在他處。顧氏認爲：「翬與遂之書逆女也，惡其寵逆黨，結強援也。僑如之書逆女也，惡其通國母，擅國權也。統觀前後經文，而聖人之旨自見，與不親迎何涉乎！」（頁 1650）則以《春秋》書載公子翬、公子遂逆夫人者，其意在貶斥桓公、宣公寵幸參與弒逆的公子翬、公子遂，以婚姻結齊之強援；至於書載叔孫僑如十四年逆夫人，十六年即通姜氏而欲逐季、孟以竊國權，其罪昭然若揭，聖人之書旨畢見矣。

　　〈嘉禮表〉明春秋昏禮之廢壞，以闡發孔子譏貶之意。不過《春秋》所載者，亦有褒揚之意寓焉。〈嘉禮表敍〉言：

　　　紀叔姬以媵書，宋共姬致三國之媵而亦書，賢之也。叔姬以子身而
　　　全宗祀，共姬待傅姆而蹈烈火，秉禮守義，皭然不淄，庶幾周公之
　　　教猶有存焉。故大書、特書、不一書，以爲勸也。（頁 1637）

─────────────

〔註13〕晉・杜預注，唐・孔穎達疏：《春秋左傳正義》，卷7，頁4下。

顧棟高認為《春秋》記載紀叔姬和宋共姬皆是褒揚。紀叔姬莊公十二年歸於酅，杜預以為：「紀侯去國而死，叔姬歸魯，紀季自定於齊而後歸之。全守節義，以終婦道，故繫之紀，而以初嫁為文，賢之也。」〔註14〕顧氏是以認為紀叔姬因紀遭齊滅，為存紀之宗祀而歸於酅，其德大矣。至於宋共姬則有賢名，於火災中待傅姆之救而卒，謹守禮義。二者《春秋》皆詳書其事，以褒揚其德行。所以〈嘉禮表〉之作，非但明春秋昏禮之壞，更在揭露《春秋》褒貶之旨。

顧棟高認為孔子有感於禮制之崩壞乃作《春秋》，故於五禮表皆詳於《春秋》褒貶之旨。由於合禮不書，常事不書的原則，因此《春秋》所載皆有其深意。五禮表便以分門別類的方式逐一以表分析吉、凶、賓、軍、嘉各類禮制，固然可以從中瞭解所列禮制之來龍去脈，其最主要的目的則在於破除書例，以通觀史事的方式來探尋《春秋》之微旨。故若以《五禮通考》和《春秋大事表》相較，則可發現五禮表詳於聖人之意，但未必詳於春秋之禮制。秦蕙田作《五禮通考》，乃欲窮究歷代禮制的實況，以尋其變化之始末，所以對於春秋之禮制亦詳加考察。比對二者對春秋禮制的整理，可以發現《五禮通考》中嘉禮有春秋饗燕禮之制，《春秋大事表》則無。此外如天王巡狩、周歸脤、周會盟、他國聘周等等，《五禮通考》皆據三《傳》而詳其制，《春秋大事表》皆略而不考。其差異根源於顧氏五禮表以探求聖人書載之意為主，故取材只限於《春秋》，至於《五禮通考》欲窮究春秋禮制之規模，取材便於《春秋》之外，三《傳》及《國語》皆在搜羅之列。而且顧棟高既以為《春秋》合禮不書、常事不書，五禮表之編纂便偏向於揭釋春秋禮制的崩壞，用意便不在於合禮而可資考察典制的層面。所以五禮表並非以詳於考察春秋禮制規模為目的，而是闡發《春秋》大義，從中探究禮制崩壞程度為編纂宗旨，此點尤應鄭重留意。

第二節　政治類諸表

春秋時期的政治制度及政治發展是《春秋大事表》關注的焦點之一。書中政治類的相關諸表有研究各國官制的〈列國官制表〉，研究《春秋》記載各國刑罰的〈刑賞表〉，以及研究各國執政者興替和其國家情勢變化的〈王迹拾

〔註14〕晉‧杜預注，唐‧孔穎達疏：《春秋左傳正義》，卷9，頁4下。

遺表〉、〈魯政下逮表〉、〈晉中軍表〉、〈楚令尹表〉〈宋執政表〉、〈鄭執政表〉。以下依次析論之。

一、〈列國官制表〉

《春秋大事表》卷十爲〈列國官制表〉，詳細考察列國的官制。其編輯之旨見於〈列國官制表敘〉：

> 《周禮》爲周公制太平之書，世儒多疑其僞，獨有宋程朱諸大儒亟稱之。然以愚觀之，竊有未盡然者……《周官》三百六十，獨列畿內之官，及于醢、醯、酒、漿之細，而于侯國之官概未之及，僅于〈秋官・大行人〉及〈春官・典命〉列其交際之禮與其命數，而其職事則無聞。竊疑周公勒成一書以垂治典，不宜舉近遺遠、詳小略大如是。春秋距成周數百年，其列國之官制猶存《左氏》，因事類見，可得什一于千百。雖其列國僭竊，或妄有改更，然其規模不甚相遠也。〈王制〉大國三卿皆命于天子，明大夫以下皆其君自命。案僖十二年管仲辭饗禮曰「有天子之二守國、高在」；宣十六年晉侯請王命，士會爲太傅，是卿命于天子之証也。晉鞏朔以上軍大夫獻捷于周，而王曰「鞏伯未有職司于王室」，是大夫不命于天子之証也。周制諸侯兼官，司徒兼冢宰，司馬兼宗伯，司空兼司寇，故《左傳》曰季孫爲司徒，叔孫爲司馬，孟孫爲司空。而魯復有羽父爲太宰，夏父弗忌爲宗伯，此出當時之僭，非周制矣。《左傳》紀晉事尤詳，其職官雜見于事內，孔氏爲疏通而證明之，如御戎當《周禮》之戎僕，司士當《周禮》之司右，驪當《周禮》之趣馬，公族當〈夏官〉之諸子，公路當〈春官〉之巾車，其制尤班班可考。其名或天子所制，或列國自命名，則均不可得而知矣。至太宰之名，則陳、宋與吳、楚俱有之。陳、宋爲三恪之後，吳、楚則僭王學者。爲綜考其同，區別其異，于《春秋》魯史之內得見成周侯國之官制，用補《周禮》之闕遺，亦學《春秋》者之一大掌故也。（頁 1031～1032）

顧氏認爲《周禮》言周代的官制，詳於畿內之官，未述及侯國之官，所以懷疑其若爲周公所作，不應該詳此略彼。《周禮》於周代侯國官制多缺而未言，則應從其他典籍考其制度。春秋距離西周不遠，列國之官制《左傳》多有記述，其中或許有諸侯僭越妄改者，但仍可推求西周封國官制概況。例如〈王

制〉記載大國三卿皆命於天子，則可見大夫以下乃國君自行任命，以《左傳》中管仲和鞏朔之事證之的確如此。諸侯只有三卿，所以司徒兼冢宰，司馬兼宗伯，司空兼司寇，而《左傳》中季孫爲司徒，叔孫爲司馬，孟孫爲司空是其證；至於魯國另有太宰、宗伯乃當時制度之僭。凡此種種，列國的官制於《左傳》中都可查考，孔穎達即以晉國官制和《周禮》之職相考核，可考得周代官制之梗概。春秋時期各國之官，或者天子所命，或者諸侯所命，亦有後代僭越改作者，所以顧棟高「綜考其同，區別其異」，考察《左傳》中的記載，還原周代侯國之官制，以彌補《周禮》的缺漏，此即編輯〈列國官制表〉的用意。

〈列國官制表〉將春秋列國之官分成列國互有之官和各國獨有之官兩類。列國互有之官乃指二國以上有相同執掌之官，即編列成一表，如司徒、司馬之類。至於各國獨有之官，乃該國特設立者，如楚之令尹、晉之中軍將領之類。〈列國官制表〉主要根據《左傳》中的記載作爲春秋時某國有某官職之證，所以表中必先列《左傳》中的記載，再佐以杜《注》、孔《疏》、《周禮》、《國語》等資料來考證其職掌。除以《左傳》爲春秋職官之證外，表中亦偶據其他典籍的記載來增補，如齊之太宰根據《國語》和韋昭《注》增列（頁1033），鄭之開卜則據杜《注》增列（頁 1069）。其考證各國官職所掌時，得力於《周禮》最多。例如論宋國之「宗」言：「春秋時多祝、宗並稱，則諸侯之宗人當《周禮》小宗伯之職也。」（頁 1042～1043）乃據《周禮·春官》主張宗人之職即小宗伯。又論魯國之巾車，其案語：「《周禮》巾車掌公車之政令，鄭《注》『車官之長』。」（頁 1096～1097）則據《周禮·春官》。此外有《左傳》、《周禮》名稱相同，但執掌不同者，如宋之舞師，顧氏論曰：「《周禮·春官》大司樂、樂師、大胥、小胥，凡舞事皆屬焉。其下有籥師，掌教國子舞羽吹籥，祭祀則羽籥之舞，賓客饗食則亦如之；司干掌舞器。此舞師當即籥師、司干之類，而非〈地官〉之舞師。」（頁 1072～1073）《周禮·地官》中有舞師，掌「教兵舞，帥而舞山川之祭祀。教帗舞，帥而舞社稷之祭祀。教羽舞，帥而舞四方之祭祀。教皇舞，帥而舞旱暵之事。」〔註15〕是則周禮之舞師乃負責教導各種祭祀之舞。顧棟高據《左傳》襄公十年「宋公享晉侯于楚丘，請以〈桑林〉，舞師題以旌夏」的記載，認爲此處的舞師和饗宴有關，執掌應和《周禮·春官》中的籥師和司干相同，非《周禮·地官》中

〔註15〕漢·鄭玄注，唐·賈公彥疏：《周禮注疏》，卷12，頁22下。

的舞師。此等皆據《周禮》考證春秋時期官職之制。〈列國官制表敍〉言「補《周禮》之闕遺」，針對《周禮》侯國官制之記載有缺乃作是表，但在考證列國官制時亦不得不參考《周禮》，因為《周禮》對王室官制的記述十分詳細，各國之官制應根據王室之制修改而成，故據《周禮》可推度春秋列國官制之規模。實際上杜預和孔穎達在考證《左傳》中的官職時即多援引《周禮》進行論說，〈列國官制表〉亦遵循相同的方式進行考證。

〈列國官制表〉先舉列國互有之官，以見各國之間共同之制，再列各國獨有之官，以見各國官制的特殊之處，將春秋各國的官制清晰呈現具體的規模。然而顧棟高在編輯是表時不免有一些闕誤。例如〈敍〉中以陳有太宰，但《左傳》中並未見陳有太宰，太宰之表也未列陳國，應是一誤。又如晉有「理」官之名乃根據杜《注》而來（頁 1076），應如表中鄭「開卜」之例於下附注「見註」二字。此外司寇之表，其引杜《注》說明陳、楚名司寇為司敗（頁 1051），《論語・述而》亦有「陳司敗問昭公」〔註16〕之語，但表中未列陳國有司敗。此類皆其小疏失。

〈列國官制表〉在考證方法上則有一值得商榷之處，即過度依據《周禮》來論證春秋之官制。如前所言，〈列國官制表〉多據《周禮》論各國之官制，所以表中雖未用《周禮》六官的架構組織各表，但是受到《周禮》的影響卻很明顯。顧棟高實曾懷疑《周禮》真實性的，所以〈列國官制表敍〉即說「竊疑周公勒成一書以垂治典，不宜舉近遺遠、詳小略大如是。」此外他在〈丘甲田賦論〉更說：「余謂《周禮》出于王莽時，好為繁重碎密之制，特傅會司馬法以瞀當世之愚民，非周制之本然也。」（頁 1432）對《周禮》是否反映周制的真實面貌表示懷疑。顧氏雖認為《周禮》非「周制之本然」，卻大量採用《周禮》的材料來論證春秋之官制，即顯現其矛盾之處。平心而論，《周禮》雖非周公制作之書，但仍反映周代制度的部分面貌〔註17〕，顧棟高於〈左氏

〔註16〕 魏・何晏集解，宋・邢昺疏：《論語注疏》（臺北：藝文印書館，民國 70 年，影印嘉慶二十年江西南昌學府重刊宋本），卷 7，頁 9 下。

〔註17〕 關於《周禮》一書是否反應周代之官制，如姜廣輝主編：《中國經學思想史》第二卷（北京：中國社會科學出版社，2003 年）主張：「在《周禮》中既保留有西周、春秋以至戰國的一些官制、禮制等歷史上的印迹，同時也包含著作者和整理者的思想傾向及政治主張，更具有一些理想制度的設置和理想政治的內容。值得深入探討研究。」（頁 234）此外葉國良、李隆獻、夏長樸著：《經學通論》（臺北：大安出版社，2005 年）亦認為：「《周禮》所載的官稱及其職掌，雖然不是完全出於實錄，但比對可靠的先秦文獻及出土的周代金文的記載，可

引經不及周官儀禮論〉言：「雖其（案：指《周禮》、《儀禮》二書）宏綱鉅典，未嘗不稍存一二，而必過信之爲周公所作，則過矣。」（頁 2566）其意即本於此。故據《周禮》來考證春秋之官制並非不可，但應注意是否以《左傳》之記載附會《周禮》之制。〈列國官制表〉中即有牽強從《周禮》立說者，如顧棟高根據《左傳》哀公十六年記載「衛侯占夢，嬖人求酒于太叔僖子。」於是據《周禮》有占夢而列衛國有占夢之職（頁 1146）。然而此處占夢明顯非官名，乃指衛侯的行爲。而且杜預注嬖人曰：「以能占夢見愛」〔註18〕，《左傳》下亦接著記載嬖人「與卜人比而告公」〔註19〕，則爲衛侯占夢者或如杜預所言乃嬖人，不然亦是卜人，顧棟高明顯附會《周禮》致誤。又如御士和僕人二表，晉國之下皆列有僕人。顧氏於御士之下列晉之僕人，依據是《左傳》襄公三年記載魏絳授僕人書，杜預曰：「僕人，晉侯御僕。」顧氏據此下案語曰：「《周禮》御僕掌群吏之逆及庶民之復……則此僕人正御僕之職也。」（頁 1078～1079）而《左傳》襄公三十一年記載「僕人巡宮」，顧棟高則認爲此僕人和哀公二十一年魯之僕人相同，「當如鄭之外僕，掌次舍者。」（頁 1080）則晉有二僕人之官，一掌受臣民之奏，一掌次舍，執掌不同而官名相同，值得商榷。顧棟高將僕人歸納於御士之下，乃認爲襄公三年所載之僕人即《周禮》之御僕而肯定杜《注》，又據孔《疏》以《左傳》僖公二十四年中之「王御士」視爲《周禮》之御僕，於是以周之御士和晉之僕人執掌相同而同列一表。仔細考辨，當發現其證頗有可疑之處：一、顧棟高肯定孔穎達《正義》之說，以爲御士即《周禮》之御僕。然僖公二十四年記載「（頹叔、桃子）遂奉大叔以狄師攻王，王御士將御之。」楊伯峻曰：「御士，蓋王侍御之士。《左傳》凡四言御士。襄二十二年《傳》言楚子南之子棄疾爲楚王御士，三十年《傳》言單公子愆期爲靈王御士，則御士多以公卿大夫子弟爲之。」〔註20〕就此而言御士以保衛周天子爲職，和《周禮》御僕之職掌不相涉，不可據《周禮》將僕人等同御僕後列入御士一類。二、魏絳授僕人書，顧棟高認爲此僕人即《周禮》中之御僕。就此例言，其職掌相合。然而魏絳受僕人書，其僕人亦可能只是一般掌傳達之吏，如《左傳》僖公二十四年晉豎頭須語晉文公

知其中部分在古代是確有其官的。」（頁 176）二說皆肯定《周禮》反映部分
周代之官制。

〔註18〕晉・杜預注，唐・孔穎達疏：《春秋左傳正義》，卷60，頁 7 上。

〔註19〕同上注。

〔註20〕楊伯峻：《春秋左傳注》，頁 425～426。

之僕人。魏絳將陳情之書交給負責傳達之僕人，由其交遞給晉悼公，乃合於情理之事。故此僕人是否即《周禮》負責「群吏之逆，及庶民之復，與其弔勞」之御僕，《左傳》中是否存在和《周禮》御僕相同職掌之官，則不無疑問。據上論二點，顧氏論周之御士和晉之僕人爲《周禮》之御僕，其說非確。此類皆見遷就《周禮》官制之迹。

〈列國官制表〉蒐羅整理《左傳》之記載，不但還原春秋時期列國的官制，也可據表相互比較各國官制之同異，其成果值得肯定。但是表中或因一時疏漏，或因過度採信《周禮》之說而產生一些闕誤，此亦毋庸爲之諱。

二、〈刑賞表〉

〈刑賞表〉中所列乃《春秋》所載列國刑罰和天子賞賜的種種事蹟。顧棟高在〈刑賞表敘〉中說明其對春秋刑賞的看法：

> 蓋聞有功不賞，有罪不刑，雖唐、虞不能以化天下…余觀春秋二百四十年，知天子之所以失其柄而旁落于諸侯，諸侯之所以失其柄而僭竊于大夫陪臣者，皆由刑賞之失政。爲之徵諸《經》、《傳》可考而知也。蓋當春秋之初，猶能爵命儀父爲諸侯，而伐鄭、伐曲沃，猶能誅叛討篡，刑賞未盡失也。乃伐鄭而射王中肩，伐曲沃而荀、賈尋爲晉所滅，其罪當滅國絕世，而天子不聞赫然震怒，列侯不聞敵王所愾。從此姑息養癰，馴至潰爛……夫君之所以威其臣者，大則誅殺，小則竄逐。乃當其始也，諸侯猶以專殺爲罪。其後大夫自相殺，若齊之殺國佐，晉之殺欒盈。或出于闇闈，或出于權臣，諸侯并不得過而問矣。其始猶以專放爲罪，其後大夫不待譴逐，自出奔以抗國君。若孫林父之奔晉，宋魚石之奔楚，借援大國，爲國生患，兵連禍結，易世不解。上不得以威其下，下反得以要其上矣。究其禍亂，安有底止！惟明天子振興于上，諸侯佐天子以大明黜陟，天下正，則一國莫敢不出于正。大夫佐諸侯以振飭紀綱，一國正，則家臣陪隸無有敢踰越犯分者。嗚呼！此孔子《春秋》之所爲作也。

（頁 1379～1380）

「有功不賞，有罪不刑，雖唐、虞不能以化天下」，刑賞是維持國家乃至於天下綱紀最重要的制度。顧氏認爲春秋時天子之權被諸侯僭越，而諸侯之權又遭大夫陪臣僭越，其關鍵所在乃刑賞失去作用。例如周天子最初仍掌有權柄，

所以可以封邾儀父，伐鄭、曲沃等違逆之國。然而伐鄭及曲沃不但未能施行有效的懲罰，繻葛之戰周桓王反遭鄭之祝聃射中肩，從周伐曲沃之茍、賈後反遭晉滅，天子威嚴遭受嚴重打擊，各國亦未有聲援周王室者，於是天子之刑賞逐漸失去作用。此一狀況於各國也是如此，刑賞失政，大夫專斷而相殺出奔頻傳，諸侯則失去統領臣子的威信。如此禍亂頻傳不止，是以國家日益衰亡。顧氏以為唯有天子振興於上，諸侯輔佐天子，大夫亦輔佐諸侯行刑賞之制，則上至天下，下至家國才能合於綱紀，也就沒有踰越規矩的情形。孟子說：「孔子成《春秋》，而亂臣賊子懼。」〔註21〕顧棟高認為孔子《春秋》之作，正是明刑賞而作，和孟子之言相合。〈刑賞表〉全表即在探究《春秋》刑賞之書法。

〈刑賞表〉將春秋之際的刑罰分成殺、刺、執、放、奔五類，各類又依據《春秋》記載之書法明其中褒貶之意。例如其評論公孫敖奔莒曰：「敖為慶父之子，再世負大惡，而其子孫仍為貴卿。又許其以喪歸，晏然若無是事者，自是人臣可以無惡不作矣。」（頁1409）慶父、敖兩世身負罪惡，其子孫仍居貴卿，此所以魯國之失刑政，臣下則肆無忌憚。《春秋》刑罰之載寓有褒貶之意，可從書法中得知其意。例如：「《春秋》書刺，殺所不當殺也。書肆大眚，赦所不當赦也。寬嚴俱失之矣。」（頁1397）顧氏提出《春秋》中書刺皆是殺所不當殺，如僖公刺公子買，成公刺公子偃之類；書肆大眚則是赦其不當赦，《春秋》記之以明刑政之失當。又如列楚子虔誘殺蔡侯、楚公子棄疾殺公子比、楚子執齊慶封殺之等三事為一表，顧氏說明《春秋》其中之書法：

> 此《春秋》之變文。以賊討賊，不辨曲直，故書楚子虔、蔡侯般，同斥其名。比不稱君，比不得為君也。棄疾不稱人，棄疾非討賊，不得稱人也。所謂輕重之權衡、曲直之繩墨也。慶封見執例，然亦弒君之賊，與泛執他國大夫有別，故從《春秋》討亂賊之例。（頁1384～1385）

蔡侯般、公子比、慶封皆是弒君之賊，理當受誅。然楚子虔身為弒逆殺慶封，並貪蔡之土地誅蔡侯般，公子棄疾因奪位而誅公子比，此二人或己身懷罪惡，或非為討賊而誅伐之，所以《春秋》記載之書法和誅弒君之叛逆不同，也就是所謂「《春秋》之變文」。《春秋》之變文用以明「輕重之權衡、曲直之繩墨」，

〔註21〕漢・趙岐章句，宋・孫奭疏：《孟子正義》（臺北：藝文印書館，民國70年，影印嘉慶二十年江西南昌學府重刊宋本），卷6下，頁5上。

也就是被誅者雖罪當誅，但誅殺者亦身懷罪惡，所以變文以記彼此之罪。以上皆〈刑賞表〉中明春秋刑罰失當之例。又春秋之時賞賜多僭謬，〈刑賞表〉則於春秋中賞賜失當者列榮叔錫桓公命、毛伯錫文公命和召伯錫成公命三條，表後案語：

> 以上書錫命三，皆志天王之僭賞也。最失禮者莫如虢公命曲沃武公為晉侯，綱紀從此大壞。其餘如成簡公追命衛襄公、劉定公之賜齊靈公命，皆僭賞之尤者，然春秋例皆不書。他如賜齊桓公、晉文公其有功者，亦不書，所以詳內而略外也。（頁 1421）

顧氏認為春秋之際周天子錫命中最失禮者乃虢公命曲沃武公為晉侯，因為武公以支庶亂國，周王之前還率列國討伐，此時卻因武公竊國成功，於是封其為晉侯，違禮甚矣；另外如成簡公追命衛襄公，劉定公賜齊靈公亦是違禮，《春秋》此三者皆不書，乃詳內略外之故。是以《春秋》書錫命者，皆周天子之僭賞，其政之不行自明。由〈刑賞表〉中各表，見《春秋》書載用意所在，春秋刑賞之失當亦歷歷在目。

三、〈王迹拾遺表〉、〈魯政下逮表〉、〈晉中軍表〉、〈楚令尹表〉〈宋執政表〉、〈鄭執政表〉

春秋時期各國的情勢變化可歸納出各國的政治狀況。顧棟高於〈總敘〉中說：

> 晉、楚爭衡，互為勝負，其當國主兵事者，《左氏》備載其人，列〈晉中軍〉、〈楚令尹表〉，以志二國盛衰強弱之由來。宋、鄭為天下之樞，晉、楚交爭，宋、鄭尤被其害，子產有辭，而諸侯是賴，向戌弭兵之說，而中夏遂靡，列宋、鄭二〈執政表〉，以志二國向背，關於天下之故。周室頹綱，魯亦守府，自襄王賜晉南陽而勢益不振，魯自僖公賜費而季日益強，列〈王迹拾遺〉、〈魯政下逮〉二表，以志周、魯陵遲，尾大不掉之漸。（卷前，頁 2）

這段話標注出顧棟高對於各國政治情勢發展關注的焦點在於各國的執政大夫上，也就是晉國的中軍將領、楚國的令尹、周王室的卿士、魯國的卿大夫和宋、鄭及魯國的執政。他認為晉、楚兩國爭衡是春秋的重要脈絡，而兩國掌兵者對於國勢的影響更是重大，故《左傳》對晉國的中軍將領及楚國的令尹多有記載，顧棟高編〈晉中軍表〉、〈楚令尹表〉即欲從表顯示兩國發展之概

況。宋、鄭兩國位處晉、楚兩國之間受害深遠，而宋、鄭兩國的執政者如子產、向戌對於當時的國際情勢影響頗鉅，所以有〈宋執政表〉、〈鄭執政表〉兩表顯示宋、鄭兩國國勢的起伏。對於周王室和魯國，顧氏亦將焦點關注在執政者上，也就是周的卿士和魯國的執政大夫。周王室之威權日頹，魯國則政權下移至大夫所掌，周之卿士和魯國執政大夫與此種情勢息息相關，所以編〈王迹拾遺表〉、〈魯政下逮表〉以明其中之興衰。〈總敘〉透露顧棟高對周、魯、晉、楚、宋、鄭的情勢發展特別留意，並且認爲各國情勢的變革興衰和執政大夫有密不可分的關係，所以從執政大夫的言行作爲即可瞭解該國的興盛，此即其編諸表之用意所在。

（一）〈王迹拾遺表〉

《春秋大事表》上列諸表中以〈王迹拾遺表〉爲先。〈王迹拾遺表敘〉對於周王室於東遷之後的情勢發展有詳細的論述：

> 東遷以後，政教號令不行於天下。然當春秋初年，聲靈猶未盡泯也。鄭伯、虢公爲王左右卿士，鄭據虎牢之險，虢有桃林之塞，左提右挈，儼然三輔雄封。其時賦車萬乘，諸侯猶得假王號令以征伐與國，故鄭以王師伐邾，秦偕王師伐魏。二邾本附庸也，進爵而爲子；滕、薛、杞本列侯也，降爵而爲子伯……虎牢已兼并于鄭，仍奪之還王朝；曲沃以支子簒宗，赫然興師而致討；衛朔逆命，子突救衛書王人；樊皮叛王，虢公奉命誅不服，庶幾得命德討罪、興滅繼絕之義。然鄭以懿親而且交質矣。曲沃之伐，不惟無功，日後苟、貫且爲晉所滅。甚至射王中肩，列國無爲王敵愾者。而僖王之世，命曲沃爲晉侯，貪寵賂，獎簒弒，三綱盡矣。嗣後王室益微，迨至晉滅虢，而襄王復以溫、原賜晉，舉崤、函之險固，河內之殷實，悉舉而畀諸他人。自是王朝不復能出一旅，與初年聲勢大異矣……爰自春秋始年，訖於獲麟，列王朝之事之散見《經》、《傳》者，都爲一編，于魯《春秋》之內得二百四十二年之周史，亦吾夫子之志也。（頁 1673～1674）

〈敘〉將周王室東遷後的情勢發展分成三段。東遷之初周王室雖罹犬戎之禍而遷都雒邑，對各國的政令效力減弱，但王室仍有相當之聲勢。此時鄭、虢爲左右卿士輔佐周王，周王室勢力還算強盛，所以此時各國多假王令征伐列國，王室亦能興師討伐衛、曲沃等逆命不服者。這樣的局勢之後有所改變：周、鄭交質使王室地位下降，隨後周伐曲沃不但失敗，跟從王師伐曲沃的荀、

賈二國後來反遭滅，王室的威信遭到踐踏；甚至周、鄭繻葛之戰，周桓王中箭而敗，周天子的地位更受到嚴重的打擊。之後周僖王甚至承認曲沃武公的合法地位，冊命其為晉侯，未予以懲罰。不論是各國不聽從周天子的號令，抑或周天子的獎懲失當，這些都是造成周王室地位下降的因素。然周之形勢日益衰微，則和地理形勢有關，即晉國掌握「崤、函之險固，河內之殷實」後，周王室之版圖日益受窘迫。歷經諸多變化，周王室便積弱不振，再也無法和東遷之初的形勢相比。所以顧棟高蒐集 242 年中《經》、《傳》記載周之事蹟者，編列為一表，以明孔子《春秋》存周之意。

〈王迹拾遺表〉蒐羅《經》、《傳》記載周之事蹟，依年編排成表，於各年之下列考當時之執政卿士，並於史事需要說明處附上各家說法，於重要事件之下則加以己論。例如顧棟高對桓公九年「秋，虢仲、芮伯、梁伯、荀侯、賈伯伐曲沃」評論曰：

> 是時王室猶能興師，諸侯猶能舉方伯連帥之職，輔嫡長以誅支庶，
> 名不為不正；五國奉天子之命，兵不為不多，而卒無功。自是芮、
> 梁為秦所滅，荀、賈、虢為晉所滅，秦築王城之險，晉阻桃林之塞，
> 而王令益不行于天下矣。（頁 1677～1678）

顧氏認為此時周天子仍能興諸侯之師討伐不正，雖名正而兵多，但最後卻無功而返。日後此次與伐的芮、梁、荀、賈、虢皆為秦或晉所滅，並據地築險，則周天子的勢力注定要日益衰微。此外如宣公十六年，王孫蘇因與召氏、毛氏爭政而殺召公和毛伯，王室因此發生動亂，王孫蘇於是逃到晉國，晉國則又協助王孫蘇復掌其政，顧棟高對此則曰：

> 王孫蘇于文十四年與周公閱爭政，致頃王之喪不赴。訟于晉而王不
> 直王孫蘇，宜即加斥逐，何待于晉。乃因趙盾復之之故，復使為
> 政……復以爭政故殺召伯、毛伯，其專肆無上亦甚矣。不即誅戮，
> 復使奔晉，而晉人復之。以天朝之貴不能處置一上卿，聽命大國如
> 屬吏，典刑安在哉！（頁 1694）

王孫蘇前後與周公閱及召伯、毛伯爭政，皆靠晉國之助而復位。顧棟高認為周匡王時即應逐王孫蘇；及至王孫蘇殺召伯、毛伯，周定王更應誅之，卻皆聽任晉國之處置，以天子不能處置上卿，反而聽命於諸侯國，刑賞之權蕩然無存，真如顧氏所言：「周室至此非唯不能治諸侯，并不能自治其大夫。」（頁1699）凡此種種，皆見春秋時周王室日漸衰頹之勢。

（二）〈魯政下逮表〉

〈魯政下逮表〉列魯國三桓掌政的經過，顧棟高於〈魯政下逮表敘〉表達其對三桓壯大的看法：

> 愚觀昭公乾侯之事，而知三家之所以蔓延不可制者，非獨三家之罪，亦魯之群公有以自取之也。何則？國家之患，莫大乎世卿。然相沿已久，不可驟革。季子有大功，而執政爲卿，宜也。叔牙以就鍼巫之酖，而業許爲立後。至如慶父胡爲者，通國母，弑二君，負滔天之惡，此斷斷宜絕其屬籍矣，而亦爲立後。逮其子敖，棄君命，從己氏，罪尤必誅不赦，而其二子儼然爲貴卿。從此三家遂如鼎足不可去一，父子再負重罪而寵榮不衰。此時魯之威柄已倒地，此根本之失，首宜歎息痛恨者也。（頁 1715）

顧氏指出三桓壯大的因素，並非只是「三家之罪」，更是起因於魯君之失刑典。三桓之中，季氏以季友有功而封氏掌政，此乃合宜之事。叔牙飲酖而許立後，或許也是當時季友的權宜之計，不得不然。但慶父以烝淫弑君之罪，卻仍爲其立後，此乃萬萬不可。何況慶父之子公孫敖亦犯必誅之罪，其子仍爲貴卿，如顧氏所言「父子再負重罪而寵榮不衰」，魯國君實失刑政而任由三桓壯大。魯國後來雖多次欲去三桓，但是都沒有適當的謀畫，終至失敗。所以顧棟高說「從來國家之欲去權臣也，必俟其有可指之罪，一朝卒然而去之。無使一擊不勝，至於再擊，則彼之聲勢益張，蟠附益固，而吾之國威亦頓挫。」（頁 1715）因此魯君日益失去權勢，三桓愈加壯大而掌權，其勢便不可挽回。

〈魯政下逮表〉亦如〈王迹拾遺表〉，自僖公元年開始編列《經》、《傳》所載史事，並引諸家說法補充，兼附己說之論斷，以明魯國政下大夫之迹。例如其在宣公八年公子遂卒之下論仲遂曰：

> 仲遂自僖公十六年季友卒即執國政，歷僖、文、宣三世，前後共三十八年，弑儲君，逐國母，窮凶極惡，較意如更甚，彼季氏其效尤者耳。（頁 1730）

顧氏認爲仲遂接季友之政，助宣公弑君篡位，並逐哀姜，獨斷專行更甚於之後的季孫意如，季氏之行徑實效仿仲遂而已。又如在成公二年鞌之戰論季孫行父：

> 季于是時恣意肆志矣。初爲卿時，猶壓于仲遂，遂死而己執政，而其子歸父專權，十年之間，歸父凡八見經。伐邾、伐莒，則歸父掌

兵權。會齊、會楚，則歸父專盟會，而行父僅一如齊。至是仇讎已
去，方悟威權之不可去手。適幸成公之懦弱，乃放意攬權……（頁
1736）

季孫行父最初因仲遂和公孫歸父掌權，所以受迫居下，至宣公十八年因公孫
歸父欲除三桓，行父便趁機逐東門氏，此後則專行獨斷不可遏止。鞌之戰正
值季孫行父專權恣意之時，所以顧棟高於此有所評論。顧棟高對於季孫行父
雖有所批評，但對公孫歸父去三桓之事卻也評價不高：

此事三傳及諸儒皆善歸父。以余觀之，歸父亦不能無罪。概不量力，
不度勢，輕以其君爲孤注，而與巨室爲難，鮮有不禍及公室者。幸
而公薨，而歸父身見逐爾。萬一宣公在，而果欲贊成此舉，彼歸父
以亂賊之子，而行父爲季友忠賢之後，且與蔑具有賢聲，國人與之
久矣，其能去乎！（頁1732～1733）

顧氏認爲公孫歸父雖欲除三桓，但並不能因此就肯定他的舉動。因爲公孫歸
父其父乃有篡逆之罪的仲遂，未經完善規劃欲逐當時有聲勢跟賢名的季孫行
父和仲孫蔑，實是不自量力的行爲。最後宣公卒而歸父被逐，未造成公室禍
亂，反而是魯國之幸。可見顧棟高認爲三桓專政雖爲魯國之害，但去除三桓
需要完善的規劃，不可輕易行之。〈魯政下逮表敍〉即言：

當日魯之欲去三桓，非一世矣，患在發之太早，謀之太踈。一發于
歸父，再發于僑如，三發于南蒯，至平子登臺之請而凡四矣。每一
發不勝，則三家之聲望益隆，國人之屬望益切。此非欲去之，直爲
三家立赤幟，助之翼而飛也。（頁1715～1716）

〈敍〉中將魯國四次除三桓舉動的失敗，歸因於謀畫和執行的不謹愼。每失
敗一次，反而助長三桓的氣焰使之更爲盛熾，最後則蔓延不可收拾。表中所
列事蹟和議論，正顯露三桓逐漸掌政之下魯國的政治情勢。

（三）〈晉中軍表〉、〈楚令尹表〉

在〈王迹拾遺表〉及〈魯政下逮表〉之後有〈晉中軍表〉和〈楚令尹表〉。
顧棟高於〈總敍〉言：「晉、楚爭衡，互爲勝負，其當國主兵事者，《左氏》
備載其人，列〈晉中軍〉、〈楚令尹表〉，以志二國盛衰強弱之由來。」春秋時
期晉、楚相爭爲政治局勢發展之核心脈絡，而晉國的中軍將領，楚國的令尹
爲二國的執政大夫，在爭盟過程中就扮演關鍵角色，因此顧棟高編輯二表以
明其盛衰的變化。〈晉中軍表〉、〈楚令尹表〉和前二表不盡相同，表中依年編

列史事後，顧棟高很少針對事件加以評斷。雖然表中甚少顧氏個人的意見，但是顧棟高編此二表以標舉中軍、令尹與晉、楚兩國興衰相關的用意十分明顯。〈晉中軍表敍〉即言：

> 中軍本司徒之職，晉以僖侯諱廢司徒爲中軍。自翼侯以前未入春秋，故其時中軍不著。文公圖伯以後，世有賢佐，國以日強，諸侯咸服，雖經靈、屬無道，而小國不敢叛。自韓起雖賢而弱，末年漸不能制其同列。范鞅更爲黷貨，趙氏繼之，與范、中行相仇怨，晉以失伯，而三分之勢遂成。嗚呼！考其次第，亦治亂得失之鑒也。（頁1778）

此段〈敍〉論晉中軍之職的起由值得商榷，[註22]不過對中軍將領和晉國盛衰的關係卻有很精確的描述。自晉文公稱霸後，晉之中軍將領都能以賢臣任職，此晉國所以強盛不衰，各國相繼臣服的原因。但這樣的局勢卻因爲六卿之間的互相角力而改變，最終釀成三家分晉而晉亡。〈晉中軍表〉自僖公二十七年作三軍始，以中軍將領爲核心，將晉國的軍事行動詳列於表中，從中即可得見歷代中軍將領的才能，以及晉國興衰的始末。

至於令尹和楚國興衰的關係，〈楚令尹表〉亦可得見一二。〈楚令尹表敍〉先對楚國執政之制度簡述其變化：

> 十一年莫敖屈瑕盟貳、軫，敗鄖師於蒲騷。時則莫敖爲尊官，亦未有令尹之號。至莊四年武王伐隨，卒於樠木之下，令尹鬬祁、莫敖屈重除道梁溠，營軍臨隨。令尹與莫敖並稱，亦不知其尊卑何別也。嗣後莫敖之官，或設或不設，間與司馬並列令尹之下。而令尹以次相授，至戰國猶仍其名。其官大都以公子或嗣君爲之，他人莫得與也。其軍制則分爲二廣，中軍不必皆令尹將。邲之戰，沈尹將中軍，

[註22] 所謂中軍乃中軍將領之省稱。顧氏此處以爲晉有中軍之職起於僖侯之時，乃據杜《注》解釋《左傳·桓公六年》「晉以僖侯廢司徒」云：「僖侯名司徒，廢爲中軍」（《春秋左傳正義》，卷6，頁23上）而來。然晉有中軍，當起於晉文侯立三軍。〈晉中軍表敍〉始即言：「閔公元年，晉獻公始作二軍，公將上軍、太子申生將下軍，以滅耿、滅霍、滅魏，時尚未有中軍也。僖公二十七年，文公蒐于被廬，作三軍，謀元帥，使郤縠將中軍，郤溱佐之，中軍于是始。」（頁1777）李隆獻：《晉史蠡探——以兵制與人事爲重心》（臺北：國立臺灣大學中國文學研究所博士論文，1992年）一文下編第二章第一節亦論晉有中軍之職始於作三軍。則晉有中軍將領之職當始於僖公二十七年，晉文公之前並無中軍之職。顧氏既於〈列國官制表〉認爲杜預之意爲：「謂廢司徒爲中軍者，杜蓋據後事言也。」（頁1039），而此處又誤以爲晉文公之前有中軍，其中謬誤顯然。

而孫叔敖不與：〔註23〕鄢陵之役，司馬子反將中軍，令尹子重將左。
蓋楚以令尹當國，而司馬則專主兵事，將相微分，與晉制略異矣。
子辛多欲，而陳棄楚即晉，囊瓦貪而信讒，而唐、蔡道吳入郢，迹
其利害，班班可考焉。自令尹鬬祁而下，歷二十三年，而子元欲蠱
文夫人，中更文王、堵敖兩世不著其令尹姓氏，獨哀十七年子穀對
葉公之言可以參考而互見，聊復補之以俟篤于《左氏》者之考定云。
（頁1811）

楚國最初執政爲莫敖，至楚武王時則莫敖、令尹並見，之後莫敖衰落，令尹
遂爲楚之執政。楚國以令尹當國，但佐之《左傳》所載不必皆帥領中軍，乃
因楚另有司馬之職來專主兵事。除有〈楚令尹表敘〉論令尹之起源，顧棟高
於表後附〈春秋楚令尹論〉一篇，評論楚令尹制的完善：

國家之勢，不外重則内重，外重之弊，權奪于異姓，内重之弊，勢
落于宗藩……我觀春秋之世，晉分於韓、趙、魏，齊篡於陳氏，此
外重之弊也。魯之政逮於三桓，衛之政由於孫、甯，宋之亂鍾於華、
向，〔註24〕此内重之弊也……楚以蠻夷之國，而自春秋迄戰國四五
百年，其勢常強於諸侯，卒無上陵下替之漸者，其得立國之制之最
善者乎！楚以令尹當國執政，而自子文以後，若鬬氏、陳氏、蒍氏、
蓬氏、陽氏，皆公族子孫，世相授受，絕不聞以異姓爲之，可以矯
齊、晉之弊。然一有罪戾，隨即誅死。子玉、子反以喪師誅，子上
以避敵誅，子辛以貪欲誅，子南以多寵人誅，絕不赦宥，可以矯魯、
衛、宋之弊。以肺腑而膺國重寄，則根本盛強；以重臣而驟行顯戮，
則百僚震懼。且政權畫一，則無牽制爭競之病；責任重大，則無諉
罪偷安之咎。楚之國法行而綱紀立，於是乎在。（頁1840）

顧棟高認爲國家若不外重則内重，然兩者皆有弊病。外重則異姓貴族奪權，
後果則如三家分晉、陳氏篡齊；内重則宗藩勢盛，最後即如魯國政下三桓。
然楚國令尹之制則可矯正二者之失。楚之令尹皆以公族之子孫任職，可以避
免外重之弊；而令尹一旦有罪即誅，絕不寬赦，則又可以避免内重之失。楚
國可以維持國勢興盛不墜，顧氏即主張與令尹之制有關。〈楚令尹表〉全篇從
莊公四年始依年編列該年之令尹以及相關史事，楚國發展之興衰，透過表列

〔註23〕中華書局本「而孫叔敖不與」之後缺句號，今補正。
〔註24〕中華書局本「孫、甯」和「華、向」中間缺頓號，今補入。

一一呈現。〈晉中軍表〉和〈楚令尹表〉將兩國制度的變化和國勢之升降，透過表的編排顯露無遺，精確掌握了春秋之際晉、楚兩大強國的發展概況。

（四）、〈宋執政表〉、〈鄭執政表〉

關於宋、鄭二國，《大事表》有〈宋執政表〉及〈鄭執政表〉。前引〈總敘〉言：「宋、鄭爲天下之樞，晉、楚交爭，宋、鄭尤被其害，子產有辭，而諸侯是賴，向戌弭兵之說，而中夏遂靡，列宋、鄭二〈執政表〉，以志二國向背，關於天下之故。」宋、鄭因地處晉、楚交接的樞紐位置，所以晉、楚長年相爭，兩國往往受害。正因爲地處樞紐，所以兩國執政的策略不但影響國家的未來發展，更牽動天下情勢的變化。例如〈宋執政表敘〉言：

> 中州爲天下之樞，而宋、鄭爲大國，地居要害，國又差強。故伯之未興也，宋與鄭常相鬭爭。逮伯之興，宋、鄭常供車賦，潔玉帛犧牲以待于境上，亦地勢然也。顧春秋時宋最喜事，春秋之局大變自宋起。當齊桓之伯，宋嘗先諸侯以求盟。桓死而襄繼之，求諸侯于楚，卒至執于盂，傷于泓，楚遂橫行不可制，而春秋之局于是乎一變。繼恃其有禮于晉公子，逮公子反國，首先輔晉成伯業，鄭、衛、陳、蔡翕然從服，而春秋之局于是乎再變。最後華元欲合晉、楚，向戌以弭兵爲名，令晉、楚之從交相見，卒至宋、虢之盟，楚先晉，黃池之役，吳先晉，舉中原之勢凌夷而折入于吳、楚，悉向戌爲之禍首，而春秋之局于是乎三變……敘其次第于南北勝復之故，有深感焉，亦春秋升降之一大機也。其執政不拘一官，孔父以大司馬，華督以太宰，華元以右師，向戌以左師，樂喜以司城，與晉、楚又異。（頁1843）

宋、鄭地居各國往來之要害，在春秋初期兩國常相爭鬥，之後晉、楚霸權興起，則只能聽命于強國。顧氏認爲春秋之局勢變化和宋國多有關係。春秋早期宋國先求盟於各國，至宋襄公時意欲接續齊桓霸業聯合各國對抗楚國，但未能和楚國相抗衡，楚國之勢如旭日中天，此其所謂一變。接著宋國輔佐晉國稱霸，對抗楚國，而又再變。後華元、向戌調和晉、楚之爭，最後導致吳、楚之勢凌駕中原，局勢至此又一變。至於宋執政大夫之職，以大司馬、太宰、右師、左師、司城等職兼任，和晉、楚固定之職不同。

顧棟高編輯〈宋執政表〉以列考宋國歷來執政大夫成表，篇中除引《經》、《傳》所載宋國事蹟外，更多論及春秋之局勢，用意即在凸顯宋國的舉動牽

涉天下的局勢。例如桓公十四年宋聯合齊、蔡、衛、陳攻鄭，表中案語曰：「宋莊以責賂無厭，鄭即背宋，宋即仇鄭，反覆無常，市賈小人，猶不至此。」（頁1847～1848）蓋著眼於春秋初期宋、鄭兩國之關係，對宋莊公先輔助鄭厲公得國，一旦求賂不得即攻鄭的行徑，提出嚴厲的批評。又如宣公十五年，宋國以華元為質而與楚平，顧氏對此情勢則曰：「中國所恃一宋，宋及楚平，而魯以望國亦先期薦賄，使楚莊更二十年不死，中國其殆哉！」（頁1866）此語點出宋國的重要性以及當時楚國的強橫。正如〈敘〉中對華元、向戌弭兵的批評，表中亦對弭兵持續貶斥，如昭公八年下的案語言：「向戌為弭兵之說，使晉按兵不動，坐視楚之殘暴，而又遣兵助楚為虐，則前日之弭兵，特專為楚耳，與宋之秦檜何異。」（頁1878）顧氏認為向戌提出弭兵之議，造成晉國坐視楚國恣意擴張勢力，其行徑亦如宋代的秦檜為求短暫的和平而謀和於金一樣。這些都是以天下利害的角度針對宋國地理的重要性以及弭兵對春秋局勢的影響提出評論。

　　鄭國和宋國同居楚與諸夏之間，地理位置亦十分重要，所以長年深受晉、楚爭盟之害。不過鄭之情勢和宋則有不同，〈鄭執政表敘〉論鄭國曰：

> 明時勢，識利害，常首鼠晉、楚兩大國之間，視其強弱以為向背，貪利若鶩，棄信如土。故當天下無伯則先叛，天下有伯則後服……每間伯主之有事，則侵伐小國以自益。晝伏夜行，竊食盆盎，常懼人覺者，鄭之謂也。然亦因此得保其國，常倔強于諸侯間。以中國四戰之地，迭受晉、楚之侵伐，而能國威不挫，民力不疲。雖當晉、楚之伯已衰，猶能與宋相鬥爭者，蓋亦地勢使然。其君臣積習之久，而遂成為風俗歟？（頁1893～1894）

鄭國夾於晉、楚之間，其生存之道在於視當時晉強則依晉，若楚國勢強則轉靠楚。所以顧棟高批評鄭國若中國無霸主興起則必先投楚，若有霸主興起則最後臣服。至於霸主有他事不關注鄭國時，鄭國則侵伐鄰近小國以充實國力。夾處晉、楚之間屢遭侵伐，但又能夠維持相當的國力，這就是鄭國投機保國之道。依勢而動乃鄭國的發展策略，顧氏認為此乃君臣積習日久而形成的風氣。所以〈敘〉中接著論述鄭國歷代的執政言行：

> 鄭之君且勿論，其大臣執政如子良、子駟、子展之徒，遞掌國政五十餘年，其謀議具見於《左傳》。子良之言曰：「晉、楚與其來者可也。晉、楚無信，我焉得有信。」子駟之言曰：「犧牲玉帛，待于二

境，以待強者而庇民焉。」子展之言曰：「吾伐宋，晉師必至，使晉
師致死于我，楚弗敢敵，而後可固與晉。」其揣量兩國之情形狡矣
黠矣。故其術常出于頑鈍無恥，卑污忍垢，民鮮罹戰鬬之苦，而有
征賦之擾，其時國勢亦賴以少安。子產繼之，能折衷于大道，適遇
向戌弭兵，兩事晉、楚，能事楚而不受楚害，事晉而不為晉屈，本
之以禮，而善其辭令，故仲尼稱之，有君子之道。蓋委蛇以從時，
權宜以濟變，又非黠之謂矣……鄭自中葉以後，執政之上更有當國。
蓋自襄二年鄭成公卒，介于晉、楚，國家多難，成公命子罕當國攝
君事，非常法，自後子駟、子孔、子展世有當國之號。其執政常不
依卿之位次，子皮父子世為上卿，位居子產之上，與魯、宋又異。（頁
1894～1895）

根據《左傳》的記載，鄭國歷代當國執政者如子良、子駟、子展等人，其執
政時對晉、楚兩大強國的政策都是參酌情勢而依靠當時強權，可見其狡詐的
心態。也因此這種「頑鈍無恥，卑污忍垢」的政策，造成人民只有田賦的重
擔，但少戰爭帶來的苦痛，國家也能得以苟延。至於子產當國之時，雖兩事
晉、楚，但是能遵循禮度，不為強國所屈，顯現和其他執政大夫不同的行事
風格，所以孔子極稱讚之。鄭國掌國之制，最初只有執政，後在執政之上有
當國，其執政則不依循卿位之尊卑，和魯、宋等國之制不同。

〈鄭執政表敘〉將鄭國執政之制進行簡略的說明，指出鄭國核心政策亦
在於屈服於兩國之間，〈鄭執政表〉則依循此脈絡勾勒春秋時期鄭國之政治情
勢。例如襄公三年「六月，從晉會諸侯，同盟于雞澤，鄭暫從晉」下的案語：

鄭首鼠于晉、楚之間，惟強是聽。至是以楚共集矢之故，兼從楚者
五年，晉厲三假王命以討之而不服。至悼公合天下之諸侯，扼其險，
而乃聽命。鄭可謂嗜利而尚詐，易叛而難服者矣。（頁 1925）

鄭國於襄公三年之前因楚國強大而從楚，晉厲公屢次討伐皆未能服鄭，至此
年晉悼公稱霸轉向暫從晉，由此可見鄭國的確「易叛而難服」。鄭國的基本政
策雖大抵如是，但實際政策仍會受到執政大夫的影響。例如〈鄭執政表敘〉
對子產執政即十分讚許，此外定公十二年下的案語則論子太叔與駟歂曰：

子太叔嗣子產政，雖無可稱，然猶安靜無事。至駟歂為政，結衛以
叛晉，滅許而仇宋，且顯然助叛人伐王室，悖逆已甚。是時晉、楚
俱衰，而鄭亦末世，春秋將為戰國矣。（頁 1943～1944）

子太叔執政時大體無事而無大差錯，後來駟歂繼子太叔爲政，趁晉、楚兩大強權已衰，不斷生事，聯合衛國叛晉、滅許、侵宋，並且幫助王子朝作亂，兩人之高下差別可見。是以鄭之執政成績深受執政大夫影響，此即顧棟高作〈鄭執政表〉之意。

《春秋大事表》中〈王迹拾遺表〉、〈魯政下逮表〉、〈晉中軍表〉、〈楚令尹表〉〈宋執政表〉、〈鄭執政表〉諸表將周、魯、晉、楚、宋、鄭於春秋之發展以表陳列，使人容易掌握其大體情勢。其中〈王迹拾遺表〉、〈魯政下逮表〉旨在說明周之日益衰頹，魯之政下大夫，此皆局勢之衰落者。〈晉中軍表〉、〈楚令尹表〉則標舉晉、楚之強盛，以二國之爭爲春秋之核心脈絡。至於〈宋執政表〉、〈鄭執政表〉則說明宋、鄭兩國夾處晉、楚之間，其計略即在於如何在夾縫中求生存，所以宋之弭兵，鄭之伺機而動則成爲保國之道。此六表將春秋各國情勢展示其變化，核心則繫諸執政大夫之上。是以各表將執政大夫對國勢的影響，透過史事的排比加以顯露，所以如鄭之子產、晉之趙盾、楚之子文等大夫對國勢極有助益，至於魯之季孫意如、楚之囊瓦等則爲禍頗鉅。從執政大夫之興替來關注各國春秋的發展，可以說是顧棟高機杼獨運之處，此一研究觀點也爲後來學者所繼承。〔註25〕是以於各年之下詳細考列當時之執政大夫，也就成爲各表中的核心。表中多根據記載和考證詳列各年之執政卿大夫，於不可考者則闕之，此種方法本是十分客觀，但顧氏有時欲清楚交代前後執政的交接時間，以致產生一些疑誤。例如〈王迹拾遺表〉僖公四年周之卿士爲虢公、周公忌父，五年爲虢公、宰孔，六年爲宰孔、周公忌父，周公忌父四年爲卿士，五年如表所列則非卿士，六年卻又爲卿士，《左傳》未有記載，不詳顧氏如此排列之由。又表中昭三年周之卿士列成簡公，但《左傳》中成簡公最早見載於昭公七年，亦不詳其提前之根據。顧棟高本欲以表詳細標誌各年之執政大夫以明興替沿革，然而其間交替之時於《經》、《傳》之中未必可考，欲求其銜接無間，有時不免造成疑誤。除此缺失之外，顧棟高有些論斷凸顯個人的偏見，例如對宋、鄭兩國的評論即值得商榷。顧氏衡量宋、鄭兩國之春秋態勢，其焦點在於二國「關於天下之故」，所以對於宋國

〔註25〕例如李玉潔《楚國史》（開封：河南大學出版社，2002 年），頁 96～100 及頁149～157 對於楚國令尹的制度和歷代令尹對楚國政治的影響皆有詳細的論述。此外李隆獻《晉史蠡探──以兵制與人事爲重心》下編第二至三章對中軍將領的制度和更替有所考述，並從中軍將領（國政）興替爲脈絡分析其對晉國國勢的影響。

向戌、華元弭兵之舉，鄭國遊移晉、楚之間的舉動有所批評，認爲宋國放縱楚國的強盛，鄭國的行爲則有如點鼠，帶有強烈的夷夏意識進行批判。從宏觀的角度分析宋、鄭之情勢是顧表的特色，卻忽略宋、鄭二國夾處晉、楚之間，能求生存已是十分艱難，是以弭兵、鼠尾之舉皆不得不然。以子產之賢，亦不可避免事于晉、楚之間，不同他人之處在於子產能以德爲優先而處置得當罷了。況晉國並非興盛不衰能永保宋、鄭，二國不可能憑恃晉國而不亡，如果宋、鄭無任何措施，任憑楚之欺凌而亡國，則楚對北方諸侯的威脅恐怕會更嚴重。就此而言，其對於宋、鄭的評論似乎過於苛刻。〈王迹拾遺表〉、〈魯政下逮表〉、〈晉中軍表〉、〈楚令尹表〉〈宋執政表〉、〈鄭執政表〉對於瞭解春秋各國發展之概況極爲便利，但這些缺失在閱讀時應該稍加注意才不至於有所偏誤。

第三節　軍事類諸表

　　《左傳》中有關軍事戰爭的記載相當多，從戰爭前的各種準備謀劃，到戰爭中交戰的場景，都有很深入的刻畫。《春秋大事表》根據《經》、《傳》的記載，將春秋的軍事活動歸類成〈田賦軍旅表〉、〈齊楚爭盟表〉、〈宋楚爭盟表〉、〈晉楚爭盟表〉、〈吳晉爭盟表〉、〈齊晉爭盟表〉、〈秦晉交兵表〉、〈晉楚交兵表〉、〈吳楚交兵表〉、〈吳越交兵表〉、〈齊魯交兵表〉、〈魯邾莒交兵表〉、〈宋鄭交兵表〉、〈齊紀鄭許宋曹吞滅表〉、〈兵謀表〉等表，從中可見春秋時期軍事活動的大體樣貌。

一、〈田賦軍旅表〉

　　田賦制度和軍事的關係密不可分，田指田稅，乃徵收土地上的歲收，賦則爲軍賦，即徵收軍事所需的人力物力。田賦制度的良善是國勢強大的基礎，亦即國家維持軍力強盛的必要因素。〈總敘〉曰：「稅以足食，賦以足兵，乃魯稅畝而田制壞，作丘甲而兵制亦壞，列〈田賦軍旅表〉，以志強臣竊命、損下剝上之實。」（卷前，頁 2）是以〈田賦軍旅表敘〉之作乃欲明魯三桓壯大而公室衰落之勢。〈田賦軍旅表敘〉曰：

　　　　周制授田以井，井九百畝，中爲公田，八家耕之，歲貢其入于上，
　　　　餘私田得以自食，所謂助而不稅。其賦兵則九夫爲井，四井爲邑，

四邑爲丘，四丘爲甸，甸六十四井，出長轂一乘，甲士三人，步卒
七十二人，大率以五百七十六夫而出七十五人，以次更調。此周制
田賦軍旅之大略也。自宣十五年初稅畝而田制始壞，私田始有征矣。
成元年作丘甲而兵制始壞，每丘出一甲士，一甸之中凡出四甲士矣。
其始不過欲加賦以足用，益兵以備敵。至襄十一年作三軍，三分公
室而各有其一。昭五年舍中軍，四分公室，季氏擇二，二子各一，
皆盡征之而獻于公。自是公室徒擁虛器于上，向之增賦爲三家增之
爾，公室不得而有也。向之益兵爲三家益之耳，公室不得而役也。（頁
1423）

文中提出周代的田賦制度乃結合井田之制而成，也就是公田由從農者助耕，
公田之收入歸國家而私田不抽稅，軍賦則是由一甸出戰車一輛，甲士三人，
步卒七十二人。此一制度至春秋初仍循此法，但魯國自宣公時初稅畝，成公
時作丘甲，即宣告周代田賦制度開始崩壞。作丘甲是爲擴充軍隊的兵源，因
此魯國至襄公時便擴充至三軍，軍力達到頂峰。但是三軍所帶來的負擔十分
沈重，所以至昭公時則廢中軍回歸二軍之制。不論作三軍或是捨中軍，三桓
皆分公室之民而擴充自我勢力，公室的力量則從中被削弱。魯國田賦軍旅制
度的改變不但反映春秋軍賦制度的變革，也凸顯了三桓壯大的過程。

魯國田賦軍旅之制的變化，〈敘〉中已有清楚的陳述，表中列初稅畝、作
丘甲、作三軍、舍中軍、用田賦五條《春秋》的記載，並引《左傳》和歷來
注解以明其中變化，兼而凸顯公室因此威信低落、三桓因此壯大的脈絡。〈田
賦軍旅表〉以列魯國田賦軍旅之制明三桓竊命之事爲主，但表中亦將列國田
賦軍旅之制附錄成表，例如鄭國的偏伍、晉國的州兵和楚國的乘廣等等，使
人見之可知春秋各國田賦軍旅之制。

〈田賦軍旅表〉將各國的田賦、軍制以表列出，使其制度眉目清楚。可
是表中卻有些疵漏。例如取材不足，歷代典籍如《國語》、《史記》、《管子》
等諸書中對春秋田賦軍旅之制也多有記述，實可補充相當多的材料以勾勒更
詳細的田賦軍旅樣貌。《春秋大事表》對春秋制度之引據大體不出《春秋》及
《左傳》之外，此顧氏取材之原則，不可深責，但就《左傳》記載而言，卻
仍有未收入者。以田賦制度爲例，《左傳》襄公二十五年記載「楚蔿掩爲司馬，
子木使庀賦，數甲兵。甲午，蔿掩書土田，度山林，鳩藪澤，辨京陵，表淳
鹵，數疆潦，規偃豬，町原防，牧隰皋，井衍沃，量入脩賦，賦車、籍馬，

賦車兵、徒卒、甲楯之數。」〔註26〕對於楚國的軍賦制度有很詳細的論述，但表中未收。軍旅之制方面，《左傳》襄公二十四年記載「楚子爲舟師以伐吳」〔註27〕見楚國首次以水軍伐吳，是楚有水軍之證，表中亦未收入。上列這些皆應收而未收者。除了取材上未能蒐羅齊全外，表中的論述亦有值得商榷之處。例如論軍旅之制以爲「周制，車一乘有甲士三人，步卒七十二人」（頁1429），所根據的乃是杜《注》引《司馬法》之說。不過《司馬法》出於戰國，是否反映當時之制，不無問題。〔註28〕此類皆〈田賦軍旅表〉存在的缺失，亦不可不察。

二、〈爭盟表〉

顧氏於〈總敘〉言：「霸統興而王道絕，周室夷爲列國；霸統絕而諸侯散，列國淆戰爭，列〈爭盟〉凡五、〈交兵〉凡七，以紀春秋盛衰始終、矜詐尚力、強弱并吞之世變。」（卷前，頁2）是以〈爭盟表〉、〈交兵表〉皆留意列國相爭，〈爭盟表〉和〈交兵表〉之差別在於〈爭盟〉乃霸權之間相爭，〈交兵〉則舉凡國家之間長年有兵事相交者皆列成表。是以〈爭盟表〉列齊楚、宋楚、晉楚等相爭之事，而〈交兵表〉則齊魯、宋鄭、魯邾莒互相爭戰之事亦列入。此外〈爭盟表〉著重在「爭盟」，對外交勢力的彼此消長亦在關注之中，所以表中不限於征伐之載，盟會記述也羅列其中。〈交兵表〉則只著重彼此征伐，所以〈爭盟表〉、〈交兵表〉雖皆列晉楚之事，但焦點則略有不同。〈爭盟表〉、〈交兵表〉皆有關軍事征戰，所以本文歸入軍事類予以討論。

〈爭盟表〉共有五表，列齊楚、宋楚、晉楚、吳晉、齊晉等霸權相爭之

〔註26〕 晉・杜預注，唐・孔穎達疏：《春秋左傳正義》，卷36，頁14上～16下。

〔註27〕 同上注，卷35，頁26上。

〔註28〕 關於春秋車戰之制，杜預在《左傳・隱公元年》注曰：「古者兵車一乘，甲士三人，步卒七十二人。」（《春秋左傳正義》，卷2，頁18下），孔穎達於《左傳・宣公十二年》有相同的說法，明稱爲司馬法之制。但鄭玄在《周禮・地官司徒・小司徒》注引司馬法則曰：「革車一乘，士十人，徒二十人。」（《周禮注疏》，卷11，頁6下），是司馬法之制本身即有異說。童書業《春秋史》和顧德融、朱順龍《春秋史》引《詩經・閟宮》「公車千乘……公徒三萬」等文獻，以爲鄭玄所引之說較合典籍的記載，即一車配置三十人。楊伯峻《春秋左傳注》謂「以《左傳》考之，閔二年，齊侯使公子無虧帥車三百乘，甲兵三千人以戍曹，是一車用甲士十人。僖二十八年，晉文公獻楚俘于王，駟介百乘，徒兵千，一車徒兵亦十人。」（頁13）則以爲春秋一車配置甲士十人，徒兵十人，共二十人。兩說皆有文獻依據，未詳孰是，但皆不採杜預步卒七十二人之說。

事，各表約略以時間先後爲序，從中可見「春秋盛衰始終」（〈總敘〉，卷前，頁 2）。從五表之次序可以看出，春秋以抗楚爲核心脈絡，齊、宋、晉三國皆和楚相爭，特別是晉國自文公稱霸之後，歷世皆以抗楚爲業，兩國相爭最久。晉國後期連吳抗楚，造成吳國壯大，之後反而和晉國爭盟主。最後齊景公圖霸和晉國相爭，已至春秋之末世。書中對於列國爭霸之迹，皆有所論述。例如齊楚相爭，〈齊楚爭盟表敘〉曰：

> 五霸之中，仲尼獨許齊桓，然論者謂自桓伯而天下遂不復知有王。吾謂春秋之世之趨于伯，非自桓始也。桓八年，楚已合諸侯于沈鹿矣。十一年，屈瑕盟貳、軫矣。脫無齊桓，而天下之勢將遂折而入于楚……然而齊桓攘楚之功十分不及晉文之一，何也？城濮一戰，而天下翕然宗晉，齊桓盟召陵，未踰年而楚人滅弦，又踰年而楚人圍許、滅黃、伐徐，楚之桀驁曾不能稍減其分毫，故穀梁子謂桓之得志爲僅此，非桓之劣于晉文也。管仲與子文並世而生，管仲有節制之師，而子文亦有持重之計，召陵之役，按兵不出，遣屈完如師，方城、漢水數言，隱然有堅壁清野，以逸待勞之計，故桓不得已成盟而退，于楚未大創，故天下從違之勢未分也……齊桓之志，志在服鄭而已，當日北方多故，桓公之爲備者多，狄病邢、衛，山戎病燕，淮夷病杞，伊雒之戎爲患王室，方左支右吾之不暇，明知天下之大患在楚，而未暇以楚爲事，以爲王畿之鄭能不向楚，則事畢矣，故終其身竭力以圖之。（頁 1951～1952）

顧氏對於齊桓公的霸業十分讚許，認爲楚國於魯桓公時已成霸權，若齊國當時未稱霸，則天下將任由楚之暴虐。但是顧氏也提出齊桓公抗楚之功不及晉文公，因爲晉文公城濮一戰之後，天下皆以晉國爲霸主；齊桓公雖有召陵之會，但楚國隨後相繼滅弦、黃，攻許、徐，可見是會對楚國並無約束作用。造成這樣的差別是因爲城濮之戰重創了楚國，但召陵之役適逢楚國子玉掌政，雖以管仲之賢，未能挫楚國之威，只能盟會而退。而且齊桓公時，天下外患甚多，狄、山戎、淮夷、伊雒之戎暴虐中國，齊國必須安定四方，未能專事對付楚國。所以齊桓公對付楚國的勢力，以安定鄭國爲目的，未能圖進一步和楚相抗衡。綜合這些因素，晉文公抗楚之功較齊桓公高，但這乃當時情勢所造成，並非齊桓公劣於晉文公。

接繼齊桓公和楚國相抗者乃宋襄公，顧氏作〈宋楚爭盟表〉以明宋楚爭

衡之事。但眾所周知，宋襄公終未能和楚國相抗，泓之戰大敗之後隔年即卒。〈宋楚爭盟表敘〉對宋楚爭盟評論曰：

> （宋襄）方齊桓之卒也，汲汲乎欲代其任，而首先與齊戰，幸而一勝，則翹然自喜，以為天下莫與敵。于是一會虐二國之君，五年之中，無歲不興師，伐曹，伐鄭，馴至挑不測之強楚，軍敗國蹙，旋以身斃。嗚呼！其輕用民力若是，雖使齊、晉之大，其能有濟哉！夫以晉文之兵力，猶兢兢示禮、示信、示義，逮合齊、秦兩大國而後敢與楚戰。宋襄以孤軍單進，又不乘險擇利，雖以晉文處此亦必敗，而況小國乎！（頁1969～1970）

顧棟高對宋襄公乘齊桓公卒後亟欲代之稱霸，耗費民力而四處興兵的行為不以為然。他在表中論宋襄公藉齊桓公託孤於己而攻齊佐立孝公之事，說「齊桓託孤已是莫須有，況云管仲」，根本是「宋襄誣死而誑生者之辭」（頁1972），對宋襄公藉此使齊國落入掌控的行為提出批判。宋國雖然四處興師，但最後仍敗於楚國，〈敘〉中提出晉文公和楚相抗仍要小心謹慎，合齊、秦之力才能戰勝楚國，但泓之戰宋襄公只以一國之力，又不肯趁楚之未備加以攻擊，導致傷股戰敗，乃咎由自取。所以宋楚雖稱爭盟，實際上宋未能和楚相爭。

楚國的勢力於齊桓之時已日益壯盛，宋襄之時更強悍不能抑止。能和楚國相抗者，實要待晉文公之崛起。〈晉楚爭盟表敘〉對晉文公的稱霸評述曰：

> 孔子曰：「晉文公譎而不正，齊桓公正而不譎。」子朱子專以伐楚一事言之，其說蓋原于杜氏。愚竊意其非然也。論其譎與正之大者，如齊桓不納鄭子華之請，而晉文因元咺執衛侯，齊桓定王世子而拜天子之胙，晉文則至請隧，其規模之正大，事事不如齊桓。至論城濮之戰，則勝召陵遠甚，何則？召陵雖盟，而楚滅弦圍許，毫無顧忌，蔡、鄭亦未敢即從齊。至如城濮一勝，而天下之諸侯如決大川而東之，其功之大小寧可以數計哉！論者曰：晉不宜伐衛以致楚，尤不當矜兵力以求必勝，其說皆非也。論當日從楚之罪，則曹、衛為罪首，何則？楚之最近者許、蔡，其次則陳，又其次則鄭。諸國之從楚，實迫于不得已。若衛為北方大國，而曹介在齊、魯之間，與楚風馬牛不相及，又均為文昭之後，其相率而從楚何為者。原楚之意，不過欲結衛以掎晉，結曹以來齊、魯，使天下諸侯俱南面朝楚而止耳。此門庭之寇，匪直為報怨之私而已也。且論者之意果以為晉不伐衛而遂可以勝楚，晉不

> 勝楚而晉遂可以伯乎，尤非也。不勝楚則楚之虐燄未息，而不伐曹、
> 衛，勢必加兵于陳、蔡、鄭、許，目前齊、宋之急未易解也。且使晉
> 而勤兵于四國，勞兵頓師，而楚檄曹、衛議其後，令楚反得仗義之名，
> 而晉有孤軍轉戰腹背受敵之苦，勝負未可知，孰若廄方張之寇于大河
> 四戰之地，一舉勝之，爲中原立赤幟？聖人宜錄其不世之功，不宜以
> 爲譎而訾之也。（頁 1981～1982）

歷來評論齊桓公和晉文公霸業者，都著重本於孔子所言「晉文公譎而不正，
齊桓公正而不譎」加以評斷，顧棟高則以爲應以史實來衡量。〈敘〉中提出若
論行事之正大，齊桓公應該勝於晉文公；但論及抗楚之功業，則晉文公勝於
齊桓公。城濮之績，〈齊楚爭盟表敘〉已論之；此處一續前論，對晉文公多所
讚揚。顧氏並對晉文公伐曹、衛之事提出辯駁，他認爲曹地理位置離楚頗遠，
衛國又是大國，兩國輕易從楚，其罪顯然。又因曹、衛地處要塞，若歸楚則
必趁勢用兵於陳、蔡、鄭、許、齊、宋諸國，局面轉而對諸夏不利。所以曹、
衛附楚乃「門庭之寇，匪直爲報怨之私而已也。」晉文公絕非因其當初不禮
而攻曹、衛，有著戰略考量。此說和〈衛疆域論〉相同，皆從地理因素解釋
晉文公伐曹、衛的原因。晉國自文公稱霸之後，春秋即邁入晉、楚兩國長期
相爭的局面。〈晉楚爭盟表〉據晉之世系分文公、襄公、成公、景公、厲公、
悼公、平公、昭公數表，晉、楚勢力的消長在表中顯露無遺。如論晉襄公曰：

> 晉襄在位僅七年，即位之初，夏戰殽以卻秦，秋敗箕以翦狄，冬伐
> 許以離楚，三強悉退，可謂有伯者之略。然不能正商臣滔天之罪，
> 合天下以聲罪致討，而區區伐沈，以潰其與國，何益于事。宜其後
> 嗣終不能勝楚……（頁 1987）

對於晉襄公有「伯者之略」卻未能乘勝伐楚以成就霸業表示惋惜，也注定晉
國國勢走向下坡。晉國衰頹之勢一直到厲公和悼公才有所扭轉，特別是悼公
之霸，所以表中對悼公評論曰：

> 晉悼在位凡十六年，內靖國難，外雄諸侯，能不戰以屈楚，懷柔以
> 服鄭，使仇國之大夫如子囊者，亦曰晉不可敵，事之而後可，幾于
> 王者之中心悅而誠服。蓋功烈如桓、文，而德量過之。（頁 2009）

對於晉悼公的霸業可謂極度推崇。不過顧氏也注意到晉悼公時「列國權移于
大夫，實基于此。」（頁 2009）政下大夫而內爭起，晉國國勢漸漸衰弱，是以
悼公之後「伯業全喪矣。蓋始壞于平公，而大壞于昭公，則趙武、韓起二人

優游姑息養成此禍耳。」（頁2020）故晉國之霸業不復見矣。

　　自晉景公用巫臣之策，教吳乘車戰陳之法，聯之以制楚，吳國自此日益壯大，最後反而威脅諸夏，與晉爭盟。〈吳晉爭盟表〉自成公七年起列吳、晉兩國爭盟之事，以見兩國勢力的消長。對於晉國培植吳國以制楚，〈吳晉爭盟表敘〉評論曰：

> 晉用申公之計，用吳以撓楚，其後吳卒破楚入郢，馴至爲患于方夏，病齊及魯，與晉爭長于黃池。論者因以咎晉之失計，自啓門庭之寇，其實非也。晉欲制楚，則不得不用吳，吳之所以橫不可制者，咎在晉君失政，六卿各擅強權，不復以諸侯爲事，失不在用吳也。何以言之？楚之強，天下莫能抗。日者齊桓嘗欲攘楚矣，不得已而用江、黃，一會于貫，再會于陽穀，徐而興召陵之師，《春秋》詳書其事以美之。然江、黃國小而近楚，楚滅江、黃而桓公不能救也，是無益于制楚之事，而徒以速江、黃之滅。若吳則不然，在楚之肘腋，而力足與楚相抗。自成七年入州來，楚內有吳釁，奔命不暇，遂不復加兵于宋、鄭，中國藉以息肩者數十年。日後晉復用向戌弭兵之說，委天下諸侯南向而朝楚，晉亦僶然弛備，無復有經營諸侯之心……向使晉常修悼公之業，雖明知弭兵之說之不可卻，而嚴兵以待之，楚人爭先則正辭以折之，楚必俯首帖耳而不敢動，楚不敢動而吳亦無緣萌其覬覦，烏有召吳而反爲吳病者哉！且晉自昭十三年平丘之盟而後，晉已失伯，齊景欲嗣興而不能，宋、魯、鄭、衛皇皇焉無所依，故吳得乘虛而爭伯中國……文公嘗用齊、秦，日後秦雖搆怨而不能爲晉病也。且以桓公之盛，未有能獨力制楚者。以悼公之用吳較之齊桓之用江、黃，其利害豈不較然著明也哉！（頁2027～2028）

〈敘〉中的論點指出吳國能危害諸夏，乃因晉國失政之故。顧氏認爲晉國當初聯吳制楚的策略並無錯誤，因爲楚國之勢強，非晉一國之力可以相抗衡。所以如齊桓公即用江、黃以制之，但江、黃國勢弱，反而招致滅亡。晉文公時亦必須合齊、秦之力，才能在城濮戰勝楚國。晉通吳制楚後，吳國開始多次侵擾楚地，的確使宋、鄭等國稍免於楚國的攻伐，在策略上是成功的。可是吳國卻也因此壯盛，轉向威脅諸夏，但顧棟高認爲這非聯吳制楚策略所造成的錯誤。他認爲造就吳國足以和晉國爭盟的原因，在於晉國內部六卿爲政皆欲爭權，無意於天下之局勢，晉國霸業因此衰落。如果晉國能維持晉悼公

之霸業，不因弭兵之議而鬆懈軍備，則吳便未能和晉爭盟。晉通吳制楚在策略上是正確和有效的，吳後來爲患，在於晉君失政而使國勢衰敗，所以〈吳晉爭盟表〉之作，即透過史實排比申明兩國盛衰興替之癥結所在。

〈齊晉爭盟表〉是書中最後一個〈爭盟表〉，列齊景公和晉爭霸之事。〈齊晉爭盟表敍〉對於齊景公爭霸的作爲評論曰：

> 平丘之會，晉已不復能宗諸侯，楚新斃于吳，無復北方之志，而吳亦未遽爭衡于中國。齊得于此時收召列辟，得鄭，得衛，得魯，復得宋。夫以齊之強，承桓公之餘烈，又當晉、楚俱衰之後，因利乘便，使能正魯意如之罪，反昭公而君之，伸大義于天下，此如順風而呼，何遽不能代晉主盟哉！乃鄆陵之盟，信子猶之讒，卒僨天討。且于晉則助臣以叛君，于衛則助子以拒父。三綱既絕，猶欲軋晉而求諸侯，是却行而求前也。辛之內不能正其家，溺意嬖寵，耽樂忘禍，廢長立少，輕棄國本，權臣乘間得行篡弑，數年之間，遂移陳氏，與晉爭彊，卒與晉同斃。（頁 2035）

顧氏認爲齊景公雖有意於振作稱霸，但是於諸侯之間不能伸張正義，未能輔助魯昭公回國，又助趙稷叛晉，在國內則放任陳氏繼續坐大，所以導致齊遭陳氏篡國。是以齊景公雖能乘晉、楚、吳等勢力衰落後興起，但卻未能使齊國因此強盛，此正〈齊晉爭盟表〉撰作的目的，而顧氏所以嘆息者。

齊楚、宋楚、晉楚、吳晉、齊晉五篇〈爭盟表〉，對於春秋時期前後霸權的相爭，逐一陳列史事以明其中變化之跡，條理清晰。從此五表可以看出春秋時期諸夏以抗楚爲業，齊、宋率先和楚爭衡，但都未能有效的扼制其向北發展。晉國自晉文公崛起後，兩國長年相爭便成爲春秋時期的重要脈絡。晉成爲諸夏的霸主後，亦有楚國以外的國家意欲和晉爭霸主的地位，例如春秋後期的吳和齊。〈爭盟表〉對於各國彼此相爭的始末皆能清楚的呈現，對各霸權的興起和盛衰關鍵亦能客觀的評論，確實達到使人覽表而知「春秋盛衰始終」的目的。

三、〈交兵表〉

〈爭盟表〉列春秋之間強權爭盟之事，〈交兵表〉則留意於各國之間相互征伐。〈交兵表〉共七表，列秦晉、晉楚、吳楚、吳越、齊魯、魯邾莒、宋鄭長年累戰之事，以見彼此之消長及相互吞伐。如〈秦晉交兵表〉從僖公十五

年韓之戰至襄公二十六年止，列兩國之間互相合作和彼此侵戰之事。例如僖公二十八年城濮之戰，晉合齊、秦之力以敗楚，此時晉、秦兩國乃是合作狀態，表中即論曰：「秦自入春秋來，未嘗與中國會盟征伐，此年首從晉攘楚，文公之力有以致之也。是故非合秦不能勝楚，而非文公亦不能用秦。」（頁2041）點出晉、秦兩國合作則能齊心抗楚。然晉、秦關係隨後生變，僖公三十三年，秦本欲侵鄭，卻無功而還，在殽和晉軍大戰而敗，從此晉、秦變成敵對關係。顧棟高於殽之戰下即言：「秦、晉兵爭始此，嗣後報復無已，秦之伐晉八，晉之伐秦七，直至襄十四年十三國之伐然後止，首尾歷七十年。」（頁2043）簡論殽之戰後兩國七十年間彼此爭伐之大勢。顧氏在襄公十四年晉率十二國之師伐秦，兩國最後一次交兵則論秦、晉相征伐之關鍵：「秦、晉自僖三十三年為殽之師，至此首尾共歷六十九年，中間凡四大案。殽戰一也，為秦穆公襲鄭，曲在秦。令狐二也，為晉趙盾距公子雍，曲在晉。侵崇三也，為趙穿設謀求成，曲復在晉。麻隧四也，為秦桓公背令狐之盟。曲復在秦。」（頁2050）以為秦、晉征戰七十年間有四大重要事件：僖公三十三年殽之戰為秦穆公襲鄭而起，過在秦；文公七年，趙盾本欲迎公子雍，後反悔而立靈公，秦、晉於是交戰於令狐，過錯在晉；宣公元年，趙穿欲以侵崇而逼秦成，最後反而未講和，過錯仍在晉；成公十三年，秦桓公背令狐之盟，晉國率八國和秦戰於麻隧，過則在秦。此皆秦、晉交兵中的關鍵。表中對於秦、晉兩國交兵，除逐一排列以明彼攻我伐之勢，〈秦晉交兵表敘〉更論述秦晉交兵關係春秋之大勢：

> 考春秋之世，秦、晉七十年之戰伐，以爭崤、函。而秦之所以終不得逞者，以不得崤、函。惠公之入也，賂秦以河外列城五，東盡虢略，南及華山。蓋自華陰以及河南府之嵩縣，南至鄧州，凡六百里，皆古虢略地，桃林之險在焉，賂秦則晉之地險盡失，蓋以空言市秦而實不與也。逮戰韓獲晉侯，秦始征晉河東，不二年復歸之……逮穆公暮年，年老智昏，越千里而襲鄭。蓋乘文公之沒，蕲滅鄭而有之，〔註29〕其地反出周、晉之東。使崤經之師不出，秦將包陝、洛，互崤、函，其為患且十倍于楚。幸而崤師一敗，遞逃竄伏。其後迭相攻擊歷三四世，終不能越大河以東一步……余嘗持論謂晉獻公滅虢，而周室無復有西歸之計。然使晉不滅虢，虢必入秦，而秦于周

〔註29〕 本句中華書局本標點原作「蓋乘文公之沒蕲，滅鄭而有之」，今加以改正。

爲切膚之災，于鄭成密邇之勢。夫楚爭鄭而晉得以救之者，以楚去鄭稍遠，而晉得陝、虢，庇鄭于宇下，能聯絡東諸侯以爲之援也。秦若滅虢，則晉與鄭隔絕，而鄭在秦掌握中，秦伐鄭而晉不能救也。秦得鄭則周室如累卵，三川之亡，且不待赧王之世。故周之得以支持四百年者，以晉得虢略之地，能爲周西向以拒秦也。周、秦廢興之故，豈不重係乎此哉！（頁 2039～2040）

顧棟高認爲秦、晉交爭，關鍵在於崤、函之險，秦之所以不得東出，即在於晉把守秦東出必經的崤、函。崤、函之險本爲虢國所據，後虢遭晉滅，所以歸晉所有。是以〈周疆域論〉雖論晉滅虢，周無有西向之望，但晉若不滅虢，則虢將遭欲東出之秦所滅，則秦可藉此進一步肆虐周、鄭。晉滅虢不但能拒秦東進，且因虢近鄭，所以晉因此可就近保護鄭國以抗楚。顧氏認爲周得以繼續支撐四百年，實晉得虢國之土而能西向抵秦，秦得以東出便要到三家分晉之後，此實爲周、秦興替之重要關鍵。〈秦晉交兵表敘〉之論雖不無問題，〔註30〕但的確點出晉、秦交兵的過程中，晉國得以拒秦東進的關鍵，即在於擁有故虢之地，把持崤、函，秦東出便無望，轉而稱霸西戎。

　　〈晉楚交兵表〉列晉、楚兩國戰爭之史事，對春秋時期兩國征戰往來的勝負以表統計。前此〈晉楚爭盟表〉已呈現兩國興衰起伏之勢，此處則對兩國戰爭之形勢有所析論，〈晉楚交兵表敘〉曰：

　　春秋時晉、楚之大戰三：曰城濮，曰邲，曰鄢陵；其餘偏師凡十餘

〔註30〕〈敘〉中有幾處疑問，未必如顧棟高所言。例如「使衰絰之師不出，秦將包陝、洛，亙崤、函，其爲患且十倍于楚。」有過度誇大之嫌。秦穆公本欲乘晉文公之喪通襲鄭國，但最後無功而返才發生殽之戰。所以即使晉襄公當時未出兵，鄭國並未遭秦所滅，秦錯過此次大好機會，之後未必有機會可「包陝、洛，亙崤、函」。殽之戰的確使秦無東進之望，但若無殽之戰，對秦而言以後打敗晉國佔有殽、函或「越國以鄙遠」而滅鄭恐皆非易事。又如說「秦若滅虢，則晉與鄭隔絕，而鄭在秦掌握中，秦伐鄭而晉不能救也。」看似成理，實未必然。秦若滅虢，晉之發展固然受限，但其仍有往東之渠道可越太行山先至南陽再轉往鄭，晉更於僖公二十五年時周王賜與陽樊、溫、原、欑茅之田而「始啓南陽」，故隔絕之說非實。顧說亦忽略楚國的存在。《左傳》桓公二年「蔡侯、鄭伯會於鄧，始懼楚也。」楚之欲北上早矣！僖公二十八年時晉、楚更爆發城濮之戰。假設晉於僖公二年未滅虢而秦後有之，以當時楚國之勢力發展而言，鄭國究竟會遭秦或楚滅還是未知之數。顧棟高此論之著眼點在於後來秦東出統一天下，所以晉之有虢而能據崤、函阻秦，的確是春秋之一大關鍵。但是若秦佔有虢土，晉即失去地理要衝，以楚之強大則天下之勢難以預料。顧氏以後來秦統一天下之結果參入假設之中，使其成爲必然的發展，此一論點似不可取。

遇，非晉避楚則楚避晉，未嘗連兵苦戰如秦晉、吳楚之相報復無已
也。其用兵嘗以爭陳、鄭與國，未嘗攻城入邑，如晉取少梁，秦取
北徵之必略其地以相當也。何則？晉、楚勢處遼遠，地非犬牙相錯，
其興師必連大衆，乞師于諸侯，動必數月而後集事。故其戰嘗不數，
戰則動關天下之向背。城濮勝而天下諸侯翕然從晉，邲勝而天下諸
侯翕然從楚。惟鄢陵之勝，鄭猶倔強，至悼公而後服之。（頁 2053）

顧氏分析春秋晉、楚兩國的軍事往來，認爲其中除城濮、邲、鄢陵三次大戰
之外，其餘兩國多次軍事行動，大體皆晉避楚或楚避晉，未嘗連年苦戰。其
間兩國發兵，則多爲陳、鄭而戰，從未攻入彼此國境內的城邑。原因在於晉、
楚國土廣大而距離遼遠，兩國若爭戰必定動員廣大軍隊，並且號召諸侯一起
興兵。如此規模的戰爭耗時而且花費民力，所以春秋之際兩國少大戰，交兵
多是爲了爭陳、鄭、蔡等與國。由於兩國的大戰動員龐大，參與的國家眾多，
所以戰爭的勝敗往往影響天下的局勢。如城濮之戰，天下諸侯皆以晉爲霸主；
邲之戰，則天下諸侯皆從楚。只有鄢陵之戰，晉雖勝楚，但鄭因長年服楚而
不從晉，要至晉悼公才能服鄭。揆諸《左傳》的記載，晉、楚兩國之征戰多
以爭鄭、陳、宋、蔡等與國爲主，和顧說大體相符。不論晉、楚爲與國而戰
或城濮、邲及鄢陵之大戰，皆關係天下之大勢，此即〈晉楚交兵表〉之用意
所在。

　　春秋之末吳、楚兩國長年相互攻伐，征戰之頻繁慘烈，俱見於《左傳》。
顧棟高輯〈吳楚交兵表〉，即列兩國交兵之始終。吳、楚征戰之情勢，可從其
〈春秋蔡侯以吳師入郢論〉得知：

吳、楚俱澤國，皆善水戰，而楚地居上流，吳常不勝。故入春秋百
年以來，吳屈服于楚爲屬國者，職是故也。逮申公巫臣自晉使吳，
教以乘車射御，吳始用陸道，與楚角逐，而楚始駸駸患吳矣。楚既
失長江上流之險，迺更于淮右北道築州來、鍾離、巢三城以禦吳。
吳于楚之水師克鳩茲，克朱方，悉置不問，而第日擾于廬、壽、淮、
潁之間。逮克鍾離、巢，而楚患始棘，然猶未敢懸軍深入也。至滅
州來，與蔡密邇，蔡更道吳舍舟從陸，從淮汭，歷光、黃，逾義陽
三關之險，至漢江北岸，與楚夾漢而陣。當是時，吳歷楚境一千一
百餘里，深入死地，亦未敢必能入郢。故其戰嘗且勝且卻，收軍至
柏舉，適會楚瓦不仁，人無固志，而夫概身先死戰，遂長驅入郢，

固屬有天幸，而蔡之計謀亦毒矣。（頁 2082～2083）

《左傳》宣公八年楚滅舒蓼，盟吳、越而還，當時吳仍聽命於楚。顧氏認爲吳最初屈服於楚的原因，在於兩國地理皆多水，以水戰爲主，而楚在長江上游，吳在長江下游，所以楚國佔有優勢。此一情勢的改變在申公巫臣教吳車戰之法，此後吳則以陸戰攻楚，楚開始受鄰近之擾。有鑑於此，楚便築州來、鍾離、巢三城以爲防禦，但吳卻相繼克鍾離、巢，後更滅州來，進而與蔡聯手。定公四年，吳在蔡的帶領之下，逐步攻克楚地，最後長驅入郢，楚受到重創。此即吳楚兩國交兵之大概。

晉聯吳制楚，楚於是長年受吳侵擾，乃採通越制吳之策略，是以春秋吳、越之間亦多兵事。〈吳越交兵表〉即自昭公五年楚聯越攻吳始，至哀公二十二年越滅吳爲止，列兩國爭戰之發展。〈吳越交兵表敘〉對於吳遭越滅論曰：

世嘗恨吳王不聽子胥滅越，致越卒沼吳。余以爲不然，吳之亡，以驕淫黷武，耽樂忘禍，輕用民力，馳騁於數千里之外，雖微越，吳亦必亡。若使守其四境，和其人民，任賢使能，而增脩其政，越雖切齒思報，亦且懾伏而不敢動，動即滅國矣，雖百越能爲吳患哉！

（頁 2085）

吳長年寇楚，雖然取得多次勝利，但也因此耗費相當的民力，再加上不斷遠征用兵，更給越國乘隙而動的機會。顧氏認爲吳國若能任賢修政，即使越想報復卻也不能成事。所以吳國之滅實爲自招其禍。

齊、魯兩國相鄰，春秋之際兩國亦常有兵事，〈齊魯交兵表〉乃列兩國征伐之史事。顧棟高認爲兩國春秋長年大小兵事不斷，實和天下霸權的興衰相關：

愚嘗觀于齊、魯之故，而歎春秋之天下不可一日無晉。晉伯息而齊、魯俱受其敝矣。何則？霸之局非管仲與齊桓不能創，而非晉則不能維持以至于百年。齊桓之世，天下之所賴者唯齊，齊桓既没，魯之所患亦唯齊。齊桓之子孫至春秋之末凡八九世，獨惠公稍安静，而景公有志爭伯，觀釁而動，故二公之世，齊、魯爭鬭差少。其餘若孝公、懿公、頃公、靈公、莊公，類皆如猘犬之狂噬，而悼公之世，國已制于陳氏，好以其君惡于諸侯。故其時魯一有齊難，則乞師于晉，晉師出而魯得安枕者數十年。迨晉稍有間，或新君初立未遑諸侯之事，則齊患復起……故晉文之未興也，僖公至以楚伐齊。晉伯

之既去也，哀公至以吳伐齊。夫至以吳、楚伐齊，天下幾無復有中夏，此夫子所以有被髮左袵之懼也……晉伯衰而齊弱魯，魯亦能乞師以弱齊。齊、魯交相敝，而吳、楚得橫行于天下。（〈齊魯交兵表敘〉，頁2089～2090）

齊、魯長年互有戰爭，其間齊國唯桓公稱霸之時和後來的惠公、景公二世對魯較爲和平，其餘歷代齊侯皆常用兵於魯。齊國東面臨海，若欲拓展領土，西鄰之魯必定在侵伐之列。齊桓公開創霸局，得管仲輔佐而和協四方，所以當時齊、魯之間無戰事。齊桓沒後，齊國即開始侵略魯國。魯國患於齊難，便向晉國求援。若晉國處霸權興盛之時，出師援魯，魯國便能因此而安。但晉國內有事無暇於各國時，齊國又會乘機侵略魯國。魯患齊難而晉不可恃，轉求援於吳、楚，吳、楚則藉機肆虐諸夏。是以晉之霸業興衰實牽連齊、魯兩國的和平，天下局勢更牽動於齊、魯之間，顧棟高以爲天下不可一日無晉之由即在於此。

〈齊魯交兵表〉之後接著爲〈魯邾莒交兵表〉，顧棟高於〈敘〉中申明其編輯之意：

嗚呼！余觀春秋之世，而知封建之爲禍烈也。魯與邾、莒僻處一隅，非有關于天下之故。然魯虐邾、莒，莒滅向、滅鄶，邾滅須句、滅鄅，而其後皆爲魯所吞併。最後以邾子益來，幾亡邾矣，賴吳、越而得復。中間仗桓、文之霸，扶持綿延二百餘年，迭相攻伐，而斯民之塗炭亦甚矣。蓋嘗綜其始終而論之，魯、邾、莒之事，終春秋之世凡三變，何則？魯立國于兗州之曲阜，其南則邾，其東則莒，地小而偪，其勢不得不爭。然邾列在附庸，而莒介于蠻夷，故春秋之初，魯嘗凌邾而畏莒，隱、桓皆再盟邾而再伐邾，邾不敢報。而莒則隱與其微者盟于浮來矣，莊以叔姬女其大夫矣。隱、桓、莊三世，魯、莒未嘗交兵。至僖公首年一敗莒師，旋即再盟洮、向，以弭其隙。而邾則僖公之世，戰伐無已，則以邾近而莒差遠，邾弱而莒差強故也。至文十二年季孫行父城鄆，而爭鄆之禍起。襄四年，魯請屬鄫，而莒即滅鄫，而爭鄫之禍又起。當其時晉悼興霸，群侯方屏息聽命，魯以禮義之國，兢兢焉軌於法度，罔敢凌虐弱小，而邾、莒反恃齊靈而肆橫。十年之間，莒四伐我，而邾再伐我。魯凡十六年不伐邾，反爲脩平以講好。蓋邾、莒倚齊以軋魯，魯之所恃

者晉，晉遠不若齊之近，又是時晉方以楚、鄭爲事，無暇理邾、莒。
蓋倚人立國，彊弱隨時，理固然也。至昭之元年，而莒有亂，季孫
以大盜竊國，取鄆不已，旋而取鄫，取鄫不已，旋而取郠，而邾則
連歲四納其叛人。昭公以後，莒不復見。哀之世，無歲不與邾爲難，
竟俘其君以歸，獻於亳社，陵蔑弱小之禍，至此極矣。嗚呼！以邾、
莒之密邇于魯，而得終春秋之世不亡者，以大國林立，環視而莫敢
先動，然其民之死于戰爭已不可勝數。故欲復周初方伯連帥興師討
伐之制，不若易後世郡縣宇內守令迭更之制，雖有殘暴不軌爲生民
害者，馳一尺符則虐燄頓息，孰與夫興師討罪，有抗拒之禍、甲兵
之慘哉！（頁 2105～2106）

顧棟高認爲編輯〈魯邾莒交兵表〉其中「非有關于天下之故」，而是欲明「封
建之爲禍」。魯與邾、莒相鄰，欲吞滅二國久矣，然邾、莒受齊、晉等國的庇
護，是以未即滅亡。魯與邾、莒相爭之局勢，顧氏以爲有三變：先於春秋之
初，魯多侵邾而畏莒，即使僖公敗莒後旋即和莒盟，原因在於邾距魯較近，
國勢較弱，而莒距魯稍遠而國勢稍強；至文、襄之際，魯聽命於晉不敢興師，
邾、莒反而憑藉齊國之力屢次攻伐魯國；昭公以後，魯則又接連侵莒難邾，
欺凌弱小，最後皆爲魯國所併。彼此兵爭綿延二百餘年，生靈塗炭，顧氏以
爲即封建制度形成彼此爭競帶來的災難，因此認爲郡縣之制由君主掌任命之
權，雖不免仍有暴虐之官，但可以隨即撤換查辦，弊病較封建爲輕。〈魯邾莒
交兵表〉即呈現大國兼併小國之兇殘，小國倚賴強國求生的態勢，人民於戰
爭中皆不免於難，而封建之弊病即在表中顯現無遺。

　　《春秋大事表》中最後一個〈交兵表〉乃〈宋鄭交兵表〉，其編纂之旨亦
在於明春秋霸主不可缺：

春秋之初，宋、鄭號中原大國。宋紹微子之封，而鄭取虢、檜之地，
地既偪近，力又相埒，故其勢常至于鬭爭。乃吾統觀春秋宋、鄭之
故，而知天下不可以一日而無伯也。春秋二百四十二年之中，宋、
鄭凡四十九交戰，然其局凡三變。蓋當初年，晉、楚未興，齊亦僻
處東服，其時犬牙相錯者，惟宋、魯、鄭、衛，而鄭莊以善用兵，
常結援于齊而藉其力，繼又結魯，宋合衛、陳、蔡以揸之而不能當
也。至宋馮之世，始立突，繼又責賂而讎突，後復助突以求入，交
戰尤數。當是時，魯桓、衛惠、鄭屬、宋莊俱負簒弒大惡，號稱四

凶，相與逐利棄信，結黨崇奸，競用干戈，朝盟夕改，生民之塗炭
極矣。此春秋之一大變也。至齊桓興而兵爭息，桓歿而宋襄以爭伯，
一戰而軍敗身傷。晉文、襄起而兵爭又息。當是時，宋、鄭之君俱
共玉帛以從容于壇坫之上，間一用兵，不過帥敝賦以從大國之後，
無兩君對壘，朝勝夕負，報復無已者，亦足見霸功之有益于人國矣。
迨晉悼嗣伯，其事乃與桓、文少異。晉合天下之力以爭鄭，鄭患楚
之數來，屢盟屢叛，故惡于宋，以激諸侯之兵，使楚疲于奔命而不
敢與晉爭，而後乃固與晉。時交戰尤數，十年凡十三戰。此宋、鄭
之事之又一變也。蕭魚以後，悼公及平公之初，海內嬉恬。至向戌
弭兵，宋、鄭更僕僕于晉、楚之廷，民不苦于戰鬥，而苦于供億，
兩國息于兵戎者六十八年，而陳、蔡卒坐受楚滅，其事得失又相半。
至春秋之末，晉、楚俱衰，齊景欲圖伯而不終，宋景乃率其祖之故
智，伐邾滅曹，妄意爭伯，與鄭以隙地啓釁，驟興兵革，卒至彼此
交取師，全軍覆歿，得不償失。此又宋、鄭之事之一大變，春秋將
夷而爲戰國矣。統計伯功之始終，始于齊桓之北杏，訖于晉昭之平
丘，首尾凡百四十有八年。每當伯功之息，則宋、鄭首發難。《春秋》
于列國戰爭不悉書，獨于兩國自隱、桓至定、哀，凡取邑取師無不
備載，蓋以其地踞中原，關于天下之故。伯功視兩國之向背爲盛衰，
而兩國又視伯功之興廢爲休戚。（〈宋鄭交兵表敘〉，頁 2129～2130）

宋、鄭兩國地理位置接近，國力又相當，兩國於春秋之際共交戰達四十九次
之多。宋、鄭交兵之歷程顧氏認爲有三大變化。始初鄭莊以強雄之勢結齊、
魯以抗宋，接著宋莊公助鄭厲公入國，此一階段兩國相互征伐，交戰頻繁。
之後春秋代有霸主興起，宋、鄭則服從大國之命，兩國較少用兵。此一情勢
到晉悼公時則有所不同，晉國欲爭鄭而鄭患於楚，於是鄭國採用屢次攻打宋
國來迫使晉國出兵的策略，使楚國疲於奔命而不敢與晉國爭，此時宋、鄭兵
事頻繁。是以第二階段兩國依歸霸權而行事。最後一階段乃晉悼服鄭至弭兵
之議，兩國之間未有爭鬥。至宋景公時又和鄭國爭隙地重啓爭端，兩國又相
互攻伐，春秋隨即結束。春秋宋、鄭之兵事，當霸主之跡息則兩國率先發難，
是以若霸主興則兩國趨於和平，故顧氏編輯〈宋鄭交兵表〉，意即在「天下不
可以一日而無伯」。

　　〈交兵表〉以羅列各國彼此交戰之事爲成表，對春秋各國彼此爭戰之過

程，透過各表可一覽無遺。表中不但著重於各國交兵之興衰關鍵，關注之焦點則始終圍繞在春秋霸主，特別是晉國霸業上。〈秦晉交兵表〉說明若無晉之霸業，則秦可伺機東進，諸夏之局勢將更危殆。〈晉楚交兵表〉則是春秋兩大霸權之對決，諸夏皆賴晉而存。〈齊魯交兵表〉、〈宋鄭交兵表〉則力陳晉國霸權關係天下局勢，不止在於能否抗楚，更在於維持各國和平而不相互爭戰。此即顧棟高申述「天下不可一日無晉」之意。

四、〈齊紀鄭許宋曹吞滅表〉

　　〈齊紀鄭許宋曹吞滅表〉編列齊、鄭、宋三國分別吞滅紀、許、曹三國的前後始末。齊滅紀所耗費的年數，據表中的統計「自桓五年齊侯、鄭伯如紀，至莊四年紀侯大去其國，凡十有七年。」（頁 2487）而鄭滅許爲「自隱十一年鄭入許，至定六年滅許，凡二百零八年。」（頁 2494）宋滅曹爲「自僖十五年宋人伐曹，至哀八年宋公入曹，凡一百五十九年。」（頁 2496）三者滅亡的速度有很大的差異，〈齊紀鄭許宋曹吞滅表敘〉對此有所論述：

> 春秋時齊與宋鄭爲大國，而紀鄰於齊，許鄰於鄭，曹鄰於宋，三國有狹焉啓疆之計，則必首及焉。顧曹、許之滅俱在春秋之末季，而紀之亡轉盻在十餘年之內，其故何也？曹、許猶差遠於宋、鄭，而紀之與齊近在臥榻之側，齊不得紀則不能展舒一步，故雖以桓、莊竭力援之，爲之結昏於天王，求介於莒、鄭，而僅勉強延旦夕之命也，此則其勢爲之也。（頁 2481）

小國鄰近大國而遭侵吞乃當然之勢，是以紀、許、曹三國相繼被吞滅。然紀遭滅又較許、曹二國爲速，顧氏認爲紀距齊較近，齊欲拓展領土則先必及紀，許、曹離鄭、宋稍遠，故其苟延較久。紀亦知齊欲吞滅之意圖便求援於魯，如桓公六年「紀侯來朝，請王命以求成于齊。公告不能。」〔註31〕齊、紀之間難以調停，即使借周天子之命亦不能，而桓公十七年時魯和齊、紀「盟于黃，平齊、紀」〔註32〕，仍只能使紀苟延殘喘，至莊公四年紀即遭齊所吞滅。許、曹國祚較紀爲長，距離鄭、宋稍遠是原因之一，但能拖延百年之久，則和霸主之興有關：

> 曹、許所以得延至二百年之久者，蓋亦藉桓、文之力焉。自突出忽

〔註31〕 晉・杜預注，唐・孔穎達疏：《春秋左傳正義》，卷6，頁25下。
〔註32〕 晉・杜預注，唐・孔穎達疏：《春秋左傳正義》，卷7，頁23下。

入，而許叔始得入於許。至屬公再得國，而齊桓已霸諸侯，束手聽
命，宋、鄭、曹、許俱從容受職於壇坫之上，雖有桀黠無所復施。
至桓之耄年，宋襄與曹同受牡丘之盟，而旋伐曹，此時已有吞曹之
志，顧方以圖伯為事，未敢遽肆兼併。逮泓敗身傷，而曹、許俱折
而入於楚矣。晉文執曹伯，畀宋人，合諸侯以圍許，宋、鄭於此非
無耽耽朵頤之意，然迫於公義，欲私攘尺寸之地，而諸侯環視，莫
敢先動。（頁 2481）

齊、晉霸權相繼興起，天下諸侯未敢相互征討，此時期除宋襄曾背盟伐曹外，
許、曹可說免於鄭、宋之難。而晉霸中衰，鄭、宋則相繼伐許、曹而吞滅之，
可見霸權之興衰維繫許、曹之存亡。所以顧棟高肯定春秋霸權之重要性：

夫春秋之世，滅國多矣，而三國之亡尤為可憫。聖人于此屢書不一
書，而於他國無之。余為撮其始末，可以識聖人微意之所在。鳴呼！
曹、許之亡，當伯事之已息，而紀之亡，當伯事之未興，天下之不
可一日無伯，此非其明效大驗也哉！（頁 2482）

顧氏認為春秋小國被併滅者不可勝數，紀、許、曹三國尤為值得憐憫者，是
故《春秋》特載三國之事，即是聖人之微意。「曹、許之亡，當伯事之已息，
而紀之亡，當伯事之未興」，霸權維護和平之功不可抹滅，〈齊紀鄭許宋曹吞
滅表〉編輯之意即在於「天下之不可一日無伯」也。

五、〈左傳兵謀表〉

　　戰爭之勝負，往往取決於交戰方策略之出奇制勝。春秋戰爭之頻繁，兵
謀屢見諸《左傳》之記載。《春秋大事表》輯〈左傳兵謀表〉，其用意見於〈敘〉
中：

余觀春秋二百四十二年，列國交兵，其行軍用師屢矣。春秋以前為
湯、武之仁義，春秋中葉為桓、文之節制，逮其季年，吳越用兵則
以蠻夷輕生狎死之習，運後世出奇無方之智，而鄭、宋交取師為戰
國長平之坑所自始，世運遷流，豈一朝一夕之故哉！《傳》文所載，
初年仍古法用車，最後毀車崇卒，吳、楚、越則用舟師。其用兵之
制曰偏兩、曰卒伍、曰乘廣、曰游闕，其陳法則為鸛、為鵝、為魚
麗之陳、為支離之卒，其兩軍交鋒則曰挑戰、曰致師、曰夾攻、曰
橫擊、曰衷、曰萃、曰覆、曰要，其假物立威曰蒙虎、曰燧象。大

抵世愈降則戰愈力，而謀亦益奇。綜其大要爲類十有二，臚而列之，

俾知儒者胸中當具有武事，匪徒侈文雅章句之業而已。（頁 2529）

〈敘〉中對春秋戰爭的兵種、型態、陣勢、策略有簡略的敘述，將春秋之兵謀分成十二類，並以表加以分析。這十二類是息民訓卒、知彼知己、設守要害、亟肆疲敵、持重不戰、毀軍設覆、先聲奪人、先入致死、攻瑕必克、亂敵耳目、乘其不備、要其歸路。其中持重不戰之後還附設開用諜一項，故實有十三類兵謀計略。每一類之下將採用該策略的爭戰列入，例如要其歸路，其將秦、晉殽之戰，晉斷秦之歸路納入此類。攻瑕必克，其例則如周、鄭繻葛之戰，鄭先攻擊沒有鬥心的陳，後再攻擊蔡、衛，最後夾攻周師而取得勝利。有些兵謀實際上未在戰爭中採用，表中亦列入。例如僖公二十二年泓之戰，宋司馬建議宋襄公趁楚師陣列未備而擊之，宋襄公並未採用，表中仍將此歸類成乘其不備。又成公十六年鄢陵之戰，欒書建議固壘三日而擊楚師，但晉侯並未採用，表中仍歸入持重不戰。這些謀略雖未被採用，但仍足以反映當時已有此兵戰之法。表中所列的兵謀將春秋中各國平時整訓或戰時的謀略皆含括在內，不過將事件歸類時，未必符合該兵謀之旨而有所出入。例如先聲奪人之下列宣十五年宋及楚平之事，此次楚國欲逼宋國聽命，於是用築室反耕之策，最後宋人果與楚平。築室反耕，杜預曰：「築室於宋，分兵歸田，示無去志。」〔註33〕劉文淇曰：「築室反耕，當是古人圍師久留之法。」〔註34〕其策略爲楚知宋懼長久戰，故以築室反耕逼宋聽命。顧氏似乎以爲楚先行此策略即爲先聲奪人，實際上築室亦即建築守禦工事，應歸入設守要害之類。襄公二年，晉率諸侯伐鄭，知武子採孟獻子「城虎牢以偪鄭」之策〔註35〕，鄭隨後乃和晉談和，表中即歸類爲設守要害。此條亦應納入設守要害之類。又如僖公三十三年有汦之役，陽處父和子上言：「子若欲戰，則吾退舍，子濟而陳，遲速唯命。不然，紓我。老師費財，亦無益也。」〔註36〕子上本欲涉河，大孫伯認爲晉師可能趁楚師涉河時攻擊，所以退舍欲使晉師渡河。但陽處父卻藉此宣言楚師遁逃，於是歸晉，楚師因此亦歸。顧棟高將此役歸於乘其不備，但實際上趁渡而擊只是大孫伯的擔憂，陽處父當初建議是否眞有其意不可得知，歸納爲乘其不備似乎也未必然。況且此

〔註33〕晉・杜預注，唐・孔穎達疏：《春秋左傳正義》，卷 24，頁 9 上。

〔註34〕清・劉文淇：《春秋左氏傳舊注疏證》（臺北：明倫出版社，民國 59 年），頁 738。

〔註35〕晉・杜預注，唐・孔穎達疏：《春秋左傳正義》，卷 29，頁 8 上。

〔註36〕同上注，卷 17，頁 18 下～19 上。

一戰爭兩軍皆有所考量而未戰，若歸類爲表中持重不戰一類亦未嘗不可。此類皆因兵謀只固定分成數類，實際上戰爭中兵謀變化無窮，歸類難免有參差。戰爭瞬息萬變，兩方往往針對不同形勢執行各種策略，只將某一戰役歸成某類，則未能掌握兵謀隨機應變之精要。〈左傳兵謀表〉在兵謀分類上雖未盡完善，但透過表中的整理卻可看出春秋各國在爭戰中已廣泛使用各種謀略來制敵，可見當時戰爭的激烈程度。

第四節　世族類諸表

關於春秋時期的世族研究，最早杜預《春秋釋例》中即有〈世族譜〉一篇，宋人程公說的《春秋分紀》亦有〈世譜〉和〈名譜〉，略早於顧棟高的陳厚耀亦有《春秋世族譜》一書，皆是整理春秋世族的著作。《春秋大事表》中有關世族的表有〈列國姓氏表〉和〈列國卿大夫世系表〉二篇。關於〈列國姓氏表〉，顧棟高於〈敍〉中申明其編輯之用意：

> 粵自〈禹貢〉曰「錫士姓」，而《左氏傳》有因生賜姓、胙土命氏之分，又別之以字、以諡、以官、以邑，其言姓氏之源流備矣。至宋夾漈鄭氏作〈姓氏略〉，乃復以《左氏》之言爲臨而推廣之，得姓氏者凡三十有二類……其所據者，乃從典午以後，經十六國、南北朝之紛亂，包羅囊括，合併雜糅。而于遠古得姓之始，與春秋列國由姓析爲氏族之源流，未嘗深析而明曉也。余嘗謂氏族之學至唐而極精，亦至唐而極亂。一亂于朝廷之賜姓，再亂于支孼之冒姓，三亂于外裔之入中國，因蕃落以起姓……愚謂欲考姓氏之分，斷須以《左氏》爲樞紐。（頁 1149～1150）

敍中認爲《左傳》中有關姓氏源流的記載，十分完備。後世學者如鄭樵論姓氏之起源，多據後代雜亂的情形加以分析，也因此多有錯誤。後代姓氏雜亂的原因，顧氏以爲根源於朝廷的賜姓、隨意的冒姓和外裔冠中國之姓三種情形。正因爲後代姓氏多有混雜，所以顧棟高認爲要考查姓氏之源，必須根據《左傳》中的記載才能得其眞貌。此乃顧棟高輯〈列國姓氏表〉的目的。

至於〈列國卿大夫世系表〉之作，其目的則又與〈列國姓氏表〉有不同，〈列國卿大夫世系表敍〉言：

> 三代之宗法，原於封建。蓋先王建樹屏藩，其嫡長嗣世爲君；支庶

則推恩列爲大夫，掌國事，食采邑，稱公子某，公子之子稱公孫，
公孫之子以王父字爲氏，世世不絕。若異姓積功勞用爲卿，世掌國
政，則各以其官，或以邑爲氏。然此非先王令典也。孟子曰「立賢
無方」，又曰「士無世官」，故《春秋》譏世卿。世卿之禍小者，淫
侈越法，隕世喪宗。或族大寵多，權逼主上，甚者厚施竊國，陳氏
簒齊，三家分晉。故世卿之禍，幾與封建等……以余觀春秋卿大夫，
其得失俱可概見。晉懲驪姬之亂，詛無畜羣公子，故文公諸子皆出
仕於外，晉無公子秉政者，而權卒移於趙、魏。魯之孟孫、叔孫再
世有大罪，宜絕其屬籍，而子孫仍列於貴位，所以卒兆乾侯之禍。
出彼入此，厥害惟均，徵諸已事，良用顯然。惟楚之令尹俱以親公
子爲之，一有罪則必誅不赦，所以權不下替而國本盛彊。嗚呼，鑒
往可以知來，斯言諒哉！（頁1203～1204）

封建體系下嫡子繼位成君，庶子則爲大夫受采邑而掌理國事、屛藩王室，此
乃三代宗法之制。庶子之族繁衍至公孫之子則以祖父之字爲氏，世襲其位。
大夫的來源除了分封庶子外，春秋時還有封異姓爲大夫者，此類則以官職或
采邑爲氏，並多累世掌理國家之政。顧棟高引孟子語認爲《春秋》譏世卿，
認爲世卿之禍小者因僭越禮法造成氏族滅亡，大者則權勢龐大脅迫君主，甚
至簒弒竊國。陳氏竊齊、三家分晉即是世卿簒國之例，所以顧棟高認爲世卿
之制，禍害和封建之弊病相等。據史實來分析，春秋之卿大夫，不論是同姓
分封或是異姓受賞成爲世卿，皆有得有失。晉國因公族勢力衰落，所以最後
由趙、魏二家掌權。魯國孟孫、叔孫兩氏之祖公子慶父和公子牙皆有罪，子
孫卻皆能掌政，後來即有昭公不得入國而居乾侯之禍。同姓卿大夫氏族勢力
弱，則異姓卿大夫氏族勢力強，反之亦然，兩者之危害皆相同。所以顧棟高
在敘中認爲「唯賢是擇，不拘世類」（頁1203）才是用人之道。楚國的令尹雖
以公子任之，一旦有罪則絕不寬貸，因此國勢可以強大不衰，是春秋時期難
得的現象。春秋的世卿爲禍影響甚大，〈列國卿大夫世系表〉整理各國卿大夫
世系而成表，完整呈現當時的狀況，更可爲後世之借鑑。

　　〈列國姓氏表〉和〈列國卿大夫世系表〉用意所在並不同，前者乃欲探
尋姓氏之源流，後者則呈現各國卿大夫世族的發展。然二表目的雖不同，卻
相互統攝。〈列國姓氏表敘〉言：「余因通考《左氏》，以姓繫國，以國繫氏，
俾後世知受氏所由來。」（頁1150）顧氏先依姓論國，再依國論國內之氏，也

就是先以〈列國姓氏表〉論各國姓氏之起源，〈列國卿大夫世系表〉再依據所分之氏歸納各氏族的發展，前後互爲一體。以下就〈列國姓氏表〉和〈列國卿大夫世系表〉分析其編纂之體例。

一、〈列國姓氏表〉

〈列國姓氏表〉編輯的依據，如其敘中所言：「余因通考《左氏》，以姓繫國，以國繫氏，俾後世知受氏所由來。其有不見于《左傳》，而爲後世韓、曾、歐陽志及《史記世家》、《新唐書世系表》所推本，如徐之本章禹，曾氏之本鄫，邵氏之本召，亦間錄焉。」（頁 1150）顧棟高編輯是表，主要依據《左傳》和杜預的《春秋經傳集解》爲藍本，兼採其他可以補充的材料而成。根據「以姓繫國，以國繫氏」的原則，〈列國姓氏表〉分前後二表，前表標明各國之姓，後表再區分各姓於諸國所分之氏。編輯各國姓，將當時的姓列爲姬、姜、子、姒、風、祁、嬀、姞、任、嬴、己、偃、妘、曹、羋、熊、曼、歸、隗、允、漆共 21 姓。表中各姓之國茲如下表整理：

姓	屬該姓之國
姬姓	魯、蔡、曹、衛、滕、晉、鄭、吳、虞、虢、北燕、祭、極、邢、郕、凡、息、郜、芮、魏、隨、巴、荀、賈、滑、耿、霍、密、頓、管、毛、聃、雍、畢、原、酆、郇、邘、應、韓、蔣、茅、胙、沈、焦、揚、大戎、驪戎、鮮虞
姜姓	齊、許、申、紀、向、州、萊、姜戎
子姓	宋、蕭、權
姒姓	杞、鄫、越
風姓	宿、任、須句、顓臾
祁姓	唐、杜
嬀姓	陳、遂
姞姓	南燕、偪
任姓	薛
嬴姓	秦、黃、梁、葛、江、徐
己姓	莒、郯、溫
偃姓	舒、英氏、六、蓼、舒蓼、舒庸、舒鳩
妘姓	鄅、夷、偪陽
曹姓	邾、小邾

羋姓	楚、夔
熊姓	羅
曼姓	鄧
歸姓	胡
隗姓	狄、赤狄、白狄
允姓	小戎、陸渾
漆姓	鄋瞞

其中姬姓之國有 49 國，姜姓之國有 8 國，偃姓之國有 7 國，嬴姓有 6 國，風姓之國有 4 國，子姓、姒姓、己姓、妘姓和隗姓之國各有 3 國，祁姓、嬀姓、姞姓、曹姓、羋姓和允姓之國各有 2 國，任姓、熊姓、曼姓、歸姓和漆姓各有 1 國，總計國姓可考者有 106 國。表中各國皆見於《左傳》所載，其國姓判斷之依據，則根據《左傳》傳文、杜《注》、孔《疏》和《史記》、《國語》、《國語》韋昭《注》、《歷代紀事年表》等資料進行編纂。至於各姓於諸國所分之氏，則針對姬、姜、子、姒、祁、嬀、姞、任、嬴、己、曹、羋各姓所分之氏，與未知其源自何姓之氏者，皆羅列成表。各姓於諸國所分之氏，茲整理如下表：

姓	所分之氏
姬姓	周、召、祭、原、毛、成、單、王叔、甘、劉、儋、黨、王
	眾、展、柳、臧、郈、施、仲孫、子服、南宮、叔孫、叔仲、季孫、公鉏、公父、東門、仲、子加、叔、顏、釐、公儀
	朝
	甯、孫、世叔、北宮、子叔、公叔、公孟、南、文、司寇、司徒
	欒、祁、韓、游、羊舌、楊、郤、狐、賈、續、魏、令狐、呂
	祭、原、子人、罕、良、游、國、駟、丘、豐、孔、然、羽
	管
	堂谿
姜姓	高、國、隰、崔、晏、慶、東郭、盧蒲、欒、高
子姓	孔、華、樂、司城、皇、老、仲、魚、蕩、鱗、向、靈、石、邊、戴
姒姓	鮑
	辛、董
	曾
	歐陽

祁姓	士、范、劉
嬀姓	轅、夏、孔
	陳、田、孫
姞姓	孔
	雍
任姓	黨
嬴姓	趙、耿、邯鄲
	徐
己姓	蘇
曹姓	曹
芊姓	鬭、成、蔿、孫、屈、陽、囊、沈
有氏無姓	武、尹、南、渠、仍、家、榮、叔、石、樊、詹、鞏、南宮
	尹、蔦、秦、梁、夏父、富父、南、陽、條、徐、蕭、索、長勺、尾勺
	石、齊、趙、褚師、王孫、公文、陶、施、繁、錡、樊、饑、終葵
	荀、程、中行、知、輔、胥、先、慶伯、箕、籍、呂、瑕、張、右行
	洩、孔、皇
	閭丘、北郭
	女、原、鍼、懿、慶
	熊、申、潘、伍、王孫、養、彭、觀
	百里、子車
	因、頜、工婁、須遂

　　表所歸納之各氏源流，多據杜預《注》、孔穎達《正義》、《史記》、《國語》、
《新唐書‧宰相世系表》、《通志》、《路史》、陳厚耀《春秋世族譜》等典籍分
析源自何姓。除典籍之外，表中亦參用後世碑誄詩文為說。如嬀姓於陳國之
轅氏，引韓愈〈袁氏先廟碑〉；姬姓於周之王氏，引曹植〈王仲宣誄〉、韓愈
〈王仲舒神道碑〉；祁姓於晉之劉氏，引杜甫〈送劉十弟判官詩〉、〈寄族弟唐
十八使君詩〉等，於詩文中取材亦十分常見。表中對後世論氏之源流有疑惑
不詳之處，則於氏下加「附」字以標示。如姬姓於周下列王氏，顧棟高認為
「周之卿士無以王為氏者」（頁 1160～1161）但《新唐書‧宰相世系表》、韓
愈〈王仲舒神道碑〉等皆以王氏有出於周者，所以附注以示其疑。

〈列國姓氏表〉分析春秋各國之國姓以及各氏之源流後，顧棟高於表後附〈春秋大夫無生而賜氏論〉，論春秋氏名之問題。後世學者如劉炫、胡安國有春秋生而賜氏之說，認爲魯國之季友、仲遂皆是生而賜氏。顧棟高據華育濂的意見作論反駁其說：

> 三家稱仲孫、叔孫、季孫氏，未嘗單舉仲、叔、季也。莊三十二年《傳》立叔孫氏，未嘗云立叔氏。其有稱叔氏者，則另爲一族。宣公弟叔肸之後，《經》所稱叔弓、叔鞅、叔輒是也。《論語》孟孫問孝于我，《檀弓》云此季孫之賜也，俱有「孫」字。若生而賜爲季氏，則其子孫如季孫行父、季孫宿、季孫意如當云季行父、季宿、季意如矣，何以復多贅一孫字乎？且叔氏與叔孫氏又何分別也？以是知季友賜氏之說非也。仲遂之「仲」本是行次。若已賜爲仲氏，則其子歸父當稱仲歸父，不當更稱公孫歸父。公孫者，未賜族之稱也。況仲遂父子止稱東門氏，不稱仲氏，宣十八年《傳》有遂逐東門氏可証。至仲嬰齊乃更受賜仲氏耳。以是知仲遂賜氏之說非也……
> 案：文定之說本于劉炫。杜《注》云：「稱字者貴之。」《正義》曰：「季是其字，友是其名，猶如仲遂、叔肸皆名字雙舉。劉炫以季爲氏，謂與仲遂皆生而賜族，非也。」《公》、《穀》二傳亦皆以稱字爲賢，與杜、孔略同，則劉與文定之說爲無據。又襄二十三年盟東門遂，《注》云：「襄仲居東門，故曰東門氏。」若果生而賜爲仲氏，豈復舉其所居之地乎？（頁1200〜1201）

顧棟高根據孔穎達的說法認爲季友之「季」和仲遂之「仲」皆是字而非氏，提出魯三家皆作仲孫、叔孫、季孫，沒有作仲、叔、季的例子。魯國另有叔氏，但和叔孫氏無關。如果季友生而賜季氏，則季孫行父、季孫宿、季孫意如應該稱季行父、季宿、季意如，不當多一「孫」字。況且叔孫氏如省稱爲「叔氏」則和另一叔氏無法區分。〔註37〕至於仲遂，若仲遂生而賜氏，其子

〔註37〕春秋各國賜氏本應有所區分，不當重複，此顧棟高之意。然根據《左傳》記載，實有氏名重複之例，即齊國之高氏。高氏世爲齊卿，鮑叔牙言「管夷吾治于高傒」，管仲稱「天子之二守國、高在」，是高氏在齊桓公時已有之證。顧棟高於表中姜姓齊國之下即首列高氏。然齊國仍有另一高氏，《左傳》昭公三年載：「晏子曰：『姜族弱矣，而嬀將始昌。二惠競爽，猶可。』」（《春秋左傳正義》，卷42，頁17上）二惠其一指公孫蠆（子尾），其子爲高彊（子良），則齊國另有一出自惠公之高氏，〈列國姓氏表〉中亦列此一高氏。《左傳》定公九年載敝無存之言：「此役也，不死，反必取於高、國。」（卷55，頁22上）以國、高二

應當稱仲歸父，不當稱公孫歸父。並且仲遂父子乃東門氏，至仲遂之孫仲嬰齊才受賜仲氏。根據上列論述，顧棟高於論中反駁季友、仲遂生而賜氏之說，對於春秋時期的姓氏制度有所釐清。

〈列國姓氏表〉主要根據《左傳》中姓氏的記載，再依據其他材料加以補充歸納，詳細呈現出春秋時期的姓氏情形。但其中仍有一些編纂上的罅漏，例如〈列國爵姓及存滅表〉亦歸納各國之國姓，互相比照則發現有〈列國爵姓及存滅表〉錄其國姓而〈列國姓氏表〉缺漏者。如陽、劉乃姬姓，鄣、厲、呂、逢乃姜姓，戴、譚乃子姓，鑄、鼓乃祁姓，穀乃嬴姓，桐乃偃姓，弦、廧咎如乃隗姓，此皆〈列國姓氏表〉所缺者。（亦有〈列國姓氏表〉載其國姓而〈列國爵姓及存滅表〉缺者，如狄、白狄、赤狄，前者明言隗姓，〈列國爵姓及存滅表〉則未錄。）又姬姓之下列荀、郇二國，顧棟高雖於〈列國爵姓及存滅表〉錄或說以爲兩者同國，但於該表及此處仍分二國，即因不知上古國名多異辭的情形。陳槃嘗針對《春秋大事表》整理春秋國姓的缺失，論古代國姓的複雜云：

> 古代國姓所以多歧說者，時間或有不同，興滅有不可考。舊記冥昧，傳聞亦不無異辭。至如蠻、夷、戎、狄之等，部落繁多，分殖亦廣，尤不當拘拘以一姓爲限。古人著記，無非各據所見所聞。彼亦一見聞，此亦一見聞。何者爲是耶？何者爲非耶？史事、情實，吾人所不可知者，蓋亦多矣。〔註38〕

春秋時期的國姓，或後世歧說紛然，或各姓見載之字形歧異，十分複雜，也因此顧棟高整理之國姓是否確切，存在許多問題。〔註39〕至於分析各姓所分之氏，亦見一些錯誤，如嬀姓於齊國之下附田氏於陳氏之後，蓋據孔穎達《正義》之說以爲陳氏後改田氏，實際上陳氏即田氏，顧棟高不知陳、田上古音近而形成古籍異說，於是誤以陳氏後來改田氏。曹姓於邾國之下列有曹氏，雖引顧炎武諷駁曹操之祖或云出自邾，或云出自曹叔之說以誌懷疑，但不論如何，曹本國姓，不當列入分出之氏。〈列國姓氏表〉雖有一些疵誤，但是大體呈現春秋時期的各國姓的歸屬和姓氏之源流，後人正可依據其整理結果對

氏對舉，則前一高氏至定公之時仍存，故《左傳》記載若屬實，齊國實有二高氏。據此，春秋同國之內是否氏名不能相同，仍有待商榷。

〔註38〕陳槃：《春秋大事表列國爵姓及存滅表譔異》，頁23。

〔註39〕關於〈列國姓氏表〉國姓之闕誤可參見《春秋大事表列國爵及存滅表譔異》中〈後敘〉頁19～23及書中針對各國的考證。

春秋之姓氏有更深入的研究。

二、〈列國卿大夫世系表〉

如〈列國卿大夫世系表敘〉所言，此表之作起因於世卿制度造成的禍害，所以作表以明春秋各國卿大夫之世。〈列國卿大夫世系表〉分周王室及魯、晉、齊、宋、鄭、衛、陳、楚八國，再將各國卿大夫世系可考者羅列成表。表中所列各國卿大夫有世系可考者如下表：

國	氏族名
周	周、召、祭、原、毛、成、單、王叔、甘、劉、儋、尹
魯	仲孫（附子服）、叔孫（附叔仲）、季孫、展、臧孫、郈、施、東門、叔
晉	韓、趙、魏、范（士）、荀（後分中行、知）、欒、郤、胥、先、狐、祁、羊舌、籍
齊	高、國、管、鮑、隰、崔、晏、慶、欒、高、陳
宋	孔、華、樂、皇、老、仲、魚、蕩、鱗、向、靈、石、邊
鄭	良、游、國、罕、駟、印、豐、孔
衛	石、甯、孫、孔、北宮、世叔（太叔）、公叔、南
陳	轅、夏
楚	鬬、成、蒍、屈、陽、囊、申、潘、伍

表中先分國，再依國列氏族，氏族之內再列世系，前後相承。顧棟高於表前自言其編纂之體例有三條：

> 凡世系相承者俱直下，兄弟平列。
>
> 有世次可稽而無祖、父可承者，上空幾格。
>
> 無系可考者，另列於後，視其本族有某公時人，略以年代爲次。（頁1205）

此三條規則說明世系之中，若爲直系關係，則於表中直線相承，若爲兄弟關係，則同格平列。如果知其世系，但祖、父無可考者，則上空數格。世系不可考者列於最後，依據表中其他年代相近的人物，置入相對應之位置。也就是說表格之中橫向代表同一世代者，縱向則代表前後世系之相承。表中人物多據《左傳》所載，間有根據其他記載增補者。如據《國語》補魯國季孫氏之公父穆伯、郈氏之郈敬子、施氏之施伯、晉國荀氏之知宣子；據《論語》

補魯國季孫氏之季子然；據《禮記》補魯國季孫氏之季昭子、郈氏之郈惠伯、齊國國氏之國子高和國昭子、衛國石氏之石駘仲；據《世本》補晉國欒氏之欒叔、宋國華氏之好父說、樂氏之樂父術、鱗氏之公子鱗、向氏之向父肹。體例中雖未明言世代判斷的依據，但是從各表可以看出最主要依據杜預《注》來判別，杜《注》不可考時則依據《史記》、《世本》、《國語注》、陳厚耀《春秋世族譜》而定其世系。如果歷代說解無世代記載者，顧棟高則亦依年代安置。如周原氏之下原莊公、原伯貫、原襄公、原伯絞數世，顧氏只引《左傳》記載而未附其他說解，即據年代差距斷其世代。若世系有異說則採其中一說。如宋國樂氏中有樂呂，杜《注》以爲乃戴公曾孫，孔穎達《正義》則引《世本》反駁杜說，表中即用孔穎達之說（頁1313）。若有不能裁斷者，則闕疑之。如齊國高氏之下有高鄩和高偃，杜預以爲乃二人，孔穎達以爲乃同一人，表中案語即附孔說以闕疑（頁1286～1287）。

全表大多錄引歷來眾說以明各世系，顧棟高甚少個人意見，僅在幾處略述數句。如在宋國華氏之華元之下，特別附注「元歷事文公、共公、平公，凡四十年。」（頁1307）又於楚國成氏之成熊，其先引杜《注》：「成虎，子玉之孫。」之說，再下案語：「去大心之卒八十五年，或非大心之子。」表明對杜《注》說法的懷疑（頁1368）。

全表之體例大體如上所述，將各國卿大夫世系秩序井然地呈現。不過表中仍有一些編纂上的瑕疵。例如顧棟高有以年代判斷世代，但未必如其推算者。如周之成氏下有成肅公和成簡公，成簡公首見於《左傳·昭公七年》，距成肅公之卒達43年，表中兩人相承以示父子關係，恐未必如此（頁1213）。同樣情形如周之王叔氏，王叔簡公孔穎達只言爲王叔文公之後，表中接王叔桓公之後，兩人首見於《傳》之記錄者相隔56年，是否爲父子亦有爭議（頁1215～1216）。又楚國申氏之下有申驪，表中標明系未詳，其距申犀不過12年，表中卻相差2格（頁1375）。除了以年代判斷世系有爭議外，表中亦有其他問題。如魯國臧孫氏之下，表中臧會直承臧賈爲其子，然《傳》中只言臧會爲臧昭伯之從弟，不知顧氏之據爲何？〔註40〕又表中如有《正義》駁杜《注》之說，顧棟高大抵皆從《正義》，但如晉國魏氏之下杜預以魏絳爲魏犨子，《正

〔註40〕 唐·司馬貞：《史記索隱》（收入《史記三家注》，臺北：鼎文書局，民國69年）引《世本》言：「臧會，臧頃伯也，宣叔許之孫，與昭伯爲從父昆弟也。」（頁1541）亦未指明臧會之父爲誰。

義》反駁曰：「〈魏世家〉武子生悼子，悼子生絳，則絳是犨孫。計其年世，孫應是也。先儒悉皆不然，未知何故。」孔穎達之論十分合理，但表中仍用杜說將魏絳列魏犨之下（頁 1254～1255）。此外又有受限於表格設計而誤者，如魯國季孫氏之下據《禮記》補季昭子，並引鄭玄《注》：「昭子，康子之曾孫，名強。」根據鄭玄之說，表中季昭子應低季康子 3 格，但〈列國卿大夫世系表〉縱格之數只有 10 格，季康子已居第 8 格，則季昭子只能低 2 格而置於第 10 格。這些都是表中的小瑕誤，仔細深考即可發現。

　　顧氏作〈列國卿大夫世系表〉目的是為了明世卿之弊，但表中卻無任何針對世卿的批評論述。事實上〈列國卿大夫世系表〉客觀有條理的羅列各國卿大夫的世系，透過各表即顯露重要氏族的世系繁盛，如魯之三桓、晉之六卿、齊之陳氏等，再對照《左傳》中這些氏族各世代人物的記載，便不難彰顯其久居國家重位所造成的弊病。

第五節　人物類諸表

　　《左傳》中記載人物之數量龐大，共計有二千餘人〔註41〕，其中春秋時期人物之言行詳細可見者數量頗多，實可資進一步研究。《春秋大事表》既於〈列國姓氏表〉考姓氏之由來，又於〈列國卿大夫世系表〉編各國大夫世系之表，對春秋人物世系的來由始末詳細考察，其專門研究春秋人物者則有〈亂賊表〉、〈人物表〉和〈列女表〉三表。

一、〈亂賊表〉

　　孟子曰：「孔子成《春秋》，亂臣賊子懼。」顧棟高既於〈刑賞表〉認為春秋所載刑賞乃欲正綱紀，對於《春秋》書亂臣賊子之載，亦必認為有深意焉。〈亂賊表敘〉曰：

　　　春秋弒君二十有五，稱人者三，稱國者四。三家雜然發傳，《左》曰君無道也〔文十六年〕，《公羊》曰稱國以弒者，眾弒君之辭〔文十

〔註41〕據程發軔所著《春秋人譜》（臺北：教育部大學聯合出版委員會，民國 79 年）的統計，有 2767 人（頁 3）。而方朝暉於《春秋左傳人物譜》（濟南：齊魯書社，2001 年）統計日本學者重澤俊郎、佐藤匡玄編《左傳人名地名索引》書中所列《左傳》的人物則有 2455 人（編纂說明，頁 1）。前說合《經》、《傳》加以統計，故數量略多。參考二說謂《左傳》記載之人物有兩千餘人應無疑。

八年〕。《穀梁》曰君惡甚矣〔成十八年〕，其大旨略同。啖氏于莒弒
其君庶其《傳》辨之曰：「《春秋》弒君例，惡甚者不書賊臣之名，
懲暴君也可。施乎君臣，猶恐害教傷化，但恐暴君無所忌憚，不得
已而立此義。」豈有父爲不道，子可致逆。嗚呼！三《傳》謬矣，
啖亦未爲得也。夫君父一而已矣，聞有弒君之賊，人人得而誅之，
豈有暴虐之君，夫人得而弒之者乎！使欲懲暴君而先寬弒逆之罪，
使忍爲大惡者，俱得有所緣以藉口，是《春秋》教人爲篡弒也，烏
覩所謂《春秋》成而亂臣賊子懼乎！（頁 2497）

《春秋》所載稱人、稱國以弒君者，三《傳》之意皆在君惡當弒，啖助以爲
此乃懲暴君不得已之法。顧氏卻不贊成此種解釋。他將君父關係相比，認爲
君若無道，臣子亦無弒逆之理，頗有迴護君權之意。認爲三《傳》這種解釋
將開方便之門，使亂臣賊子若欲篡逆，以此爲藉口而弒君，如此《春秋》乃
教人篡弒之書，如何能使亂臣賊子懼！然則《春秋》中稱人稱國以弒者，其
意爲何？〈敘〉提出一套解釋：

《彙纂》之言曰：「《春秋》因魯史，魯史之文因赴告，有可損而不
能益也。」夫弒君之賊大抵當國者居多，其情必不肯以實赴。今使
後世有殺人者不得其名姓，則有當日之勘驗，有司之鞠審，大吏之
駁詰，而後眞犯始出。春秋無是也，天王不問，列國不問，苟本國
之臣子與爲比黨，而以委罪于微者赴〔如羽父弒隱公而討寫氏之
類〕，則魯史無從而得其是非之實，只得從其赴而書之。孔子生百年
後，而欲遍考七十二國之所聞以定其眞，則顯與國史異，而又恐所
聞者之未必果實，此疑獄也，故削其所諉之人而懸其獄，以俟後日
之自定，此聖人闕疑之學也。（頁 2497～2498）

顧氏以爲弒君者，大抵是當國之大臣，若行篡弒，必不肯如實使人赴告他國。
且春秋刑賞失政，他國之臣子若如魯之羽父弒隱公而歸罪於寫氏，與弒逆之臣
比黨而委罪於人，則魯史只能如其赴告書之。孔子作《春秋》，遍考各國之
載聞，於魯史之載有所疑，則削去其人，改稱國或稱人以弒，以志其疑。故稱
國、稱人弒君者，乃孔子筆削之法。〈亂賊表〉整理《春秋》所載篡逆弒君者，
明孔子之書法，以著亂臣賊子之罪。表中將亂賊的行爲分成弒君和出君兩類。
《春秋》弒君之載，書法多有差異，顧棟高將之分成公族而削其屬與氏者、大
夫而書名書氏者、稱公子者、稱國以弒者、稱人以弒者、世子弒君者、弒稱闇

稱盜者、內諱不書弒者、實弒而書卒者、不書弒而書殺者共十類。其中稱國、稱人以弒者，其義於〈敘〉中已申明乃闕疑之筆法，至於公族而削其屬與氏者，即衛州吁、齊無知、宋督、宋萬四弒逆之事，顧氏論《春秋》筆法曰：

> 此四條不稱公子，程子謂聖人削之也。蓋以其身為大惡，自絕于先君，故削之。大義既明于初，其後弒立者則皆以屬稱，或見其寵任之太過以致亂，或見其以天屬而反為寇仇，立義各不同。愚謂同一弒君，前後何忽異例，又何為至閔公以下而忽異，蓋程子不知未命不書族之義，故云爾也。春秋之初，諸侯猶請命于天子，不自命大夫，故隱、桓之世，如無駭、翬、挾、柔、溺及鄭之語、齊之年，俱不稱公子，初不以其弒君而削之也。莊公以後諸侯之公子多自命為大夫，故其弒君亦稱公子。此乃時世之異，非聖人有意嚴于前而寬于後也。弒君初不因削公子而見其罪，亦不以書公子而益甚其罪，程子之說未免支離。（頁2501）

程子以為此四者不稱公子，以身為公子行篡逆，當削其屬籍，明其忝為先君之後，乃《春秋》先明其惡之筆。其義既以明於前，後之弒君卻不削其公子、世子、大夫之稱謂，用以突顯臣子受國君寵幸卻為亂，足見人倫喪亡。顧氏認為同為弒君，《春秋》之筆法不當有如此差別，否定程子之說。他提出另一套解釋，認為不書公子，乃因春秋之初諸侯請命於天子，不自命大夫，是以州吁、無知不得稱公子。莊公以後諸侯多自命大夫，故得稱公子。是以顧氏認為《春秋》乃據實直書，並非刻意筆削而另有寓旨。〔註42〕又《春秋》有實弒而書卒者，亦是據實而書。如襄公七年，《左傳》明載子駟使賊弒鄭僖公，《春秋》書卒，顧氏以為「劉氏敞謂從赴書卒，以見鄭無臣子，極是。」（頁2509）國君遭弒而書卒，乃從他國赴告而書，可見《春秋》皆據實直書，唯魯因內諱故不書弒，即如胡安國《傳》所言：「不書弒，示臣子于君父有隱避其惡之禮。」（頁2508）孔子為魯之臣子，對篡弒得國的先君如桓公、宣公，

〔註42〕此說或疑非是。顧氏應據《禮記‧王制》「大國三卿，皆命於天子」之說，以為春秋之初魯、齊、衛、宋等諸侯皆請命於天子，以命大夫。然而〈王制〉之說是否反映春秋之實況，恐有問題。僖公十二年，管仲稱齊有國、高二守而辭上卿之禮，則齊之卿大夫受周天子策命者只有二位。況且如〈王制〉所言大國之三卿由周天子所命，則以下之大夫明由國君所命，豈如其言諸侯「不自命大夫」？況公子乃國君之子，豈待天子命而始能稱公子？然《春秋》不稱公子，未詳其故，闕疑可也。

亦應隱諱其惡。至於出君者，或臣子作亂，迫使國君出奔；或臣子據邑叛國，甚而挾邑投奔他國者，表中皆歸入此類。他國諸侯出奔則直書出奔，天子出奔則曰出居，魯昭公失國則曰公孫、公居、公在，其解釋曰：

> 襄王出居于鄭，賊在子帶也。王猛居于皇，敬王居于狄泉，賊在子朝也。而《經》止以天王自出、自居爲文，不著子帶、子朝之名氏，體自當如此。若書王子帶出天王居于鄭，王子朝出王猛居于皇，便覺非體。解此則知諸侯被逐，以自奔爲文之義矣。（頁2516）

> 昭公失國，賊由季氏，而《經》以自孫、自居、自在爲文。不斥季孫之名氏者，非爲季氏諱也，臣子立文，自應如此。若書季孫意如出公居于鄆，便不成體統，聖人所不忍言。《春秋》謹名分之書，季孫之罪自於上下文見之爾。（頁2518）

是以《春秋》爲天子及魯君諱，筆法則和他國諸侯出奔不同。然此類筆法爲何匿去逐君者，〈春秋逐君以自奔爲文論〉解釋云：

> 春秋亂賊，最甚弑君，其次逐君。弑君或書國，或書人，或書名氏，余既爲論著之矣。至出君則概以君自奔爲文，不書逐君者之名氏。此蓋聖人之特筆，不由赴告，不因魯史，欲以警惕震動乎人君，使知謹其操柄，而得制馭臣子之道也……夫君，出令者也，社稷于是乎凝承，臣民于是乎統馭。故君而見弑，則討賊之義嚴諸臣子。君身尚在，則制馭之道責諸君身。（頁2523）

顧氏認爲《春秋》匿去逐君者之名，主要目的在於警戒人君要謹愼爲政，不可大權旁落於朝臣。國君若受迫出奔，雖臣子有罪，但責任在國君未能統帥臣子而遭難。況臣子逐君之事，從上下文仍足以得知，其罪亦昭然可見。〈亂賊表〉列《春秋》所載臣子簒弑叛逆之事，明孔子書載之筆法，亂臣賊子之罪皆在表中顯露無遺。

二、〈人物表〉

　　班固著《漢書》有〈古今人表〉，乃用表評價歷史人物之先聲。《春秋大事表》中品評春秋人物者，則有〈人物表〉。〈人物表敍〉曰：

> 昔班孟堅纂《漢書》列表十，其終曰〈古今人表〉。余讀之殊苦其不倫，自遼古羲皇，以至孔子，下逮桀、紂、幽、厲、妲己、褒姒、夏姬之徒，列爲九等，猥雜已甚。且世代遼遠，難可悉數。以余觀

　　春秋二百四十二年，人物號爲極盛，無論孔子大聖垂法萬世，即如
　　柳下惠之和聖，季札、蘧伯玉之大賢，亦古今罕儷，而讒佞亂賊之
　　徒，後世之殊形詭狀者，亦莫不畢見於春秋之世。無他，國異政則
　　賢否絕殊，世變亟則奸邪輩出也。謹就其中區其類爲十有三，曰賢
　　聖，曰純臣，曰忠臣，曰功臣，曰獨行，曰文學，曰辭令，曰佞臣，
　　曰讒臣，曰賊臣，曰亂臣，曰俠勇，而以方伎終焉。（頁 2601）

〈古今人表〉將上古以來的人物從上上至下下共分成九等，顧氏認爲其涵蓋
的時間太長遠，而且分類不佳，對此有所非議。不過〈古今人表〉將人物分
類並評鑑的概念，卻爲顧氏所接受，改其體例而成〈人物表〉。〈敘〉中認爲
春秋人物繁盛，聖賢姦佞皆有，故將春秋之人物分成十三類。此十三類爲賢
聖、純臣、忠臣、功臣、獨行、文學、辭令、佞臣、讒臣、賊臣、亂臣、俠
勇、方伎。聖賢乃評價最高者，共有柳下惠、蘧伯玉、孔子等十五人。純臣、
忠臣和功臣三者皆爲國家之良臣，其差別在於：純臣十三人，應是其人德行
足以讚揚者收入此類，如衛石碏、齊鮑叔牙、衛甯俞、鄭子皮等；忠臣合孝
子共二十三人，附隨季梁和虞宮之奇二人，其類皆爲忠君愛父之臣；功臣二
十一人，則是於國家有功勞者，如魯季友、齊管仲等。獨行收有八人，並附
楚熊宜僚、鄭鬻褚商人，此類皆如介之推不爲功祿所動者。文學者共十一人，
收晉叔向、吳季札、魯叔孫豹等嫻熟典籍者。辭令類共有七人，收鄭燭之武、
弦高等以辭令說服他人，應對得宜者。辭令以下有佞臣、讒臣、賊臣、亂臣，
則是小人之類，其區別爲：佞臣收隨少師、鄭申侯等十五人，皆巧語迷惑國
君或受國君寵幸之臣；讒臣共十五人，收晉外嬖五、東關嬖五等進讒言逐殺
他人者；賊臣三十人，收衛州吁等弒君之臣；亂臣八十四人，收鄭叔段、魯
叔牙等爲禍作亂之臣。此外表中還有俠勇、方伎兩類，俠勇收魯曹沬、晉鉏
麑等有勇之人。方伎共十九人，乃如周泠州鳩、晉師曠等通音樂、卜筮、醫
術等人。〈人物表〉十三類共包含春秋各類人物共 269 人，其中取捨之旨，〈敘〉
中有所申明：

　　凡孔門弟子之見于《左傳》者，靡不具載，所謂附驥尾而名益顯，
　　其餘寧愼無濫。而向戌、樂書之列於讒臣（案：表中實將樂書列入
　　賊臣），衛子鮮之不得列于獨行，亦春秋推見至隱，原情定罪之意云。

顧氏又於表後識語曰：

　　各項俱極謹愼，純臣列士燮，而不列士會，以士會在秦時，爲秦畫

策謀戰故也。提彌明之于趙盾，董安于之於趙鞅，俱以身死難，而
不得與于忠臣之列，以爲私家盡力，貪其搴養之恩，而不明大義，
特與佞倖有別耳。鬻拳兵諫不可以訓；子文與管仲同時，而專事猾
夏；華元合晉、楚之成，爲向戌弭兵之倡；趙武、韓起文雅優柔，
使晉伯業不振，其功業俱無足稱，故俱沒其名不列。楚子西與仲歸
謀弒穆王，鄭羣公子謀殺子駟，俱事成則爲討賊，不成則身族滅而
受惡名。《春秋》于楚大夫宜申稱國以殺，而不去其官，存恕道，此
聖筆之權衡也。衛子鮮托于木門，終身不入衛國，疑可入獨行。然
先儒謂其導甯喜以弒君，又不忍負甯喜而甘棄其君兄，亦未爲知道，
較魯之叔肸、曹之子臧遠矣。卜齮、圉人犖及程滑親加刃於君父，
而賊臣不列其名，以其微者，且安知非歸獄，罪當坐主謀，不使他
人得分其罪。如後世魏高貴鄉公之死當坐司馬昭、賈充，不當及成
濟也。齊襄之弒從死者三人，齊莊之弒從死者十人，後爲莊公報仇
者二人，然平日從君於昏，苟私于所事，烏得謂明于大義，得免佞
倖足矣。凡茲去取俱有微意，不得以脫漏爲嫌。（頁2615）

從上引兩段文字中可以看出顧棟高編輯之取捨。舉凡《左傳》中記載孔門之
弟子皆編入〈人物表〉之聖賢類。又宋向戌及晉欒書雖頗有功業，但是向戌
以讒言使宋平公殺太子痤，欒書使程滑弒厲公，所以一入讒臣，一入賊臣。
此外個人事蹟有見於《左傳》，但未編入〈人物表〉者，皆有考量之依據。例
如卜齮、圉人犖及程滑，認爲可能如〈亂賊表〉所言遭篡弒之臣委罪，故不
列入賊臣之列。又如士會以晉臣入秦而爲秦策劃，鬻拳以兵諫楚文王，雖皆
有賢名，但顧氏以爲不可取故不收。其他如子文以楚亂夏，華元、趙武、韓
起其功業不彰等，亦各有不收入〈人物表〉的理由。此即顧氏評選之標準。

　　除了將人物分類評鑑外，顧棟高於〈人物表〉後還撰有多篇論考，如〈鄭
莊公論〉、〈鄭莊公後論〉、〈鄭莊公三論〉、〈衛石碏論〉、〈晉狐偃趙衰胥臣論〉、
〈鄭燭之武論〉、〈衛蘧伯玉論〉、〈列國謚法考〉諸篇。其中〈衛石碏論〉主
要聲明「古來之除奸必出于愼密持重」（頁2620），〈晉狐偃趙衰胥臣論〉則以
此三人「後利而先義推賢而讓能」（頁2621），〈衛蘧伯玉論〉則以孔子之讚譽
懷疑《左傳》記載蘧伯玉之行爲不可信。這些論述中，顧氏對鄭莊公和燭之
武的評論最具特色。例如鄭莊公，顧氏特別再三申論以明其克段之事。〈鄭莊
公論〉以爲：

論春秋初年，列侯僭侈，多封樹子弟，以僭擬王室，而卒自受其弊。
同時衛有州吁，晉有成師，鄭有叔段，皆擁強兵謀奪宗。其後桓公立
十六年而州吁弒其君。成師傳莊伯，至武公，凡五弒君，歷六十七年
而卒滅晉。獨莊公克平大憝，宗祧無恙。論者謂莊公養成段惡，志在
欲殺其弟，歷千百年無有能平反是獄者，此信《傳》而不信《經》之
過也。愚獨謂莊公之為人狙詐猜忍，無一事不干天討，獨其處段未為
過當。夫段之作亂，路人皆知，形勢已成，使莊公而稍屏弱，不為衛
桓之駢首就夷，即為晉之三世有亂，其機間不容髮。且以莊公之雄才，
其欲殺段，宜無難者，而莊公未嘗窮追極討，如齊桓之殺子糾，楚平
之殺子干、子皙，仍使之觶口于四方，則所謂緩追逸賊，于親親之道
正合。《穀梁》訓克為殺，既於實事不符；而《左傳》謂稱鄭伯，譏
失教。嗚呼，莊公豈能教段使不為亂哉！段恃母之寵愛，常謂莊公之
攘奪其位，其心每憤恨不平。使莊公而稍禁戢之，適足予以兵端而反
噬，故母氏請京則聽，收貳至廩延，亦不發露，隱忍至二十二年之久。
蓋猶有畏名義，念母與鞠弟之心，非可謂養成其惡也。且石碏純臣，
豈有養成子惡之理，而石厚佐州吁弒君，石碏熟視十六年不能禁，直
至問定君之計，詭計請陳而使殺之，此實出于無奈，而謂石碏之處心
積慮成于殺子乎！嗚呼！于石碏之殺其子則謂之大義滅親，于莊公之
以罪逐其弟則謂之處心積慮成于殺，此見世俗之情私于父子而薄于兄
弟，遂以此立論。（頁 2615～2616）

歷來對鄭莊公的評價皆以為其故意使共叔段為惡而加以剷除，居心叵測，故
予以貶責。〔註43〕顧棟高則認為春秋之初各國皆有篡弒國君之事，莊公得以
免於難，在於處置得宜。論中以為莊公雖然狡詐，但對叔段隱忍二十餘年，
並於討伐時未窮追，只使其觶口于四方，可說是仁至義盡。且共叔段有母愛

〔註43〕 如胡安國：《春秋胡氏傳》詮釋「鄭伯克段於鄢」言：「用兵，大事也，必君臣
合謀而後動，則當稱國命公子呂為主帥，則當稱將出車二百乘，則當稱師。三
者咸無稱焉，而專目鄭伯，是罪之在伯也。」（卷1頁，2下）又如蘇轍：《春
秋集解》（收入《百部叢書集成》，臺北，藝文印書館，民國56年，影印清同
治7年經苑叢書本）以為：「段之亂，鄭伯成之也……段之欲為亂久矣，鄭人
知之，而鄭伯不禁，非不能也，將養之使至於亂，而加之以大戮。」（卷1，
頁3上）呂祖謙於《東萊博議》（收入《百部叢書集成》，臺北，藝文印書館，
民國56年，影印清同治胡鳳丹輯刊金華叢書本）中〈鄭莊公共叔段〉一篇對
鄭莊公之用心更以為乃「天下之至險」而嚴加批判。（卷1，頁1上～3下）

憑恃，鄭莊公並不能阻止其作亂，不可謂養成其惡，就如石碏不能阻止石厚佐州吁為亂一樣。顧氏還認為石碏等待十六年，人皆曰大義滅親；鄭莊公容忍二十二年而逐共叔段，卻落得處心積慮殺弟的批判，其原因在於「世俗之情私于父子而薄于兄弟」。〈鄭莊公後論〉和〈鄭莊公三論〉則延續前說，主要將鄭莊公克段和明成祖篡弒得位之事兩相比較，認為國君維繫社稷的安定，鄭莊公的處置並無不妥，不然國家將由亂臣所竊。若批駁鄭莊公伐共叔段，將使後代亂臣有作亂之藉口。所以顧棟高對鄭莊公採取同情的角度為其辯駁，認為鄭莊公雖為人險詐，但克段之前後佈局乃為國家社稷而謹慎防備，行為並無不妥。至於莊公緩追逸賊使共叔段得以逃走，更是符合儒家的親親之道。顧棟高一反歷來諸家對鄭莊公的批評，從不同的角度著眼以分析其前後始末，論述鄭莊公歷史上的評價，其說頗值參詳。

顧氏除對鄭莊公有異於世人的評價外，〈燭之武論〉中亦展現其不同他人的見解，其評論曰：

> 世多稱燭之武退秦師，謂與展喜犒齊同，能不戰而屈人之兵。以余考之，良不然，燭武特戰國策士之先聲，偷取一時之利，其實兆鄭二百年晉、楚之禍者，燭武為之也。何則？鄭之大患在楚，而唯秦與晉合，則力足以抗楚庇鄭而無患。往者齊桓嘗勤鄭矣，卒之楚患未已，甚者江、黃則為楚所滅。獨至城濮之役，晉合齊、秦攘楚，楚力屈遠遁，而鄭乃得安意事晉。今一旦秦、晉以小嫌伐鄭，其實主兵者晉也，為鄭之計，宜屈體以求成于晉，晉退而秦亦退，秦、晉之懽不失，則晉之足以庇鄭者如故也。乃間秦撓晉，用三帥戍之，未幾秦旋圖鄭，使晉襄不禦之于殽，而鄭蚤為秦滅矣。一自殽之師起，而秦、晉之仇不解，楚且乘間以合于秦，使晉力疲于西，不得復致力于東，楚得日翦東諸侯而無忌，鄭且駸駸日逼矣。夫秦、晉、楚，匹也。燭武第知當日說秦可以紓二患，不知啟秦窺覦之心，而又多一秦患。幸而殽師扼之而秦患不至，而晉勢孤力分，不能抗楚，而楚之禍方深，厥後秦、晉之仇二百年不解，而鄭國晉、楚之禍亦二百年不息，犧牲玉帛待於二竟猶不得免，是誰之咎哉！（頁 2623～2624）

燭之武退秦師，歷來對其評價頗高。但顧氏卻認為其行徑如同戰國策士，開啟鄭國此後二百年的禍害，實不足取。是論以為鄭國之患在於楚國，晉唯有連秦才能制楚。燭之武退秦師反而使秦、晉不合，楚因此能藉機危害各國，

鄭國反受害更深。是以後來秦欲襲鄭而險有戰禍，之後晉、楚長年爭鄭時只有夾縫其中，顧氏認為皆是燭之武退秦師所造成的結果，認為其求一時之安，開啓百年之釁，實是鄭之罪人。〈燭之武論〉以通觀史事的方式來重新評價燭之武退秦師在歷史上的意義，可說展現迥異他人的評論觀點。

　　從〈人物表〉的設計、採納標準，乃至於表後人物之論，顯現出顧棟高獨特的觀點，從中可以發現其評鑑之原則。一、宏觀歷史的人物評鑑。顧棟高對春秋人物之評價，並不只在個人對國家的貢獻，往往著眼於其對春秋長遠而整體的影響。是以其評價燭之武，並不以其為解救兵圍的功臣，反是破壞秦、晉關係，開啓鄭日後災禍的禍患。又如華元盡心事宋，魚石稱其「多大功，國人與之」〔註44〕可見華元頗有賢名。然顧氏以為其開啓向戌弭兵之先聲，使晉、楚爭盟之優勢轉向楚國，便認為功業無足稱而不收，亦是針對春秋形勢貶抑華元。〔註45〕此外令尹子文於楚為賢，如楚莊王即懷念「子文之治楚國」〔註46〕，但顧氏亦以子文使楚亂夏故不錄。〈晉狐偃趙衰胥臣論〉對狐偃、趙衰、胥臣三人的評價，則重視「三子所舉人才，晉國賴其利者再世。」（頁2622）這些都是顧棟高以宏觀的角度去衡量人物評價。二、對君權的維護。顧棟高曾於〈亂賊表〉言「夫君父一而已矣，聞有弒君之賊，人人得而誅之，豈有暴虐之君，夫人得而弒之者乎！」（頁2497）可見其維護君權的思想。〈人物表〉亦是如此，全篇最重視君權者莫過於〈鄭莊公論〉。顧氏維護君權的角度為鄭莊公翻案，認為克段之記載乃「大鄭伯之能戡亂」（頁2617）。而且「莊公既立，則社稷為重而身為輕。」（頁2619）其身雖輕，但卻關係國家的穩定，是以克亂即在於穩固君權，亦即穩定社稷的發展。〈衛蘧伯玉論〉曰：「夫子之作《春秋》，將以嚴君臣之分，立臣子之防，使為人臣者盡忠不貳以事其君。」（頁2623）臣子必須忠於國君，更不可以對國君有逾越禮法的行為。故鬻拳以兵諫楚文王，雖然自刖以討己罪，但是顧氏以行為不可取，於是不列入表中。士會雖因趙盾改立靈公被迫事秦，但卻也因此不忠，表中亦不列。提彌明和董安不得列於忠臣，即在於臣子應該忠於君而非忠於私家，故其「不明大義」（頁2615）。東漢班固〈古今人表〉於天子、諸侯皆在評鑑之等，顧氏〈人物表〉中卻只將臣子分成十三等，不對周天子和國君予以評鑑，君臣之別相當明顯。這些論斷和表

〔註44〕晉・杜預注，唐・孔穎達疏：《春秋左傳正義》，卷27，頁23下。
〔註45〕關於弭兵之議對晉、楚局勢之轉變，顧棟高於〈宋執政表〉多有論述。
〔註46〕晉・杜預注，唐・孔穎達疏：《春秋左傳正義》，卷21，頁21上。

的設計都顯示〈人物表〉維護君權的用意。

顧棟高於表後識語稱其人物品鑑「俱極矜愼」，從分類和評論原則來看，〈人物表〉的確展現顧棟高謹愼又具有特色的人物評鑑。儘管如此，其中卻有不少不合理之處。例如將《左傳》中所見孔子之弟子列入聖賢之類，是以子路、冉有、樊遲、有若、子貢、子羔、琴張、澹臺子羽、南宮敬叔、司馬牛和秦丕茲皆得列聖賢之列。〈人物表敍〉曰：「凡孔門弟子之見于《左傳》者，靡不具載，所謂附驥尾而名益顯，其餘寧愼無濫。」（頁2601）顧氏認爲此乃附孔子之驥尾，故列入聖賢。但孔門弟子有賢有不肖，豈能以其事孔子遂不加分辨皆列入聖賢？如琴張、秦丕茲之事蹟不詳，將其列入聖賢並不妥當。〔註47〕又子路和子羔亦同列聖賢，然蒯聵父子爭國之亂中，兩人之行徑並不相同。《左傳・哀公十五年》曰：「季子將入，遇子羔將出，曰：『門已閉矣。』季子曰：『吾姑至焉。』子羔曰：『弗及，不踐其難。』季子曰：『食焉，不辟其難。』子羔遂出，子路入。」〔註48〕是以子路蹈衛出公之難而子羔得免。若據〈衛蘧伯玉論〉所言：「食人之祿者，死人之事。」（頁 2623）則子路的行爲較符合顧氏之論，兩人同列聖賢，豈不矛盾？又顧氏以子文「專事猾夏」而不列，然功臣中卻列子文之父鬬伯比。鬬伯比爲楚武王謀侵隨，豈非「猾夏」之舉？這些都是人物評鑑中取捨矛盾之處。此外人物往往具備多種面向，若要根據其特色分類，難免會失之於偏。例如表中將吳季札列入文學類，以其嫻熟典籍之故。然季札辭吳子之立，若列入獨行之中，亦未嘗不可。以上皆顧氏在編排〈人物表〉中所顯露的缺點。其人物諸論亦不無問題，如鄭莊公伐共叔段之事，雖然國君戡亂乃理所當然，不宜苛責。不過《左傳》記載祭仲等勸其趁早處理，但鄭莊公胸有成竹待其造反便加以攻之，以此觀之手段實不無爭議。又〈鄭燭之武論〉以燭之武使秦、晉失和，啓鄭二百年之禍患，劉文強在〈評顧棟高燭之武論〉中加以反駁，認爲燭之武救鄭有功，秦、晉之失和不當歸咎於此，頗得其實。〔註49〕〈衛蘧伯玉論〉以爲《左傳》

〔註47〕 琴張據杜《注》曰：「琴張，孔子弟子，字子開，名牢。」（《春秋左傳正義》，卷49，頁8下）則其爲孔子弟子。秦丕茲《左傳》載其事孔子（《春秋左傳正義・襄公十年》，卷37，頁 7 下）。而清・齊召南《春秋左氏傳注疏考證》以爲秦丕茲即《史記・仲尼弟子列傳》中的秦商。（轉引自楊伯峻：《春秋左傳注》，頁978。）兩人之事蹟除《左傳》記載孔子勸琴張勿往弔宗魯外，其餘史籍皆未詳。

〔註48〕 晉・杜預注，唐・孔穎達疏：《春秋左傳正義》，卷 59，頁 14 上。

〔註49〕 劉文強：〈評顧棟高燭之武論〉（收入所著《晉國伯業研究》，臺北：學生書局，

之記載失實，吳樹平亦反駁其說，提出《左傳》中的蘧伯玉的行為，正符合《論語》所言「君子哉蘧伯玉，邦有道則仕，邦無道則可卷而懷之。」顧氏因為蘧伯玉的行為不符合其忠君思想，便毫無根據否定《左傳》的記載，並不可取。〔註 50〕這些都反映顧棟高偏頗之處。故讀其人物之論，可取其精要之處，然亦當慎辨其偏。

三、〈列女表〉

《春秋大事表》於〈人物表〉中將春秋男性人物分成十三等加以品評，對春秋女性人物的評論，則另作〈列女表〉。其〈敘〉曰：

> 周家世有婦德，自周姜以迄任姒，世嗣徽音，文王后妃，化行江漢，其易汙亂以貞信，豈一朝一夕之故哉！逮春秋之世，四百餘年，禮教陵夷，衛興〈新臺〉之刺，齊有〈南山〉之行，魯以秉禮之國，再世女禍，文、武之家法盡矣。吾夫子作《春秋》內大惡諱，而夫人姜氏會齊侯于防、于穀，如齊師，享祝邱，繁稱不殺，豈非著其淫佚不道為世鑒哉！夫上有好者，下必有甚焉。是以春秋卿大夫家咸淫姣失行，外于禮法，通室易內，恬不知恥。《春秋》大書紀叔姬、宋共姬之卒，蓋欲撥亂世反之正。（頁 2627）

顧氏以周初歷世頗有女德之風，至春秋淪喪殆盡，乃日漸喪亡之故。上如國君之夫人淫亂放縱，下之臣子則亦隨而失於禮法，此實與禮教之衰亡息息相關。所以《春秋》對紀叔姬、宋共姬之事詳加記載，用意即在提倡禮教以撥亂反正。〈列女表〉「倣孟堅遺意，將春秋列女區為三等」（頁 2627）將春秋之列女分成節行、明哲、縱恣不度三等。上等節行如衛莊姜、戴媯、紀叔姬、宋共姬之類共十二人。中等明哲則列楚鄧曼、秦穆姬等十一人。下等縱恣不度則列魯文姜、哀姜、敬嬴等三十四人。表後有述曰：

> 晉懷嬴、魯施孝伯女（案：應為施孝叔之妻）俱係失節婦人而非其

2004 年，頁 449～463。）其論大抵以為：一、燭之武救鄭，鄭當時之局勢危如累卵，豈能「屈體以求成于晉」？燭之武退秦師實有大功。二、秦偷襲鄭為奇襲，在被識破後而班師回國，在此途中才於殽遇晉師，顧氏所謂「使晉襄不禦師于殽，而鄭早為秦滅矣」並非事實。三、晉不能抗楚之原因，非只失和於秦，亦和失於齊及內爭激烈有關。四、晉失和於秦，不可歸罪於燭之武，實受先軫及趙盾之作為才導致兩國相仇。

〔註 50〕吳樹平：〈顧棟高和他的春秋大事表〉，頁 36～37。

罪，且其人亦頗明于見事機，識道理，然無可襃，如後世蔡文姬一

流。息嬀委身事仇，更下一等。然自入楚以後，未聞失檢，即有子

元處王宮事，而不著其淫通事迹。魯鄫季姬《左氏傳》與《公羊》

各異，然諸儒謂宜從《公羊》，姑闕疑。俱沒其名不列可也。鄭雍糾

妻、齊盧蒲癸妻，雖與淫肆殊科，然亦人倫天理滅盡矣，特附于列

女之下，用志春秋世變之極云。（頁 2360）

晉懷嬴受秦穆公之命嫁晉太子圉以監視其行動，最後放任太子逃回晉國；魯
施孝叔之妻遭聲伯奪與郤犨，顧氏認爲兩者雖非其罪但仍失婦節。息嬀雖未
有荒淫事蹟，但息被楚滅而仍事楚。魯鄫季姬之事蹟，《左傳》和《公羊》對
其評價有爭議。故晉懷嬴、魯施孝叔之妻、息嬀、魯鄫季姬皆不收入〈列女
表〉。其於縱恣不度下附鄭雍糾妻、齊盧蒲癸妻，認爲「人倫天理滅盡矣」。
鄭雍糾妻因雍糾欲弒其父祭仲，最後聽從母親之言向祭仲告密；盧蒲癸妻幫
助盧蒲癸引誘其父慶舍而殺之，兩例剛好相反，則父親和丈夫鬥殺中，不論
是幫助哪一邊，顧氏認爲皆於人倫天理喪滅。類似的情形見於秦穆姬，面對
丈夫秦穆公和兄弟晉惠公的衝突，表中將其置於明哲，似乎認爲女性在爭鬥
雙方都有人倫關係時，應捨身勸解才是適當的行爲。由此可見〈列女表〉對
春秋女性的評斷原則與觀念。施之勉曾爲此表作考釋，更可藉由瞭解其中人
物的事跡和顧氏的編纂原則。〔註 51〕

第六節 其他諸表

《春秋大事表》分析人事的表，除上列禮制、軍事、政治、世族、人物
各類之外，還有〈城築表〉、〈四裔表〉和〈五行表〉三篇較難歸類者，則歸
入此節。以下依序加以討論。

一、〈城築表〉

《春秋大事表》第三十八卷爲〈城築表〉，此表所列乃《春秋經》所載魯
國築城等建設紀錄共 23 條。關於編輯〈城築表〉的用意，表前之〈敘〉有所

〔註 51〕 見施之勉撰：〈春秋列女表考釋（上）〉（《大陸雜誌》，1982 年，第 65 卷，第
5 期，頁 205～219。）及〈春秋列女表考釋（下）〉（《大陸雜誌》，1982 年，
第 65 卷，第 6 期，頁 280～297。）兩篇。

說明：

> 國家用民之力，歲不過三日，〈豳風〉：「我稼既同，上入執宮功。」
> 〈召誥〉：「厥既命殷庶，庶殷丕作。」言先王之世，役民而民不知，
> 相與趨事赴功如此也。夫說以使民，民忘其勞，說以犯難，民忘其
> 死。所謂說者，非家喻而戶曉之也，民知其事之不獲已，而非爲其
> 私，則雖捐軀赴刃，而民不怨，況區區力役乎？……春秋十二公其
> 用民力多矣，僖公修泮宮，復閟宮，不志于經。程子謂復古興廢，
> 乃禮之大者，至城郭溝池以爲固，非立國之本務。春秋自莊以後，
> 或黷武啓釁而防報復，或背盟大國而慮見討，又況末季權臣擅侵奪
> 小國以自封殖甚矣。故凡城之志，無論時不時，皆譏；臺囿之築，
> 耽細娛而忘國計，其失更不待言。莊公忘父讎不報，而一年三築臺；
> 昭、定當權臣竊國，而築郎囿、蛇淵囿，此眞下愚不移，無足與論
> 得失之數矣。（頁 2145）

〈敘〉中說明上古的先王勞役人民而人民不知，乃因先王不敢太過勞動民力，
並且目的是爲了國家公事，使人民甘願從役。然春秋之時，民力動用日益頻
繁。顧棟高以爲修築城池溝洫，並非穩固國家的本務，魯國卻自莊公以後不
斷修築城郭，一方面是擔心之前武力攻打別人而防止他人報復，一方面則擔
心背棄盟約而懼遭討伐，以及權臣侵略小國以擴大封地這三種情形使然。所
以顧氏認爲《春秋》記載築城，不論時不時，都是譏貶。至於修建臺囿，那
更是貶斥其耽於娛樂。就此而言，顧氏認爲築城雖然看來可鞏固國家的防禦，
其實不然，不如從內削奪權臣之權，從外講信和睦於鄰邦來得有效。至於純
粹爲了私樂勞動民力，更是萬萬不可。基於這種觀念，顧棟高於是編輯〈城
築表〉，以彰顯魯國國君任意勞動人民的過錯。〈城築表〉中分成城、築及附
外城三表。所謂城跟築的差別，顧棟高於表前引其舅華學泉之說：「城者完舊，
築者創始。」（頁 2146）則城、築皆是土木工程之稱，不過前者是修繕舊有城
郭，後者則是建立新的都邑或是其他建築。雖然城與築在意義上有區別，但
《春秋》記載城或築用意皆是譏貶。〈城築表〉列舉《春秋》記載中「城」者
23 條，皆有所譏貶。例如「隱七年夏，城中丘」一條，表中列舉諸說：

> 《左傳》：「書，不時也。」

> 《穀梁》：「城爲保民爲之也，民眾城小則益城。益城無極。凡城之
> 志，皆譏也。」

范氏甯曰：「刺公不脩德政，更造城以安民。保民以德，不以城也。」

孫氏復曰：「得其時者，其惡小；非其時者，其惡大。」（頁2146～
2147）

此條《左傳》以爲《春秋》記載，乃因修築非時。《穀梁》認爲城是爲了保民，城小不足容民時則要修築擴大，但這樣是無止盡的，所以《春秋》書城皆譏貶。范甯則擴充《穀梁》的意思，認爲安定人民應修德，而非修城。孫復則認爲不論時或不時，修城國君皆有惡。此處所列舉諸說皆闡釋《春秋》譏貶之義。在23條「城」表之中，也列舉1條疏浚河水的記載，即「莊九年冬，浚洙。」《春秋》經爲何要記載浚洙，表中舉二說予以解釋：

《公羊》：「畏齊也，辭殺子糾也。」

張氏洽曰：「洙水在魯北，齊伐魯之道也。魯雖殺子糾，猶有畏齊之
心，故浚而深之，以備齊師之至。書之，以見其不能明政刑、固人
心以端國之本，而重困民于無益也。」（頁2146）

《公羊》和張洽都以爲魯國疏浚洙水，乃是因爲怕齊國因公子糾之事來伐，所以浚深洙水以爲防備。張洽並以爲莊公不能行政清明，更疏浚以擾民，根本非治本之道，所以《春秋》書載之。疏浚和修城皆強化防禦工事，因此顧棟高將之納入同表。

至於記載「築」者，〈城築表〉將《春秋》書「築」者8條，附新作3條編入同表。關於築者，如「莊公三十一年春，築臺于郎。」「夏，築臺于薛。」「秋，築臺于秦。」莊公同年築臺三次，表中將三次列於同格，各引杜預、《公羊》、張溥之說申明之：

杜氏預曰：「書築臺，賜奢，且非土功之時。」

《公羊》：「何以書？譏遠也。」

張氏溥曰：「二十八年，築郿，則大無麥禾。二十九年，新延廄，城
諸、防，則有蜚。三十一年，三築臺，則冬不雨。莊公歲勤民而歲
有災，如此猶不知懼耶！」（頁2152～2153）

杜預認爲築臺于郎乃爲了國君個人逸樂，所以《春秋》書之以貶刺奢侈，並且不在可以實行土功的冬天施工，更書之以志其奢。《公羊傳》對於築臺于薛則以爲地遠而築，所以書之。至於張溥則對莊公連年耗費民力於修築，天降災荒仍不知懼的行徑有所批評。據所引論述則清楚呈現莊公不恤民力，屢興土木而耽于淫樂的一面。《春秋》除了書「築」之外，還有書「新」者，即「莊

公二十九年春，新延廄。」關於此條，表中列舉《公羊傳》的說法對此有所
詮釋：

　　　　《公羊》：「新者何？脩舊也。脩舊不書，此何以書？凶年不脩。」

　　（頁 2152〜2153）

《公羊傳》認為新乃脩舊之詞，脩舊本應不書，此所以書之者，乃前年冬天
才「大無麥禾」，不應於隔年春天勞民而脩舊。《春秋》有書「新」者，亦有
書「新作」者 2 條。如表中列舉「定二年冬十月，新作雉門及兩觀」，並旁引
高閌的說解：

　　　　高氏閌曰：「魯僭天子之禮，天子示變以警之。遇災而不知以為戒，

　　　　乃更作而新之，反加其度焉，是魯之僭終無已也，特書新作，罪在

　　　　定公也。」（頁 2154）

高閌以為雉門和兩觀乃天子之制，其用途乃具備警示作用。魯國舊有雉門及
兩觀，已是僭越天子之禮。定公二年春雉門及兩觀遭火災焚燬，高氏以為定
公非但不因此有所戒懼，反而新蓋雉門及兩觀，依舊僭越天子之禮，所以《春
秋》書新作而歸罪於定公。此表之中列「築」、「新」、「新作」三項，築乃新
建，新、新作則是舊有重新修繕之詞，意義略有區分。此三種所修建的對象，
除莊公二十八年的築郿是造邑外，其餘皆是館、臺、門、囿等較小的建築物。
此三種用語雖然意義不盡相同，但如〈城築表〉所列舉，《春秋》記載之義皆
是譏貶魯國國君興役勞民，僭越禮法。

　　〈城築表敘〉：「故凡城之志，無論時不時，皆譏。」此一意見從上論來
看可說顯露無遺，即《春秋》中書城與築者，都具譏貶之意，和《穀梁》所
謂「凡城之志，皆譏也」意見相同。然《左傳》對此卻有不同的解釋。《左傳》
以為《春秋》記載書城者，有因不時而載者，如隱公七年城中丘，《左傳》便
提出不時而譏之說。然除不時而書之外，《左傳》認為也有合時而書者。如莊
公二十九年冬，《春秋》記載魯城諸及防，《左傳》即以為：

　　　　書，時也。凡土功，龍見而畢務，戒事也。火見而致用，水昏正而

　　　　栽，日至而畢。〔註52〕

此處《左傳》以為《春秋》之記載是合時而書，並且解釋春秋時的土木工程
需配合時節，至多至就應當終止不再施工。據《左傳》的解釋，《春秋》書城
者未必是譏貶。相對於《左傳》莊公二十九年合時而書之說，顧棟高於表中

──────────────────

〔註52〕晉・杜預注，唐・孔穎達疏：《春秋左傳正義》，卷 10，頁 16 下〜17 上。

此條列舉的諸家解釋，可視爲對《左傳》的批駁，如：

> 家氏鉉翁曰：「魯比歲凶饑，而莊公輕用民力，不惟城一邑，併城二邑，故雖時而必書。」

> 吳氏澂曰：「凡書土功，雖時，非善之也，愈于非時者爾。其閒亟興土功而亟書之，則無論時不時，皆貶也。此年春，甫新延廏，于是又城諸、防，豈不爲亟而譏之乎？」（頁 2148）

家鉉翁和吳澂都認爲莊公連興土木，勞民費力，雖然城諸、防合時，但是《春秋》記載乃譏貶之義，非因合時而書。此外表前引用其舅華學泉之說，對此更有明確論說：

> 經書築者八，皆譏也。書城二十有三，春城四，夏城七，冬城十二，《左氏》于冬城多曰「書時」，書時無貶乎？穀梁子曰：「凡城之志，皆譏。」何也？凡城郭溝池以爲固，有國之所務，而非有國之先務也。不務脩德而第勞民于城築土功之役，以爲保邦之要，雖以時脩之，庸得無譏乎？又況如莊公城諸、防，亟興土功于大饑告糴之後，季孫行父帥師城諸及鄆，開魯、莒數世之爭，而《左氏》皆曰「書時」，其非聖人之旨明矣。（頁 2146）

華學泉提出修築城郭溝池雖是國家的要事，但國君修德安民才是保國的根基。雖然修城依時，但卻勞民動眾，《春秋》記載自然是譏貶之意。他並舉城諸、防和城諸、鄆的例子，說明築城不但擾民，並且開啓邊疆的嫌釁，反駁《左傳》之說。《春秋》書城築皆譏的立場與用意，在表中發揮無遺，此即編輯〈城築表〉所欲明的《春秋》之旨。

〈城築表〉前二表皆是羅列魯國城築之事，第三個表則是「附外城」，也就是將魯國以外，《春秋》書城的記載也編排成表。《春秋》書魯城築之事譏貶之，對他國城築的記載是否也是發揮譏貶之旨？此表前列李廉之說：

> 齊伯之編外城三，獨城邢爲美。晉伯之編外城三，惟城成周無譏。
> 愚謂城虎牢乃晉悼扼鄭之吭，以制楚之南向，其功尤大，豈得以偪鄭爲譏乎！（頁 2155）

根據李廉的論述，外城的 6 條記載中，只有齊侯城邢和晉伯城成周這 2 條認爲《春秋》褒之，其餘則是貶斥。李廉並認爲晉悼公城虎牢，成功地遏止楚國的北向發展，功勞極大，《春秋》書之應是褒揚其功。顧棟高對於《春秋》記載外城的看法，十分同意李廉之說，並於「襄二年冬，會于戚，遂城虎牢」

備引眾說申述《春秋》之旨：

> 陸氏淳曰：「不書取，許其城也。城虎牢，可以安列國，息征伐，故
> 聖人許之，而不繫于鄭。」
>
> 沈氏棐曰：「不言伐取，且不繫于鄭，皆所以與晉也。」
>
> 趙氏鵬飛曰：「爲宋彭城，爲宋治叛臣爾，其利不及天下，故繫之宋。
> 遂城虎牢，天下均蒙其安，非鄭所得專也，故不繫之鄭。」（頁2155
> ～2156）

陸淳、沈棐和趙鵬飛的論述都肯定晉國城虎牢而安定天下之功，和李廉意見
相合。可見表中對晉國城虎牢採褒揚而書的態度。除了贊同晉國城虎牢之功
外，顧棟高於「僖二年春王正月，城楚丘」所下案語，也對齊桓公城楚丘表
示肯定：

> 楚丘不書衛，先儒遂疑楚丘爲内城，黃氏仲炎至引卜楚丘之父爲證，
> 指爲魯邑，此妄說也。先母舅曰：「考《詩》『定之方中，作于楚宮』，
> 爲僖公元年建亥之月，于夏爲十月，衛人以夏之十月定星之中爲營
> 楚丘之始，而魯以十一月往助之城，故《春秋》于二年正月書城楚
> 丘，其事其時適與之合。其曰楚宮、楚室，言楚則楚丘可知。且齊
> 桓存衛之功，赫然耳目，《春秋》安得一無所書耶？」（頁2155～2156）

案語中引華學泉的說法，先辯駁楚丘爲魯邑，《春秋》經書城楚丘乃是魯國亦
派人協助之故，最後嘉許齊桓公城楚丘而遷衛於此的功勞，表示《春秋》書
之乃存齊桓之功。《左傳》於齊桓公封衛于楚丘記載「衛國忘亡」〔註53〕，可
見齊桓公安定衛國的確有很大的功勞，顧棟高提出《春秋》書城楚丘以褒揚
齊桓公的說法是合於歷史事實的。上述《春秋》書外城者皆是褒揚其功，但
〈城築表〉認爲亦有譏貶者，如「襄二十九年，仲孫羯會諸侯之大夫城杞」
條引《左傳》和李廉說：

> 《左傳》：「晉平公，杞出也，故治杞。」
>
> 李氏廉曰：「僖公爲成風伐邾，而《春秋》不與以救患之義。平公爲
> 悼夫人城杞，而《春秋》不予以保小之仁，則于公私之際審矣。」
>
> （頁2155）

此處引李廉說表示晉平公爲悼夫人而城杞，在動機上夾雜私人因素，所以《春

〔註53〕晉・杜預注，唐・孔穎達疏：《春秋左傳正義》，卷11，頁15上。

秋》乃譏貶其動機不單純。所以表中所列《春秋》書外城者，有褒揚其功者，亦有譏貶其私者。

綜觀上述三者，〈城築表〉之用意在於凸顯《春秋》之書旨。《春秋》書魯國城築之事，不論合時與否，皆是譏貶魯國君耗費民力，甚至於連年饑荒中仍大行土木修建，完全不懂治國安民之道。至於書外城者，大抵是肯定諸侯安定天下之功，但是如晉平公因私而安杞，則不在褒揚之列。據此可以看出〈城築表〉在探求《春秋》褒貶之旨，最重要的依據即是史事。魯國之城築，不論是否合時，比對前後史事記載即可看出國君好大喜功屢修城郭，甚至耽於個人淫樂而築臺囿，完全不在乎動用民力是否會耽誤農事，也不考慮連年饑荒，人民生活已經十分貧苦，不應復損耗民力。所以《春秋》書魯之城築，據史實而求其旨，皆譏貶之義。至於《春秋》之書外城者，表中亦據史實推定《春秋》書之或褒其安定天下之功，或貶其動機不單純。由此可看出顧棟高在探求《春秋》褒貶之意時，根據史實作為評斷的特色。

二、〈四裔表〉

《春秋大事表》編有〈四裔表〉，收列春秋時蠻、夷、戎、狄等種族的記載，以見各種族的發展變化。夷狄之族武力強悍，侵略中原諸夏十分嚴重，特以春秋前期為著，如北戎之侵鄭、齊、燕，狄人之滅邢、衛，侵鄭、晉等國，皆在此時。孔子之所以有「微管仲，吾其披髮左衽矣」之慨，即是針對夷狄為禍而發。〈四裔表敘〉言：「昔先王疆理天下，建置侯甸，而蠻、夷、戎、狄猶錯處內地。春秋之世，其見于經傳者，名號錯雜。然綜其大概，亦約略可數焉。」（頁2159）

蠻、夷、戎、狄雖為四裔，但〈敘〉中即解釋這些種族並非都居處於諸夏之邊緣，乃在內地和各封建國夾雜而處。夷狄危害甚凶，即因其夾雜各國之間，隨時侵擾邊境之故。蠻、夷、戎、狄乃為各族的通稱，據《春秋》和《左傳》的記載，各種族的名號十分錯雜。對此，顧棟高編輯〈四裔表〉以明各族名號之異同，以及排列經傳記載，展現各族的發展衍變。其表即以戎、狄、東夷、南蠻四裔依序編排。

關於戎之種族，顧棟高於表前言：「四裔之中，戎種最雜亂難稽，或三名而為一族，或一種而隨地立名，隨時易號至五六而未已，其中盛衰之故略可見，綜而計之，其別有七。」（頁2162）所以表將戎分成「戎」、「北戎」、「允

姓之戎」、「揚、拒、泉、皋、伊、雒之戎」、「蠻氏」、「犬戎」和「驪戎」七
支。其中戎即戎州己氏之戎，北戎又名山戎、無終，允姓之戎又名陸渾之戎、
小戎、姜戎、陰戎、九州戎，蠻氏又名茅戎或戎蠻子，可見戎族名稱之混亂。
顧棟高於表中除將各戎名號以表羅列清楚外，對於各族的居處位置也引注疏
和地理志等記載明其所在。表中或論其族之由來，如犬戎之下的案語即說：「犬
戎即周之玁狁也。」（頁2162）或論其族之滅，如驪戎中「莊二十八年傳，晉
伐驪戎，驪戎男女以驪姬」一條，其案語云：「《國語》云『晉滅驪戎』，不詳
何年。而《史記》表稱在獻公之五年，爲魯莊公之二十二年，其地則入於秦，
爲侯麗地。」（頁2163）至於各戎爲禍諸夏，表中將其各年事蹟一一排列，遂
可見其侵害之情況。亦有加案語說明其爲禍情形者，如「莊二十四年，戎侵
曹，曹羈出奔陳。赤歸曹」條，其案語曰：「己氏之戎本居曹縣，與曹接壤，
故得專廢置其君……」（頁2168）說明己姓之戎因地近曹國，所以對曹國有所
侵略，甚至介入曹國國君的廢立。又如揚、拒、泉、皋、伊、雒之戎下「僖
十一年，同伐京師」一條，其案語云：

> 伊雒之戎與陸渾地略相近，觀此年《傳》所云，則知此戎種類繁夥，
> 爲禍最暴，雖以齊桓創伯，僅使管仲平戎於王室，其鷙悍難御可知。
> 故二十二年秦、晉即遷陸渾之戎于伊川，意必以藩衛王室爲名，用
> 蠻夷以制蠻夷也。卒之果得其用，伊雒之戎就衰，旋服于晉。文八
> 年，就趙盾之盟于暴，成六年，且受命侵宋，蓋得陸渾牽制之力爲
> 多。（頁2163～2164）

顧棟高認爲王子帶召揚、拒、泉、皋、伊、雒之戎入京師爲亂，爲禍甚劇，
即使是齊桓公，也只是派管仲調協紛爭，無力討伐入侵的揚、拒、泉、皋、
伊、雒之戎，可見其族強悍。顧氏接著提出一個觀點，認爲僖公二十二年，
秦、晉遷陸渾之戎于伊川，用意即是以陸渾之戎來牽制消弱伊雒之戎的力量，
最後伊雒之戎果然馴服于晉。此處〈四裔表〉即以宏觀的角度對陸渾之戎遷
于伊川的用意以及伊雒之戎削弱的原因提出解釋。

　　論及春秋之狄，顧棟高於表前對狄之方位有所陳述：「《史記》：『晉文公攘
戎、翟居于河西圁、洛之間，號曰赤翟、白翟。』杜《注》亦云白狄在晉西，
此因《左傳》白狄與秦同州而爲是說耳。以愚考之，狄之見于《傳》不一而足，
均在晉之東，與西無預。」（頁2169）其說引《傳》中狄之滅邢、衛、溫和伐
齊、魯、鄭、晉，其地必在諸國交接之處，則狄應在晉東，駁正《史記》和杜

預誤以狄處晉西之說。至於狄之種族，則有赤狄、白狄、長狄三種。其中赤狄之部落有六：東山皋落氏、廧咎如、潞氏、甲氏、留吁、鐸辰；白狄之種有三：鮮虞、肥、鼓；長狄則又名鄋瞞。表中論述赤狄、白狄和長狄，有一重要觀點，即以白狄和長狄皆隸屬於赤狄。如「僖三十二年夏，衛人侵狄。秋，衛人及狄盟」條，其案語云：「《左傳》狄有亂三字，最宜著眼看，自是赤、白狄分，號令不一，狄亦浸微。」（頁2177）顧氏著眼於僖公三十二年狄有亂，而隔年《傳》則始見白狄之記載，所以提出白狄由赤狄分出之說，也因此後來狄的勢力就漸漸微弱。至於長狄之屬赤狄，其於「獲長狄僑如」下之案語云：

> 先儒皆以長狄、白狄為國號，《經》當云晉敗白狄於箕，叔孫得臣敗長狄于鹹。今《經》、《傳》皆直云狄，而後言卻缺獲白狄子，叔孫得臣獲長狄僑如，足知狄之君為赤狄，而長狄、白狄皆其將佐之臨陣見獲者爾。《左傳》又言晉之滅潞，獲僑如之弟焚如，非其明證歟？
>
> （頁2179）

顧棟高據《經》、《傳》言狄，後言獲白狄子、長狄僑如，則白狄、長狄之屬於赤狄為顯明之事實。針對此一問題，〈四裔表〉後的〈赤狄白狄論〉有更清楚的論說：

> 春秋之世，有赤狄、白狄，又有長狄。長狄兄弟三人，無種類，而赤狄、白狄種類最繁。案《經》、《傳》所見赤狄之種有六，曰東山皋落氏，曰廧咎如，曰潞氏，曰甲氏，曰留吁，曰鐸辰。白狄之種有三，曰鮮虞，曰肥，曰鼓。然以予考之，閔、僖之世，狄尤橫，其時止稱狄，未有赤、白之號。蓋當時之單以狄舉者，皆赤狄也。赤狄最強，能以威力役其種類。白狄故居河西，其別種在中國者，赤狄能役屬之。而長狄尤其酋豪中之魁異者，合諸部為一，力大勢盛，故能以兵威伐邢入衛，滅溫伐周，又能仗義執言，救齊伐衛，以齊、晉之強，莫之能抗也。（頁2195）

此段言赤狄和白狄的種類，以及白狄、長狄之隸屬赤狄。綜合上述，顧氏認為《經》《傳》書赤狄、白狄之分，皆在狄亂之後，則最初狄指赤狄而言，白狄乃後來所分；至於長狄亦屬赤狄。當赤狄、白狄未分化時，其勢力強盛，中原諸夏莫能抵禦，逮分為二後而勢力衰落。此一論述甚有憑據，並又簡明扼要地指出狄族分合興衰之由。〔註54〕

〔註54〕關於長狄的問題，實際上還牽涉《左傳》記載「富父終甥舂長狄僑如喉，以戈殺

〈四裔表〉先羅列戎、狄之事後，接著列東夷和南蠻二表。然此二者見於《經》、《傳》記載者甚少，顧棟高即言：「今考《春秋左傳》杜氏所稱東夷國絕少，如萊、介諸國，以其僻小不通于中夏，故遠外之。若吳、楚、越儼然與中國會盟，且吞併諸夏，不復列于蠻夷之數矣。」（頁 2190）「蠻夷之在今湖南境者，皆係徼外，世服屬于楚，無由自通于中國，中國往往不能舉其號，第稱蠻曰羣蠻、濮曰百濮以概之，蓋其種類實繁，其地爲今某州縣亦難可深考。」（頁 2193）故東夷之表列淮夷、介、萊、根牟，南蠻列盧戎、群蠻、百濮、巴，並引歷來諸說考證其地理位置。事實上東夷和南蠻諸種族中，除淮夷於僖公之時曾有病杞之載外，對於諸夏並無威脅。

據〈四裔表〉的編排，清楚指陳戎、狄、東夷和南蠻各族的事蹟。其中戎、狄雜處諸夏之中，勢力強盛，爲患也最爲劇烈。透過表的編排可以掌握其中種族名號的歧異，分合變化的發展，以及禍亂華夏之事實。就此而言，〈四裔表〉的編排是成功的。然〈四裔表〉的編排本應全面反映《經》、《傳》所載的蠻夷事蹟，卻仍有存在一些缺漏，如〈列國爵姓及存滅表〉中有大戎，而〈四裔表〉中無，二表皆缺的種族亦有夷虎、東夷。〔註55〕各種族之異名，表中所論亦非皆確然無疑者。如其以小戎爲允姓之戎，陳槃據前儒之說，以爲小戎非允姓之戎，而是大戎之別。〔註56〕各種族事蹟見於《經》、《傳》者亦有缺收，如赤狄缺「僖公二十三年，狄人伐廧咎如」和「宣公十三年，赤狄伐晉，及清，先穀召之也」兩條記載。若能加以訂補，當能更完整地反映春秋時期的蠻夷種族的發展和影響。

三、〈五行表〉

五行所指乃陰陽五行之說，即上天會根據人事降下災異，警戒在位者應

之」和「宋武公之世，鄋瞞伐宋」如何詮解的問題，歷代學者因此對長狄之人種的身高和年歲產生不少奇異的解釋。關於此一問題，可參考呂思勉：〈長狄考〉（收入《呂思勉讀史札記》，上海：上海古籍出版社，2005 年），文中頁 146～150 有詳細的論述。蒙文通：《周秦少數民族研究》（收入《古族甄微》，四川：巴蜀書社，1993 年），其中頁 116～120 亦根據顧棟高的說法，對此有詳細的解釋。

〔註55〕夷虎見《左傳》哀公四年：「夏楚人既克夷虎，乃謀北方。」杜《注》：「夷虎，蠻夷叛楚者。」可見夷虎乃蠻夷之屬。東夷則見於《左傳》哀公十九年：「秋，楚沈諸梁伐東夷，三夷男女及楚師盟于敖。」關於此二種族的詳細論述可參見陳槃《不見于春秋大事表之春秋方國稿》一書。

〔註56〕陳槃：《春秋大事表列國及爵姓存滅表譔異》，頁 995～997。

當修己身、行德政。對於五行災異之說是否合理,〈五行表敘〉引班固和歐陽修的意見作爲正反兩方的意見。班固認爲從文王、孔子,下至董仲舒、劉向、劉歆都講陰陽五行之說;歐陽修則認爲聖人沒後異說紛起,五行災異之說即其繁者。相對於正反雙方的意見,顧棟高提出一套理論:

> 二者之說果孰從乎?曰:二者雖殊,其義一也。諸子即天以命人,歐陽子以人而合天,均無失乎《易》、《春秋》之旨而已。不言天,則天道廢,故謫見于天,則王者避正殿,不舉樂,戒百工,省闕失,此《春秋》書災異之意,《易》所謂後天而奉天時也。專言天,則人事惑,故太戊脩德而祥桑枯死,宋景公有君人之言而熒惑退舍,此《春秋》書災異而不言所以然之意,《易》所謂先天而天弗違也。後天者曰天意見矣,可不懼乎!先天者曰吾脩吾人事而已,在天者吾何知焉。嗚呼!其要歸于責人事以同天變,故詳書災異而不列其事應,以示吉凶無常。人君側身脩省,無日敢即怠荒之意,垂教可謂至矣。(頁2215)

他認爲正反兩方的意見,實際上是相同的。如果不言天道,則天道對於人的約束力就會不存在,所以「即天以命人」是必須的,發生災異就應該躬身反省自我的過錯。顧氏認爲此即《春秋》記載災異的原因,也符合《易》所謂的「後天而奉天時」之道。但是如果專言天道,人只依循天的警示作爲修德行政的依據,則後天人事的努力就會失去意義。所以如太戊和宋景公本身修德卻遭遇災異,實際上並非上天降下責難加以警示。所以《春秋》之記災異,但不言其爲何產生災異,道理就是不欲人只依靠天道的提示,忽略自我努力修德的重要性。先天者講求自我的修德而已,天道則非人之所知。後天者則認爲天道時常示警,人應該查此而戒愼恐懼。顧氏調和此二說認爲人應先歸責於自我的本分是否做好,再以此回應天所顯露的災變。《春秋》書災異但不記爲何產生災異,就是凸顯天道無常難以捉摸,人君唯有時時修德不荒怠,方可回應天道。因此顧棟高認爲天道的確會因爲人事荒亂就降下災異以警戒國君,但天道的吉凶之道卻又難以掌握,所以人唯有努力修身務德而已,不需刻意探求和追隨天道。《春秋》之所以記載災異,卻又不記其所對應的人事,立意即是如此。顧棟高編輯〈五行表〉,即欲明《春秋》垂教之用意。

〈五行表〉全篇整理《春秋》記載災異,將其分類成地震、山崩、水災、雷電霜雪冰雹、不雨、無麥苗(饑)、蟲孽、物異、火災共九類。這九類皆明

《春秋》中災異發生之緣由。如言地震，引王葆曰：

> 《春秋》五書地震，惟于文、襄、昭、哀見之，皆陽微陰盛，君弱臣強之所致。文公怠惰，政在大夫。襄公外役于強楚，內脅于強臣，至反國而不敢入。若昭、哀則遂失國矣。（頁2217）

王葆認爲地震的發生即陽弱陰盛，也就是君權弱而臣子凌僭其上所導致，因此《春秋》記載五次地震的發生，皆在文公、襄公、昭公和哀公君權微弱之時，其中道理即如此。又如論水災，表前引趙汸的說法：

> 災異在一國者，以《經》所書本國人事考之，則徵告之意可見。董仲舒曰：「水者，陰氣也。」《春秋緯》曰：「陰盛臣逆，民悲情發則水出。」蓋桓公弒立而好亂，三家之所自出。莊公國母淫恣不能制，宣公篡適，成公幼弱，而三家之勢成。至襄公之末，季氏益專，此皆陰盛臣逆之應也。（頁2219）

趙汸根據董仲舒和《春秋緯》的說法，認爲水乃陰氣，陰盛於陽於是水泛濫。如三桓之立起於桓公，莊公、宣公、成公之時三桓之勢力逐漸茁壯，襄公之時季氏更掌握政權，所以水災發生於上列魯君在位之時，即因君權衰落而人臣勢力膨脹，故上天降下水災予以警示。地震、水災皆因君卑臣僭而發。此外亦有因其他人事產生的災害。如言蟲孽，引汪克寬之說云：

> 《春秋》書蟲災者十四，書螟者三，而在隱公之世二，莊公一。書螽者十，桓、僖、文、襄各一，宣公、哀公各三。書蝝生一，亦在宣公之世。蓋宣公以弒兄得國，而又改法，重困農民，故螽蝝水旱之災，比歲相仍，聖人備書爲後鑒也。（頁2229）

汪氏分析《春秋》中記載各種蟲災的次數，認爲宣公之時最多，乃因宣公是篡弒得位，又改用稅畝之制，加重人民的負擔，所以不獨蟲害，連水災、乾旱也連年發生，此即上天降下的徵告，而《春秋》載之以爲後世的借鑑。至於蟲災中螟和螽的差別，表中引趙汸的說法加以解釋：

> 《春秋》書螟者三，隱二，莊一。書螽者十有一，桓一，餘皆僖公之後。蓋螟食苗心，螽無所不食。其爲災也，螟輕而螽重。春秋之初，災之輕者亦書之，及其久也，輕者不勝書，書其重者爾。不然，豈隱、莊之後二百年間皆無螟耶？（頁2231）

螟食苗心，爲害較輕，螽無所不食，爲害較重。所以趙汸認爲《春秋》於隱、莊之際書螟爲災，乃春秋前期爲害輕者亦書，後期則因螟災多至無法勝數，

故只書螽而略螟不載。此即螟只見載於春秋前期之故,由此可見春秋時期的蟲害愈至後期愈為頻繁嚴重。

災異之發生,如上列諸說所言,乃警示在位者的徵兆。在陰陽五行的理論中,不同的災異也反映著人事上某方面的缺失,以提示在位者應該改正的方向。所以如上所言,水災和地震都代表陰氣盛,即臣子僭越君權的象徵。此一論點在表中非常明顯,例如在雷電霜雪冰雹表中論隕霜,便引華學泉的看法:

> 十二月隕霜,不殺草,李梅實,宜殺而不殺也。十月隕霜,殺菽,不宜殺而殺也。其變相反,而其占一也。威福者,人主之柄,主失其柄,以有罪而賞,必至以無罪而罰,其事相反,而其實一也。(頁2223)

此處以「僖公三十三年十二月,隕霜不殺草,李梅實」和「定公元年冬十月,隕霜殺菽」兩事相比較,提出前者乃該殺而不殺,後者乃不該殺而殺,看似不同,實際卻是相同的,反映的就是在位者若不能掌握威福,即會賞有罪或罰無罪。國君失刑德,無法執行適當的刑罰,就有如隕霜該殺草而不殺,不該殺菽而殺,霜即象徵刑罰的施行是否正確。災異除了警示和象徵作用外,亦是上天降下的懲罰,顧棟高即以為:

> 《春秋》書無冰三,桓十四年以正月,成元年以二月,襄二十八年書春。周之正、二月,夏之十一月、十二月也,法當堅冰,無冰,溫也,是為常燠之罰。書雨木冰一,成十六年以春王正月。正月,今之仲冬,時猶有雨,未是盛寒,雨下即著樹為冰,寒甚之過其節也,是為常寒之罰。(頁2224)

顧氏以為《春秋》中記載無冰,乃應當有冰卻氣候溫暖,是上天降下的「常燠之罰」;雨木冰則是不當寒而寒,乃上天降下的「常寒之罰」。所以對顧棟高來說,災異乃上天有感於人事的缺失,一方面降下反映缺失的災異以作為國君的警戒,另一方面也是對於國君失政的懲罰。

顧棟高認為《春秋》書載災異的發生,具有記實而為後世借鏡的功用。《春秋》雖未記述災異發生所對應的人事,但實際上卻有透過災異來垂教的用意,即災異是上天根據人事降下的警示和懲罰。天道難以捉摸,《春秋》不書災異之所由生,此即「責人事以回天變」之理,強調人後天努力以回應天的重要性,這也就是顧棟高編輯〈五行表〉之用意所在。

第四章　《春秋大事表》諸表分析（下）
——從歷史回歸經學：對《春秋》經、傳、注的研究

　　顧棟高於〈凡例〉第八條論述地理險要時說：「使學者知《春秋》為後代戰爭權輿，庶無失經經緯史之意。」（卷前，頁 25）此外〈五禮源流口號〉第一首亦說：「緯史經經昔典型，樞機端在一麟經。史從托始經垂教，尼父心傳燦日星。」（頁 1653）所謂經經緯史，即經是不變的，而史是變動的，研究《春秋》最終必須要回歸經學層面，才能探尋聖人垂教之意。所以對顧棟高來說，經足以為後世制法。〈闕文表敘〉曰：「儒者釋經，為後王典制所自起，國家善敗恆必由之，可不慎哉！」（頁 2443）正因為經為後代典制的創作依據，所以在解釋經文時，必須要小心謹慎，否則國家可能因此衰敗。顧棟高對《春秋》經學層面的意見，散見於《春秋大事表》各篇之中，例如五禮表用以探求孔子作《春秋》的「發凡起例」、〈刑賞表〉和〈亂賊表〉探求《春秋》正綱紀之用意所在等等。而《春秋大事表》中專事於經學研究的表，則有〈闕文表〉、〈三傳異同表〉、〈左傳引據詩書易三經表〉和〈左傳杜註正訛表〉四篇。

第一節　對《春秋經》的研究

　　《春秋大事表》專門研究《春秋經》者，有〈闕文表〉一篇，其〈敘〉曰：

　　　儒者釋經，為後王典制所自起，國家善敗恆必由之，可不慎哉！《春

秋》文多闕誤，三《傳》類多附會，而《公》、《穀》尤甚，迹其流
弊，種毒滋深。其大者如紀子伯、莒子盟于密，本闕文也，而習《公》、
《穀》者遂謂紀本子爵，後因天子將娶于紀，進爵爲侯，加封百里，
以廣孝敬。漢世因之，凡立后先封其父爲侯，進大司馬大將軍，封
爵之濫自此始，而漢祚以移，由不知闕文故也。蓋嘗推而論之，日
食闕書日朔者凡十，本史失之，而《穀梁》則曰言日不言朔，食晦
日也，言朔不言日，食既朔也。案自襄十五年以後無不書日朔者，
豈自此至獲麟近百年總無食于前食于後，而獨參差不定于襄以前
乎？則《穀梁》之說非也。外諸侯卒闕書名者凡十，亦史失之，而
《左氏》則曰不書名，未同盟也。案隱元年及宋人盟于宿，而八年
宿男卒不名；成十三年滕會諸侯同伐秦，而十六年滕子卒不名；杞
與魯結昏，而僖二十三年杞成公卒不名，則《左氏》之說非也。夫
人不書姜氏及去姜存氏、去氏存姜者凡四，而《左傳》則曰不稱姜
氏，絕不爲親禮也。賈逵又云哀姜殺子罪輕，故但貶去姜，《公》、《穀》
又以出姜不宜成禮于齊，穆姜不宜從夫喪娶，故俱貶去氏。夫去姜
存氏、去氏存姜，不成文理，況文姜、哀姜之罪，豈待去其姓氏而
明……夫蔑棄聖人之經與過崇聖人之經，其用心不同，而其未得乎
聖人垂世立教之旨則一也。愚故不揆樗昧，瀏覽諸家之說，於南渡
以後兼取黃氏仲炎、呂氏大圭、程氏端學、俞氏皋、齊氏履謙五家，
列闕文凡百有餘條，俾學者于此不復強求其可通，則于諸儒支離穿
鑿之論亦掃除過半矣。（頁 2443～2444）

經以垂教，爲後世制法之依據。是以經義的正確與否，對於國家典章制度的
完善有很大的影響。顧氏以爲《春秋》之記載難免有闕誤，三《傳》及後代
學者卻因此附會生義，蔓生許多不確的解釋。例如《春秋》隱公二年「紀子
伯莒子盟于密」〔註1〕，此稱紀之國君爲「紀子」，而桓公二年《經》文作「紀
侯」，何休曰：「稱侯者，天子將娶於紀，與之奉宗廟，傳之無窮，重莫大焉，
故封之百里。月者，明當尊而不臣，所以廣孝敬。蓋以爲天子得娶庶人女，
以其得專封也。」〔註2〕顧棟高在〈敘〉中即批評何休這種以爲紀本子爵，

〔註 1〕 此段經文三《傳》有異文，《公羊》、《穀梁》作「紀子伯」，《左傳》作「紀子
帛」。〈闕文表〉從《公》、《穀》。
〔註 2〕 漢・何休注，徐彥疏：《春秋公羊傳注疏》（臺北：藝文印書館，民國 70 年，

後因天子將娶于紀，故進其爵爲侯，以表孝敬的說法。而漢代接納這種解釋，凡娶后皆封其父爲侯，造成日後外戚爲禍，終致衰滅。顧氏以爲「子伯是侯字之誤，以一字分作兩字耳。」（頁2466）則紀子伯乃紀侯之誤。《公羊》附會解經，間接導致漢祚衰亡，此即顧氏強調詮釋經文必須謹愼的緣故。其他如日食缺書日、外諸侯卒缺書名、夫人不書姜氏等等，亦是闕文，三《傳》多強求其中聖人之意而附會己說。顧氏作〈闕文表〉即在於明《春秋》經文闕誤所在，以正歷來經義之歧。〈敘〉中稱列闕文百有餘條乃粗估，實際表中共列九十九條。〈闕文表〉多取黃仲炎、呂大圭、程端學、俞皋、齊履謙五家對闕文的說解，其他如杜預、孔穎達、孫復等人的解釋亦有採用。是表將《春秋》的闕文情形分成「日食缺書（疑誤）日朔」、「外諸侯卒闕書名」、「時月日闕誤」、「王不稱天、誤稱天子」、「夫人姓氏闕文」、「殺大夫闕書名」、「秦、鄭、晉伐國闕書人字」、「盟會闕文」、「外諸侯名諡、國名闕誤」、「侵戰圍滅入救闕文衍文」及「補遺」共十一類。雖名曰〈闕文表〉，舉凡經文闕、誤、羨、省者皆列入表中。經文闕者如「僖公二十九年秋，大雨雹」，先引季本「不書月日，闕文也」之說，後加以解釋曰「雨雹爲非常之災，豈有經一時皆雨雹之理乎！季氏以爲闕文無疑」（頁2452），是以經文闕月、日，絕非整個秋季皆大雨雹。《春秋》經文訛誤者，如「宣十五年，王札子殺召伯、毛伯」，表中引杜《註》之說「王札子，王子札也。蓋《經》文倒札字」（頁2473），則《春秋經》將王子札誤爲王札子。又有羨文者，如「僖二十五年，春王正月，丙午，衛侯燬滅邢」一條，其據華學泉、家鉉翁、黃仲炎說以爲此處「燬」字應涉下文「夏四月，癸酉，衛侯燬卒」而衍（頁2470～2471）。《春秋》亦有省文者，如表中列「僖二十八年，公朝于王所」一條，引程端學之說：「《春秋》兩書公朝于王所，其義本責魯而不責王也。亦不書天，則省文從可知矣。」（頁2458）故王乃天王之省稱。〈闕文表〉論《春秋》文字有闕誤省衍，非聖人有深意於其中，不應該於此處求褒貶之意。所以如隱公自元年以後不書正月，《公羊傳》以爲：「隱何以無正月？隱將讓乎桓，故不有其正月也。」〔註3〕《穀梁傳》以爲：「隱十年無正，隱不自正也。元年有正，所以正隱也。」〔註4〕兩《傳》爲此立說，顧棟高先引《彙纂》之說「隱在位十一年，王命

影印嘉慶二十年江西南昌學府重刊宋本），卷4，頁8上。
〔註3〕漢・何休注，徐彥疏：《春秋公羊傳注疏》，卷3，頁17下。
〔註4〕晉・范甯注，唐・楊士勛疏：《春秋穀梁傳注疏》，卷2，頁13上。

凡五至，身既不朝王，又不報聘，是不奉正朔自隱始，故不書正以示義。」
接著立說曰：「隱不朝王，不報聘，則觀十一年之事而是非自見，不必每年削
其正月以示義。隱自元年以後皆不書正月者，自是正月以後無事可書，或以
年代久遠，但書春而史佚其月，《公羊》所謂傳聞異辭是也。」（頁 2449～2450）
顧氏以爲隱公之時《春秋》不書正月，並非別有用意，乃無事可記，或年代
久遠而佚失，否定《公》、《穀》二傳及《彙纂》所言《春秋》之書旨。又如
上舉「僖二十五年，春王正月，丙午，衛侯燬滅邢」羨文之例，三《傳》對
於《春秋》書「衛侯燬」有所解釋，杜預以爲：「邢同姬姓，惡其親親相滅，
故稱名罪之。」〔註5〕《公羊傳》曰：「衛侯燬何以名？絕。曷爲絕之？滅同
姓也。」〔註6〕《穀梁傳》曰：「燬之名何也？不正其伐本而滅同姓也。」〔註
7〕則三《傳》皆以爲衛侯滅同姓的邢國，故《春秋》書衛侯之名以誌其惡。
顧氏引各家說法予以反駁，如引華學泉曰：「四《傳》皆謂滅同姓稱名，然齊
滅萊、楚滅夔，皆滅同姓，何以不名。朱子曰《經》文只隔夏四月癸酉一句
便書衛侯燬卒，恐是因而傳寫之誤。」（頁 2470～2471）又引家鉉翁曰：「滅
同姓，如晉之滅虞、滅虢，無道甚矣，而不名，惟衛滅邢而名之。木訥謂下
文書衛侯燬卒，以連文致傳錄之誤，而燬字褒貶不在是。此說是也。」（頁
2471）表中諸說皆以爲齊、晉、楚等滅同姓之國皆不書名，則無有衛滅邢而
書名之理，是以反對三《傳》之說解。朱子、趙鵬飛更指出此句經文下接衛
侯燬卒，應是傳抄時形成的衍文。顧氏作〈闕文表〉即欲辯駁所謂《春秋》
一字褒貶之說，他認爲書或不書，有時只是經文的闕誤，並不能作爲褒貶的
依據。褒貶的依據在於「夫讀《春秋》者，貴合數十年之事，以徐考其時勢，
不當就一句內執文法以求褒貶。」（〈春秋楚人秦人巴人滅庸論〉，頁 2023）
也就是人物和事件的褒貶，綜觀《經》、《傳》前後的記載即可得知，豈需曲
折地用書或不書的方式來標示善惡！所以「隱不朝王，不報聘，則觀十一年
之事而是非自見，不必每年削其正月以示義」、「文姜、哀姜之罪，豈待去其
姓氏而明」，衛侯滅同姓之惡，又豈用書名才得以評斷！〈闕文表〉的用意即
在綜觀史事記載而褒貶自見，不應附會經文的闕誤而曲說聖人之意。至於《春
秋》爲什麼會有闕誤，顧棟高作〈春秋俱係孔子修成以後闕誤論〉予以說明：

〔註5〕晉·杜預注，唐·孔穎達疏：《春秋左傳正義》，卷16，頁1上。
〔註6〕漢·何休注，徐彥疏：《春秋公羊傳注疏》，卷12，頁4上。
〔註7〕晉·范甯注，唐·楊士勛疏：《春秋穀梁傳注疏》，卷9，頁7上。

孔氏穎達曰：「《春秋》闕文有二，有史本闕，聖人因而不改者，有
係修成後始闕者。」愚謂史闕而聖人因之，無是理也。孔子修《春
秋》，垂訓百世，必擇其善可爲法、惡可爲戒者書之。若前史有闕，
宜并削而不錄，此何關于勸懲，而重書之，以惑誤來世，故知皆修
成以後闕也。然《易》、《詩》、《書》三經與《春秋》並傳于世，其
闕文百不一二見，而《春秋》之闕文獨多，何也？曰是亦有故焉。
古者用竹簡汗青爲書，易于剝蝕，須掌于官中，每歲脩輯。《易》掌
于太卜，《書》藏于柱下，《詩》隸于樂官。《易》自天子至士庶所習
用，國家有大事則詔卜筮。《書》則太史陳之，以詔王善敗。《詩》
則燕饗祭祀，比諸樂歌。故偶有闕誤，隨即較正。而《春秋》自修
成以後，則爲孔氏之私書，又定、哀以後多有所刺譏隱諱，故當時
游、夏不能贊一辭，而曾子、子思亦無一語及《春秋》。至孟子始標
出知我罪我及其義則丘竊取之言，而是時去孔子已百年矣。書藏于
私家，其補綴脩輯必不能如官中之勤，闕誤是理之所有，無可疑者。
左氏約生在孟子前後，故已有以紀子伯爲履緰之字，以甲戌、己丑
爲再赴。而公、穀則生于漢時，據所傳聞，謬誤尤甚。幸左氏爲史
官，得見列國之史與魯未筆削之《春秋》，此二書皆掌于官中，其義
雖不存，而文之闕誤則無有，故左氏得据爲《傳》，其日月與《經》
互異，往往《傳》是而《經》誤，此尤其顯然可見者。（頁2477）

顧氏反對孔穎達所言闕文有孔子之前即闕而《春秋》照錄的情形，認爲《春
秋》中的闕誤都是成書之後所造成的。他進而解釋《易》、《書》、《詩》、《春
秋》當中，《春秋》的闕誤爲何最多，乃因古代典籍以簡冊成書，容易脫漏，
其他三經爲國家所藏，可以隨時修補，《春秋》則屬私人所撰，故脫漏情形較
爲嚴重。他以爲《左傳》已不詳《春秋》的脫誤，到漢代才成書的《公羊》、
《穀梁》因此錯謬的情形更爲嚴重。然《左傳》雖已不詳《春秋》之闕誤，
但有賴其他史籍，故記載史事之日期多能正《春秋》之誤。綜合所有的意見，
顧氏遂認爲《春秋》之闕誤產生的時間相當早。顧棟高以爲《春秋》之闕誤
非但是孔子修成後所造成，其中還有漢代以後傳寫所造成的訛誤，其〈春秋
僖二十四年冬晉侯夷吾卒論〉曰：

余常謂《春秋》闕誤多自《經》成以後，左氏不知而強爲之說。更
有左氏作《傳》時未嘗誤，因漢、晉以來傳寫之譌，爲杜氏之傅會

曲成者，則如僖二十四年晉侯夷吾卒是也。《左傳》惠公之卒以二十
三年九月，而《經》在明年之冬。杜氏謂晉文定位而後告惠公之喪，
《經》文從赴。程氏端學謂惠公之卒，此時非有內亂外伐，安得不
告喪，必待文公之至而後告？借使文公入而告，必曰先君某以某年
某月某日卒，魯史因而書之，必不書其赴到之日也。余則謂四字當
是三字之誤，晉之九月為周之冬十一月，《傳》因赴告從晉夏正，而
《經》自用周正耳。然則謂左氏之未嘗誤，何也？曰文公告惠公之
喪，此出于杜氏之說，《左傳》無之也。《左傳》于二十四年正月秦
伯納重耳曰：《經》不書，不告入也。二月殺懷公于高梁，不書，亦
不告也。此時魯一意事楚，目中無重耳，謂此亦當如夷吾之儔，不
久為秦俘繫耳。故自入國至創伯凡五年中間無書一晉事者，晉殺呂、
郤不書，勤王及圍原皆不書，豈有獨書一夷吾卒之理？晉文豈有不
告己之入，而反告惠公之喪之理？且懷公以踰年之君，晉文來告，
豈容沒去？若欲諱其弒君之實，而以惠公死期遲至經年，掩耳盜鈴，
貽笑鄰國，晉文君臣必不為也。竊意丘明作《傳》時，晉侯夷吾卒
猶在冬十有一月杞子卒之下，自是懷公來赴，此後晉使絕不通往來，
故懷公以踰年而見殺，重耳以公子而反國，《經》皆無從書，非為文
公諱而不書也。至丘明作《傳》以後，諸儒傳寫誤置在二十四年冬。
杜氏曲為遷就，謂文公定位而後告惠公之喪，殊不思告者何人，豈
有不預先書其入國之理乎！《左傳》謂不書，不告入也，萬無可疑。
《公羊》則以為為文公諱，家氏鉉翁、高氏閌則以為桓公書入，以
其篡兄，文公于長幼次當立。果爾，聖人宜別有書法，胡乃沒而不
書，謂之褒乎貶乎？高氏更謂魯未與晉通，而此書惠公卒者，以見
文公之入。文公不書入者，以申生既死，文公以次當立。故竊意文
公之入若告自當書，無為書惠公之卒以見文公之入。文公于次果當
立，則其入又胡為不書？聖人用心不宜委曲如此。故余謂左氏作《傳》
時《經》文未誤。若此時已作二十四年晉侯夷吾卒，則文公告惠公
之喪當自《左傳》發之，無俟杜氏之補註也。（頁2478～2479）

夷吾之卒《春秋》記於僖公二十四年冬，《左傳》則繫諸二十三年九月。對於
《經》、《傳》的異說，杜預提出一套解釋，認為《左傳》的記載是正確的，《春
秋》因晉文定位後才赴惠公之喪，所以從赴告書二十四年冬。顧氏亦認為《左

傳》的記載是正確的，但反駁杜預以《春秋》從赴告而書說。論中以僖公二十四年至僖公二十八年間，魯專心事楚，所以魯史對晉之大事皆不記，《春秋》故不得載錄。此間晉之大事皆不書，只於二十四年書惠公之卒，於情理未合。若文公定位而後告惠公之喪，則《春秋》當書文公之入國。且懷公爲逾年之君而卒，若文公於二十四年赴告惠公之喪，亦應赴告懷公之喪。然懷公之喪和文公入國，《春秋》皆未書，杜預之說顯得牽強。顧氏提出另一解釋，以爲《經》載惠公之喪原和《傳》相同，皆在二十三年，而後《經》之「三」字誤成「四」字，至於《傳》書九月而《經》書冬，以《經》從周正而《傳》從晉之夏正。惠公卒於魯僖公二十三年冬，由懷公赴告，此後晉、魯之間未有往來，故五年之內皆未載晉事。揆諸前後情事，此說較爲合理。論中不但反駁杜預的說法，對《公羊》、家鉉翁、高閌等人的說法皆有批駁。至於此一傳寫錯誤的產生，顧氏認爲乃《左傳》成書以後所產生，因爲《左傳》作者若見《春秋》書惠公卒於二十四年，必會加以解釋，不至於到杜預時才有所註解。所以顧棟高據此認爲《春秋》的闕誤，有《左傳》成書以後所形成者。

〈闕文表〉一篇認爲《春秋》於流傳過程中造成文字闕誤，所以不當執著於一字一句中求聖人書法之意，褒貶的評斷應該綜觀前後史事即可得知。顧棟高主闕文之說如〈敘〉中所言乃吸取眾家之說而成，較歷來於《春秋》一字一句中求褒貶之意者平實可信。然其論闕文的形成仍有幾點值得商榷。例如〈春秋俱係孔子修成以後闕誤論〉反對孔穎達之說闕文有孔子因襲魯史而成者，闕誤皆《春秋》修成以後簡編斷亂所造成。然翻檢孔穎達之論，其說未必無理：

> 《春秋》二百四十二年之間，有日無月者十四，有月無時者二，或史文先闕而仲尼不改，或仲尼備文而後人脫誤。四時必具，乃得成年。桓十七年五月無夏，昭十年十二月無冬，二者皆有月而無時。既得其月，時則可知，仲尼不應故闕其時，獨書其月，當是仲尼之後寫者脫漏。其日不繫於月，或是史先闕文，若僖二十八年冬下無月，而有壬申、丁丑，計一時之間再有此日，雖欲改正，何以可知？仲尼無以復知，當是本文自闕，不得不因其闕文，使日而無月。
>
> 如此之類，蓋是史文先闕，未必後人脫誤。〔註8〕

孔穎達認爲《春秋》之闕文有修成以後脫漏者，亦有撰寫之時已闕者。其引

〔註8〕晉・杜預注，唐・孔穎達疏：《春秋左傳正義》，卷1，頁3上。

僖公二十八年之例，《春秋》書「壬申，公朝于王所……諸侯遂圍許。」〔註9〕
而《左傳》作：「壬申，公朝于王所。丁丑，諸侯圍許。」〔註10〕《春秋》於
公朝于王所繫於壬申之日，缺諸侯圍許之日。《左傳》於公朝於王所亦書壬申，
而將諸侯圍許繫於丁丑。孔氏以爲《左傳》雖補丁丑爲諸侯圍許之日，但壬
申、丁丑皆不書月，以史籍原即有闕故無所補正，不然應當書月於日之上。
是以《春秋》成書時恐即有闕，故不得書月於壬申之上。則《春秋》有成書
前史文即有闕者，孔子亦不得補其闕而直錄，《正義》之論言之成理，值得採
信。是以闕文亦應有《春秋》成書前史書即闕者，顧氏以疑惑後人爲由來否
定孔說，並無實據。況其評隱公十年無正月論曰：「隱自元年以後皆不書正月
者，自是正月以後無事可書，或以年代久遠，但書春而史佚其月，《公羊》所
謂傳聞異辭是也。」（頁2450）是亦認爲有年代久遠造成魯史失其月者，和〈春
秋俱係孔子修成以後闕誤論〉之說相悖，恐一時失察有所矛盾。又如〈春秋
僖二十四年冬晉侯夷吾卒論〉對於杜預所言文公定位赴告之說，足正其失，
但主張闕誤產生於漢、晉傳寫所造成，則無確切證據足證之。顧氏以爲《左
傳》作者所見《春秋》載惠公之卒應在二十三年，不然必解釋爲何《春秋》
書二十四年。然檢閱《左傳》與《春秋》時日記載相異者，《左傳》皆無論述。
如襄公二年《經》書：「六月庚辰，鄭伯睔卒。」〔註11〕而《左傳》書：「秋
七月庚辰，鄭伯睔卒。」〔註12〕孔穎達申述杜預之說曰：「此《經》云六月庚
辰鄭伯睔卒，《傳》言七月庚辰鄭伯睔卒，《經》、《傳》必有誤者。杜以《長
曆》校之，此年六月壬寅朔，其月無庚辰；七月壬申朔，九日得庚辰，則《傳》
與曆合，知《傳》是而《經》誤也。」〔註13〕楊伯峻據《春秋》明載「夏五
月庚寅，夫人姜氏薨」，以此推斷庚寅之月日：「庚寅距庚辰五十日。杜《註》：
『庚辰，七月九日』是也。」〔註14〕則兩者皆以《春秋》書六月爲誤。就此
而論，《左傳》並未對經書六月之誤提出說明。《左傳》與《春秋》時日記載
相異，《左傳》皆不論其差異之旨，則惠公之卒，《春秋》書作二十四年，亦
可能《左傳》作者所見即是如此，不能以《左傳》未解釋即定爲後世傳寫之

〔註 9〕同上注，卷16，頁16下～17上。
〔註10〕同上注，卷16，頁31上～下。
〔註11〕晉・杜預注，唐・孔穎達疏：《春秋左傳正義》，卷29，頁4上～下。
〔註12〕同上注，卷29，頁7下。
〔註13〕同上注，卷29，頁4下。
〔註14〕楊伯峻：《春秋左傳注》，頁919。

誤。是故《春秋》之闕誤雖可能有《左傳》成書之後形成者，但已不可詳考。此類闕誤，當如顧炎武論惠公之卒日：「疑此錯簡，當在二十三年之冬。《傳》曰九月，晉惠公卒，晉之九月，周之冬也。」〔註15〕略其闕誤產生之時則可。既然《春秋》之闕有修成前史書已闕者，有《春秋》書成後傳寫而闕者，應如〈闕文表〉所論，不可執著於闕誤上求《春秋》之書旨。

第二節　對《春秋傳》的研究

　　《春秋大事表》中對於《春秋傳》之研究有〈三傳異同表〉和〈左傳引據詩書易三經表〉兩篇。其中〈左傳引據詩書易三經表〉一篇，其旨在藉《左傳》之記載探究春秋之經學〔註16〕，並非專門研究《春秋傳》者，以其和《左傳》相關，故亦歸入此類。

一、〈三傳異同表〉

　　〈三傳異同表〉據其名義可知乃論《左傳》、《公羊傳》、《穀梁傳》三傳詮解《春秋》經文的異同，從中求正確的經解。此表的體例，據〈敘〉所言，乃「今擇三《傳》之各異及註之發明者，並表而出之。其有三《傳》俱不可通，而後儒以意臆斷者，亦附列其間。啖、趙、陸氏之《辨疑》，劉氏敞之《權衡》，李氏廉之《會通》，及聖朝《彙纂》用以平三《傳》同異。四家之說猶有未愜，則間附鄙見。」（頁2240）是全表先列《春秋》經文，三《傳》之解釋則分列於表中，後代學者及顧氏之見則附於表後，用以評斷三《傳》解釋之是非。

　　全篇共列202條經文，有採《左傳》解釋《春秋》經義者，如隱公元年《春秋》載「夏五月，鄭伯克段於鄢」，《左傳》記共叔段出奔之事，而《公羊》、《穀梁》皆釋《經》文之「克」為殺。表後之案語曰：「《左氏》云：『段出奔共。』而《公》、《穀》皆曰殺。據隱十一年《傳》，莊公曰：『寡人有弟，不能和協，使糊其口于四方。』則未殺明矣。《公》、《穀》之說非是。」（頁2243）引《左傳》之內證，反駁《公羊》、《穀梁》之釋克為殺。

〔註15〕清・顧炎武：《左傳杜解補正》：（臺北：廣文書局，民國88年），卷上，頁19上。

〔註16〕關於〈左傳引據詩書易三經表〉一篇編輯之旨，說詳下。

　　表中有以《公羊》解釋經義爲確者，例如隱公元年《春秋》載「公子益師卒」不書日，《左傳》以爲隱公不與小斂，《公羊》以爲年代久遠而失其日，《穀梁》以爲不書日乃惡公子益師。表中列引諸家之說曰：

　　　　劉氏《權衡》曰：「《左氏》曰：『公不與小斂，故不書日。』非也。公孫敖、叔孫婼、公孫嬰齊，皆爲公與小斂乎？何以得書日？《穀梁》曰：『惡也。』非也。公孫敖、仲遂、季孫意如，豈非惡乎？而皆日；叔孫得臣不聞有罪，而反不日，皆妄也。」

　　　　程子曰：「或日或不日，因舊史也。古之史記事簡略，日月或不備，《春秋》有可損，而不能益也。」

　　　　家氏鉉翁曰：「或日或不日，舊史記載之有詳略，而非褒貶，惟《公羊》之說近之。」（頁 2245～2246）

據劉敞、程子和家鉉翁的意見，皆以年代久遠而舊史未載其日，反駁《左傳》和《穀梁》之說，此條可見顧氏取《公羊》之說。

　　表中有用《穀梁》之說者，如文公三年《經》「雨螽于宋」一條，表中列三《傳》及諸說如下：

　　　　《左》：「隊而死也。」

　　　　《公羊》：「雨螽者何？死而墜也。」

　　　　《穀梁》：「災甚也。其甚奈何？茅茨盡矣。」

　　　　王氏樵曰：「螽非上墜之物，來多而墜，故書雨，見災甚耳。既爲災，則非墜而死矣，《左氏》因雨字而生說耳。徐邈云：『禾稼既盡，又食屋之茅茨。』驗嘗有之。」

　　　　案：果如《左》、《公羊》之說，則是螽不爲災矣，《春秋》何用書乎！故當從《穀梁》。（頁 2346）

《左傳》和《公羊》將雨螽解釋爲螽死而墜，其意乃《春秋》爲天下記異。顧氏不取《左傳》、《公羊》之說，認爲雨螽當如王樵所說乃螽多之意，故災害當如《穀梁》所說頗爲嚴重。

　　由此可見，〈三傳異同表〉中於三《傳》解經之意皆各有所取。上述各例乃〈三傳異同表〉論三《傳》之異義而取其中一說者，表中亦有三《傳》中某二家相同而論高下者。如襄公五年《經》書「冬，戍陳」一條，表中引三《傳》及諸說如下：

《左》：「九月丙午，盟于戚，會吳，且命戍陳也。冬，諸侯戍陳。」

杜《註》：「諸侯皆在戚會，受命戍陳。」

《公羊》：「孰戍之？諸侯戍之。曷為不言諸侯戍之？離至不可得而序〔謂離別前後至〕，故言我也。」

《穀梁》：「內辭也。」范《註》：「不言諸侯，是魯戍之。」

趙子曰：「《左氏》云：『冬，諸侯戍。』案經文無諸侯字，奈何妄云諸侯乎！《公羊》云：『離至不可得而序。』縱離至不得列序，但云諸侯戍陳，于理何傷？若諸侯戍之，如此為文，即魯自戍之，而將卑師少，又如何立文乎！且如諸侯盡戍之，則兵力盛矣，何得下文更為會以救之。按僖十三年冬，諸侯會于鹹，明年城緣陵，云諸侯。此無諸侯字，魯自戍之耳，義亦昭然。」

案：趙子之說亦甚辨，與《穀梁》說同。然經文與僖二年城楚丘同義，楚丘決非魯一國所能獨城也，則《左》、《公羊》之說更為得之。且此時楚方爭陳，合諸侯力且不足，魯豈能獨力往戍？晉亦無使魯人獨往之理。趙子殆亦泥于經文而未審當日之大勢也。（頁2385〜2386）

關於戍陳一事，《左傳》和《公羊》以為諸侯共戍，《穀梁》以為只有魯戍之。表中趙匡之說主張《春秋》未言諸侯戍陳，以《左傳》和《公羊》之說為非。顧棟高表示此時楚正爭陳，諸侯之力相合恐亦不足抗楚，魯不可能獨自戍陳。其舉僖公二年城楚丘亦是諸侯同城而《春秋》不書諸侯之例，反駁趙匡拘泥《經》文之論。此條顧氏以歷史情勢贊同《左傳》和《公羊》諸侯共戍之說。

〈三傳異同表〉有同時取《左傳》和《穀梁》之義者，如閔公二年《經》「夏五月乙酉，吉禘于莊公。」其引三《傳》和趙匡之說：

《左》：「速也。」

《公羊》：「言吉者，未可以吉也。未三年也，三年之喪實以二十五月。其言于莊公何？未可以稱宮廟也。吉禘于莊公何以書？譏始不三年也。」

《穀梁》：「吉禘者，不吉者也。喪事未畢而舉吉祭，故非之也。」

趙氏匡曰：「《經》但譏此時未當吉祭爾，非謂魯便以此為常也。」

（頁2318〜2319）

三《傳》皆以閔公吉禘莊公過速而譏之，《公羊》更以爲魯國自此開始不行三
年喪。表中引趙匡之說駁《公羊》魯始不三年喪之說，取《左傳》和《穀梁》
解經之義。

顧氏亦有取《公羊》和《穀梁》之義而不取《左傳》者，如文公十三年
《經》，「世室屋壞」一條，表中引三《傳》及吳澂之說曰：

《左》：「秋七月，大室之屋壞，書，不共也。」杜《註》：「太廟之
室。」

《公羊》：「魯公之廟也。周公稱大廟，魯公稱世室，群公稱宮。何
以書？譏久不脩。」

《穀梁》：「太室猶世室也。爲社稷之主，而先君之廟壞，志不敬也。」
吳氏澂曰：「《左》、《穀》誤世爲太。《穀梁》謂太室猶世室，以爲伯
禽廟，字雖誤而義與《公羊》同。杜氏以爲太廟之室。夫廟制中央
一室謂之太室，豈太廟之中前堂、後寢、左右夾室、東西二廡皆不
壞，而唯中間一室獨壞也，于義有不通矣。」（頁 2352～2353）

三《傳》皆以世室屋壞爲不敬，然於世室之義則有不同。世室《左傳》、《穀
梁》作「大室」，《公羊》則作「世室」；據杜《註》，世室乃太廟之室，《公羊》、
《穀梁》則以爲魯公之廟。表中引吳澂之說駁杜預之言太廟之室壞，以《公
羊》、《穀梁》之義爲是。

除兼取兩家之說外，表中亦有認爲三《傳》意義相同者。如桓公五年《經》
書「天王使仍叔之子來聘」，表中引三《傳》和《彙纂》之說：

《左》：「仍叔之子，弱也。」

《公羊》：「譏父老，子代從政也。」

《穀梁》：「任叔之子者，錄父以使子也。」

《彙纂》曰：「《左氏》以爲弱，《公》、《穀》以爲父老，子代從政。
胡《傳》以爲譏世官，其義蓋相因……」（頁 2269）

《彙纂》以爲《左傳》稱仍叔之子弱，乃諷仍叔之子代父從政，其義和《公
羊》、《穀梁》相同，三《傳》闡發經義相承，並無不同。

上舉數例皆〈三傳異同表〉對三《傳》同異有所論述而取其精義者。若
三《傳》無針對該條經文詮解，但注有所申論，〈三傳異同表〉則取注代傳來
加以引用或批駁。例如桓公十七年《經》載「蔡季自陳」歸於蔡。《左傳》及

《穀梁》有傳而《公羊》無傳，表引何《註》之說：「蔡侯封人無子，季次當
立。封人欲立獻舞，而疾害季，季辟之陳。封人死，歸反奔喪，思慕三年，
卒無怨心，故賢而字之。」（頁2281）顧氏於此條即下案語曰「學者從何說可
也」，表明採何休論蔡季未立爲君的解釋。

　　〈三傳異同表〉除徵引三《傳》之說論《春秋》大義，亦如〈敘〉中所
言，於三《傳》解釋經義皆未妥時，則引諸家說解以破三《傳》之說，或另
立己說以求《春秋》之書旨。如隱公七年《經》載「滕侯卒」，表中引三《傳》
及諸家說：

　　《左》：「不書名，未同盟也。凡諸侯同盟，于是稱名，故薨則赴以
　　名。」

　　《公羊》：「何以不名？微國也。」

　　《穀梁》：「滕侯無名，少曰世子，長曰君，狄道也。」

　　啖子曰：「附庸之君及眞夷狄皆有名，況滕國，文王之子孫，雖至微
　　弱，豈無名乎？」

　　程子曰：「不名，史闕文。」

　　胡《傳》：「滕侯書卒，何以不葬？怠於禮、弱其君而不葬者，滕侯、
　　宿男之類是已。」

　　家氏鉉翁曰：「不名不葬，諸說不同。愚謂不名，史失其名。不葬，
　　魯不往會，是以失書，不容鑿爲之說。」（頁2260～2261）

《春秋》只書滕侯卒而不書滕侯之名，《左傳》以爲未同盟，《公羊》以爲乃
微弱之國，《穀梁》以爲滕行狄道，三《傳》皆有主張。表先列啖助之說，以
爲滕國乃文王之後，其君不應無名，亦不應其國微弱而不書名，反駁《公羊》
和《穀梁》之說。程子和家鉉翁則認爲不書名，乃是史之闕文，《左傳》之說
亦非。家鉉翁更以爲不書葬，乃因魯未往會，對胡安國的解釋提出駁斥。此
條即引諸家闕文之說以駁三《傳》和胡《傳》說解之附會。又如莊公八年《經》
載「夏，師及齊師圍郕，郕降于齊師。秋，師還。」一條，表中引三《傳》
及諸家說解曰：

　　《左》：「仲慶父請伐齊師，公曰：『我實不德，齊師何罪？』乃還。
　　君子是以善魯莊公。」

　　《公羊》：「成者何？盛也。曷爲謂之成？諱滅同姓也。曷爲不言降

師吾？辟之也。」

《穀梁》：「其曰降于齊師何？不使齊師加戚于郱也。」

劉氏敞曰：「《公羊》之說非也。實共圍盛，改謂之成；實滅其國，改
謂之降；實降于魯，獨言降齊，則是《春秋》非實錄，豈可傳世乎！
《穀梁》謂不使齊師加戚于郱，其意欲以貶齊，其實乃爲齊文過。」

吳氏澂曰：「說者謂魯欲取郱而結陳、蔡同伐，陳、蔡不至，乃藉力
于齊。案：魯弱于齊，齊豈肯爲魯役，魯亦何敢役之哉！蓋齊欲圍
郱，而徵兵于魯與陳、蔡爾。郱畏齊而不畏魯，故獨降齊師也。」

（頁 2295）

劉敞之說駁斥《公羊》和《穀梁》諱郱爲齊所滅，以爲如此則反而爲齊文過
飾非，則非實錄。顧棟高引劉敞和吳澂之說，然謂二氏之說仍未得《春秋》
之旨，故其案語曰：

莊公親仇讎而伐同姓，郱又不服而降齊師，師久於外，甘爲讎役，
直書而罪自見。《經》文本自直捷簡易，不知傳者何苦自生支離，《左
氏》以爲善，《公》、《穀》以爲諱，俱謬。（頁 2295）

顧氏駁斥三《傳》之說，以爲桓公死於齊，莊公於此時甘心受齊之徵召伐同
姓之郱，致使魯師久在外爲齊爭伐，其罪顯然。此即於三《傳》和諸家說解
外，其另外立說者。〈三傳異同表〉意在折衷三《傳》之說，取其中之異同而
加以析論，若有可取處則沿用其意。顧棟高於三《傳》中以《左傳》之說採
用最多，約九十餘條，證諸〈三傳異同表敘〉所自言：

丘明爲魯太史，親見魯之載籍，如《鄭書》、《晉志》、夫子未嘗筆削
之《春秋》，莫不畢覽，故其事首尾通貫，學者得因是以考其是非。
若《公》、《穀》則生稍後，又未仕列於朝，無從見國史，其事出於
閭巷所傳說，故多脫漏，甚或鄙倍失眞……（頁 2239）

於此可見其取捨的依據。《公羊》、《穀梁》雖有所失眞，於經義亦有可採之說，
故表中亦有沿用。若三《傳》及歷來學者之說有不足之處，表中則另有論申
明之。是顧氏在得力於三《傳》及眾說外，更以己意明《春秋》之旨。

二、〈左傳引據詩書易三經表〉

《春秋大事表》對《傳》的研究除關心三《傳》異同造成詮釋的歧異外，

對《左傳》和《春秋》以外經書的關係亦有所留意，於是有〈左傳引據詩書易三經表〉。其敘曰：

> 昔孔子假年學《易》，於子夏、子貢許其可與言《詩》，明他弟子不能與也。太史公謂孟子長于《詩》、《書》，而孟子曰：「說《詩》者不以文害辭，不以辭害志。以意逆志，是爲得之。」又曰：「吾于〈武成〉，取二三策。」孔、孟之訓人讀書如此。蓋聖賢以經垂教，凡學者脩己治人之術，胥于此焉在。夫豈拘牽文義，膠泥詁訓，同固哉叟之見哉！自漢儒各守師說，專門名家，于是有同一經而黨枯護朽，此是彼非，斬說經而經愈晦。余觀《左氏》所載賦《詩》凡二十五（案：據表之統計，二十五應作二十八），引《書》據義二十二，言《易》十有七。善哉乎！鄭夾漈之言之也，曰：「吾于敬仲之筮得互體之說焉，于畢萬之筮得變卦之說焉，於穆姜之筮得動以靜爲主之說焉，于南蒯之筮得不占險之說焉，于秦伯之筮得繫辭之異于今文者之說焉。」豈惟《易》哉，凡《詩》與《書》靡不然也……嗚呼！當時經學昌明，君卿大夫澤躬爾雅，謹守矩矱，一舉動必有占，一酬答必有賦，故賦〈吉日〉而具田備，賦〈匏有苦葉〉而具舟，而歌〈相鼠〉而不知，誦〈蓼蕭〉而弗答，即知其有敗亡之禍。微特士大夫也，穆姜以一淫婦人而占《易》而知筮史之非，賦《詩》而拜大夫之辱，豈非先王《詩》、《書》、象數之教浸漬于人心者久，故通行于天下而無間哉！後世遭秦滅學，漢儒掇拾于煨燼之餘，或經口授，故有南北之說經各異，于是《詩》有齊、魯、韓、毛，《書》有古、今文，《易》有《連山》、《歸藏》、《周易》，而《春秋》之經學亡矣。（頁2549～2550）[註17]

顧棟高認爲春秋時期經學昌盛，當時《詩》、《書》、《易》之學爲貴族所嫻熟，故賦《詩》、引《書》、占《易》於應對進退之間皆有其用而通行。然秦火之後，春秋之經學殆亡，漢儒說經各異，並且拘泥文義，鑽研訓詁，黨同伐異，經義於是日益晦澀。所以其編輯〈左傳引據詩書易三經表〉，企圖經由《左傳》記載當時人物稱引《詩》、《書》、《易》的情形，探究春秋經學的原貌。故此

[註17] 〈敘〉中「經」字中華書局本皆以書名號標示，然文中稱經乃泛爲經書之意，並不特指某一經而言；又「或經口授」之經乃經由之意，亦加書名號，甚爲謬誤，此處引用皆去書名號，附誌於此。

表不但探究《左傳》和其他各經的關係，更是藉此研究《詩》、《書》、《易》
於春秋流佈的情形。表中所列，乃《左傳》引用《詩》、《書》、《易》之例，
於是得占《易》共十七，賦《詩》共二十八，引《書》據義共二十二。然而
此一統計，並非《左傳》中見引《易》、《詩》、《書》的全部情形。以下分《易》、
《詩》、《書》三項分別討論：

（一）《易》

　　表中列占《易》共 17 例，然據屈萬里的統計，《左傳》中引《易》者共
19 見。〔註18〕比對之下，發現顧表缺：一、昭公二十九年，蔡史墨之占龍見
于絳郊曰：「龍水物也。水官棄矣，故龍不生得。不然，《周易》有之：在〈乾〉
之〈姤〉，曰：『潛龍勿用。』其〈同人〉曰：『見龍在田。』其〈大有〉曰：
『飛龍在天。』其〈夬〉曰：『亢龍有悔。』其〈坤〉曰：『見群龍無首，吉。』
〈坤〉之〈剝〉曰：『龍戰于野。』若不朝夕見，誰能物之。」二、昭公三十
二年，史墨曰：「在《易》卦，〈雷〉乘〈乾〉曰〈大壯〉，天之道也。」共二
條，應加以增補。

（二）《詩》

　　顧棟高於表中列《左傳》中賦《詩》〔註19〕共 28 條，然其中亦有可增補
者。據張素卿《左傳稱詩研究》的統計，《左傳》賦《詩》共 36 例。〔註20〕

〔註18〕屈萬里：《先秦漢魏易例述評》（臺北：學生書局，民國 58 年），頁 61～65。
〔註19〕《左傳》中引用《詩經》的情形主要包括「賦《詩》」和「引《詩》」兩類。顧
　　　　表所列只限於賦《詩》，主要以《傳》文明確記載賦某詩爲依據。然亦有例外，
　　　　如襄公四年晉悼公使工歌〈文王〉之三、〈鹿鳴〉之三，襄公十四年師曹歌〈巧
　　　　言〉之卒章，襄公二十八年叔孫穆子使工誦〈茅鴟〉，表中亦列入賦《詩》。此
　　　　三例是否爲賦《詩》，張素卿《左傳稱詩研究》（臺北：國立臺灣大學出版委員
　　　　會，民國 80 年），書中頁 66～72 有所析論，認爲皆屬賦《詩》之例。而關於
　　　　賦《詩》的定義，張書亦有詳細討論，可以參看。
〔註20〕《左傳稱詩研究》書中附錄一爲《左傳》賦《詩》一覽表。關於《左傳》賦《詩》
　　　　及引《詩》的統計，近來可供參考的研究相當豐富。除張書外，還有曾勤良：
　　　　《左傳引詩賦詩之詩教研究》（臺北：文津出版社，民國 82 年）、潘萬木：《左
　　　　傳敘述模式論》（武漢：華中師範大學出版社，2004 年）第四～五章、俞志慧：
　　　　《君子儒與詩教——先秦儒家文學思想考論》（北京：三聯書店，2005 年）第
　　　　六章。其中曾書以爲《左傳》引《詩》、賦《詩》共 256 條（頁 12），潘書以
　　　　爲：「《左傳》引《詩》270 多處次」（頁 80），兩者皆將賦《詩》和引《詩》合
　　　　併計算，故此處不據以討論。俞書將《左傳》引《詩》的情形分成賦《詩》、
　　　　稱《詩》分開統計，得《左傳》賦《詩》之例共 35 見。張氏和俞氏對賦《詩》
　　　　的認知有所不同，故其統計取樣略異，本文採用前說而不用後說，乃因《左傳

交叉比對後，顧表缺下列 6 例：

出　　處	賦《詩》者	原　　文
隱公三年	衛人	衛人所爲賦〈碩人〉也。
閔公二年	許穆夫人	許穆夫人賦〈載馳〉。
閔公二年	鄭人	鄭人爲之賦〈清人〉。
文公三年	晉襄公 魯文公	晉侯饗公，賦〈菁菁者莪〉…公賦〈嘉樂〉。
文公六年	秦之國人	國人哀之，爲之賦〈黃鳥〉。
定公四年	秦哀公	秦哀公爲之賦〈無衣〉。

是以這 6 例亦應補入表中。

（三）《書》

顧棟高表中列《左傳》引《書》據義者共 22 條。這二十二條中除春秋時人所引用者外，《左傳》中「君子曰」、「君子謂」及「仲尼曰」所引用者亦計算在內。然據小島祐馬〈左傳引經考證〉的統計，《左傳》引《尚書》者共 45 條。〔註21〕陳夢家《尚書通論》則以爲有 47 條。〔註22〕劉起釪《尚書學史》的統計則有 86 次之多。〔註23〕劉說在界定《左傳》引《尚書》的條件上過於寬泛，舉凡《左傳》中文句上和今文《尚書》相似者，以及《左傳》中有稱引自「誓命」、「夏訓」、「虞人之箴」、「禹刑」、「鄭書」、「前志」等的文句，皆認爲引自《尚書》，故此處不採其說。筆者據《先秦兩漢典籍引尚書資料彙

稱詩研究》第三章對賦《詩》有詳細明確的定義，而且將歷來是否爲賦《詩》有爭議的例子一一加以剖析，其統計成果較爲可信。

〔註21〕［日〕·小島祐馬：〈左傳引經考證〉（收入江俠菴編譯：《先秦經籍考》，臺北：新欣出版社，民國 59 年），頁 266～273。據小島祐馬的分析統計，《左傳》引《書》和今文《尚書》文句相同者十二條，文句省略者三條（含二條君子曰引用）。而《左傳》稱引自《書》而見於僞古文《尚書》者二十六條（含君子曰引用三條）。又有《左傳》引用之「書」爲僞古文《尚書》所輯錄而成書者四條（然此四條爲逸文，不見於僞古文《尚書》）。此外還有只引用《尚書》篇名者二條。扣除只引用篇名者不計，則其統計《左傳》引用《尚書》者共有四十五條。

〔註22〕陳夢家：《尚書通論》（北京：中華書局，2005 年），頁 7～12。其將《左傳》引《書》之類分成「引『書曰』」、「引篇名」、「引『夏書曰』、『商書曰』、『周書曰』」三類。

〔註23〕劉起釪：《尚書學史》（北京：中華書局，1996 年），頁 49。

編》一書加以覆核，陳說應是正確之數。〔註 24〕據筆者統計結果，茲將顧表所缺者表列於下：

出　處	引用者	原　文
僖公三十三年	臼季	〈康誥〉曰：父不慈，子不祗，兄不友，弟不共，不相及也。
文公十八年	大史克	〈虞書〉數舜之功曰：「慎徽五典，五典克從。」無違教也。曰：「納于百揆，百揆時序。」無廢事也。曰：「賓于四門，四門穆穆。」無凶人也。
成公六年		〈商書〉曰：「三人占，從二人。」
成公八年	韓厥	〈周書〉曰：「不敢侮鰥寡。」
襄公十一年	魏絳	《書》曰：「居安思危。」
襄公十四年	師曠	〈夏書〉曰：「遒人以木鐸徇于路，官師相規，工執藝事以諫。」
襄公二十一年	祁奚	《書》曰：「聖有謩勳，明徵定保。」
襄公二十三年	范文子	《書》曰：「惟命不于常。」
襄公二十五年	大叔文子	《書》曰：「慎始而敬終，終以不困。」
昭公元年	子羽	〈大誓〉曰：「民之所欲，天必從之。」
昭公六年	叔向	《書》曰：「聖作則。」
昭公八年	子旗	〈周書〉曰：「惠不惠，茂不茂。」
昭公十年	子皮	《書》曰：「欲敗度，縱敗禮。」
昭公十七年	魯大史	〈夏書〉曰：「辰不集于房，瞽奏鼓，嗇夫馳，庶人走。」
昭公二十年	苑何忌	〈康誥〉曰：「父子兄弟，罪不相及，況在群臣。」（不同）
昭公二十四年	萇弘	〈大誓〉曰：「紂有億兆夷人，亦有離德。余有亂臣十人，同心同德。」

〔註24〕 陳雄根、何志華編：《先秦兩漢典籍引尚書資料彙編》（香港：香港中文大學中國文化研究所，2003 年）。書中除將《左傳》中明確稱引《書》曰之例編入書中，舉凡《左傳》中詞句和《尚書》相似者亦列入引《尚書》之例，則其數較陳夢家說爲多。《彙編》所收後種情形可能是先秦習用之套語，未必是時人引用《尚書》之例，此類皆刪去不列，以求慎重。又如哀公元年《傳》伍員言：「臣聞之：『樹德莫如滋，去疾莫如盡。』」（《春秋左傳正義》，頁 990），其和僞古文《泰誓》所言「樹德務滋，除惡務本」（《尚書正義》，頁 156）相近，然《左傳》未言載引自《書》，不詳是否出自《尚書》，此亦存疑不計，附誌於此。據以上原則析論後，得《左傳》引《尚書》之例共四十七條，和陳夢家之說相合。

以上爲《左傳》記載春秋時人引《尚書》之例，而顧表所缺者。又《左傳》中有稱君子曰、君子謂而引《尚書》者：

出　處	引用者	原　文
莊公十四年	君子曰	〈商書〉所謂惡之易也，如火之燎于原，不可鄉邇，其猶可撲滅。
成公二年	君子曰	〈大誓〉所謂商兆民離，周十人同者，眾也。
襄公三年	君子謂	〈商書〉曰：「無偏無黨，王道蕩蕩。」
襄公五年	君子謂	〈夏書〉曰：「成允成功。」
哀公四年	君子曰	〈夏書〉曰：「官占，唯能蔽志，昆命于元龜。」

表中 5 條君子曰引《尚書》之例，顧表亦缺列。又《左傳》有 3 條稱「仲虺有言」、「仲虺之志」之語，或疑出自《尚書·仲虺之誥》，今〈仲虺之誥〉乃僞作而不可考。〔註 25〕又有「命之以蔡，其命書云」一條，其亦疑指〈蔡仲之命〉，今〈蔡仲之命〉亦僞作而不可考。〔註 26〕此類另附錄於下：

出　處	引用者	原　文
宣公十二年	隨武子	仲虺有言曰：「取亂侮亡，兼弱也。」
襄公十四年	中行獻子	仲虺有言曰：「亡者侮之，亂者取之，推亡固存，國之道也。」
襄公三十年	子皮	仲虺之志云：「亂者取之，亡者侮之，推亡固存，國之利也。」

〔註 25〕《左傳》中記載時人稱引《尚書》皆稱《書》、〈虞書〉、〈夏書〉、〈商書〉、〈周書〉，或直接稱篇名如〈康誥〉、〈大誓〉。此類稱「仲虺有言」、「仲虺之志」，和引《書》之例不同，疑所指乃其他先秦典籍，和《尚書》無關。

〔註 26〕此一條爲逸文，《書序》中有〈蔡仲之命〉，僞古文《尚書》亦輯有〈蔡仲之命〉，但無《左傳》所引之文句。小島祐馬以爲此乃「《左傳》所引用之『書』有爲僞古文所輯錄而成『書』者」、「然謂此等爲《書》之逸文，尚無證據。」（《先秦經籍考》，頁 272～273。）「命之以蔡」一句，杜預以爲乃「命爲蔡侯。」（《春秋左傳正義》，頁 949）陳夢家將「蔡」字標上書名號，分類爲「引篇名」類，則以爲蔡乃〈蔡仲之命〉的省稱。筆者以爲《左傳》中子魚先後提及「命以〈伯禽〉」、「命以〈康誥〉」、「命以〈唐誥〉」，其所指皆爲《尚書》之篇，則「命之以〈蔡〉」亦可能指《尚書》之篇，即《書序》中所言的〈蔡侯之命〉。今標點暫從陳說，而以其有疑而附於此類。關於此條提及〈伯禽〉、〈唐誥〉爲《尚書》篇名之說，可參考清·顧炎武著，清·黃汝成集釋：《日知錄集釋》（臺北：臺灣中華書局，民國 73 年），卷 2，頁 36 下～37 上。

| 定公四年 | 子魚 | 蔡仲改行帥德，周公舉之，以爲己卿士，見諸王，而命之以〈蔡〉。其命書云：「王曰：『胡！無若爾考之違王命也。』」 |

此 4 條疑乃徵引《尚書》之文，亦予以計入，則《左傳》所載引《尚書》之例，顧表共缺列 25 條。

從上列統計來看，〈左傳引據詩書易三經表〉中所列《左傳》徵引《易》、《詩》、《書》三者皆有缺漏。此外表中列《左傳》中徵引《詩經》者，只列所謂賦《詩》者，不列引《詩》者，似乎亦值得商榷。顧棟高本欲透過《左傳》引據《詩》、《書》、《易》三者，從中瞭解此三者在春秋時期被引用的情形，進而探求春秋經學之原貌。原其不及引《詩》之意，可能因爲引《詩》之例雜有「仲尼曰」、「君子曰」等《左傳》作者引用《詩經》評論史事的情形，〔註27〕未必符合春秋經學之原旨，故只採春秋時人賦《詩》之例，方法上頗爲嚴謹。然《左傳》引《詩》之例中，除以「仲尼曰」和「君子曰」的形式外，亦有春秋時人引《詩》者。據《左傳稱詩研究》的研究，春秋時人引《詩》之例共有97 則，引《詩》可用以修飾辭令，其用途則是「藉引《詩》來標舉事理，懸爲議事論政的準繩，偶爾也用以論人。」〔註28〕故若要探究春秋時期《詩經》被引用的情形除賦《詩》之外，引《詩》亦應納入探討之中。〔註29〕況且〈左傳引據詩書易三經表〉中引《書》據義之表，《左傳》中「仲尼曰」和「君子曰」亦在編採之列，則其於編《左傳》賦《詩》之表外，包含「仲尼曰」、「君子曰」的引《詩》亦應納入表中，不應有體例不一的情形。

〈左傳引據詩書易三經表〉除考列《左傳》中引《易》、《詩》、《書》的情形，還於表後附〈左氏引經不及周官儀禮論〉，其論曰：

> 《周禮》六官所掌，凡朝覲、宗遇、會同、聘享、燕食，其期會之
> 疏數，幣賦之輕重，牢醴之薄厚，各準五等之爵爲之殺，而適子誓
> 于天子，則下其君之禮一等，未誓則以皮帛繼子男。而《儀禮》有

〔註27〕張素卿於《左傳稱詩研究》以爲「『君子曰』與『仲尼曰』的性質相似，也是《左傳》藉以評論史事的一種體例。」（頁 140）

〔註28〕張素卿：《左傳稱詩研究》，頁 118～138。

〔註29〕根據張素卿的研究，《左傳》稱詩的類型除賦《詩》和引《詩》外，還有歌《詩》。如襄公十六年「晉侯與諸侯宴于溫，使諸大夫舞，曰：『歌《詩》必類。』」及襄公二十九年季札觀樂之事，皆是歌《詩》之例。此類亦應納入春秋引用《詩經》之例。《左傳》中歌《詩》類型之意義詳《左傳稱詩研究》，頁 73～78 及109～116。

〈燕禮〉以享四方之賓客，〈聘禮〉以親邦國之諸侯，〈公食大夫禮〉以食小聘之大夫，而〈覲〉爲諸侯秋見天子之禮，其米禾薪芻有定數，牢鼎几筵籩豆脯醢有常等，靡不犖然具載。是宜天下諸侯卿大夫帥以從事，若今會典之固敢踰尺寸。而春秋二百四十年，若子產之爭承，子服景伯之却百牢，未聞據《周禮》大行人之職以折服強敵也。甯俞之不答〈彤弓〉及〈湛露〉，叔孫穆子之不拜〈四牡〉及〈文王〉，未聞述《儀禮》燕食之禮以固辭好惠也。郤至聘楚而金奏作于下，宋享晉侯以〈桑林〉之舞，皆踰越制度，雖恐懼失席，而不聞據周公之典以折之。他如鄭成公如宋，宋公問禮于皇武子，楚子干奔晉，晉叔向使與秦公子同食，皆百人之饌；而楚靈大會諸侯，問禮於左師與子產，左師獻公合諸侯之禮六，子產獻伯子男會公之禮六，皆不言其所考據，各以當時大小強弱爲之等。是皆春秋博學多聞之士，而於周公所制會盟聘享之禮，若目未之見，耳未之聞，是獨何與？若周公束之高閣，未嘗班行列國，則當日無爲制此禮；若既行之列國矣，而周公之子孫先未有稱述之者，豈果弁髦王制不遵法守歟？不應舉世盡懵然若此。且孔子嘗言吾學周禮矣，而孔子一生所稱引無及今《周官》一字者。孟子言班爵祿之制與《周官》互異，《家語》言孺悲曾學〈士喪禮〉於孔子，[註30]而其詳不可得聞。夫書爲孔、孟所未嘗道，《詩》、《書》、三《傳》所未經見，而忽然出于漢武帝之世，其爲漢之儒者掇拾綴緝無疑。雖其宏綱鉅典，未嘗不稍存一二，而必過信之爲周公所作，則過矣。（頁2565～2566）[註31]

孔穎達曾云：「《禮記・明堂位》云：『周公攝政，六年，制禮作樂，頒度量於天下。』但所制之禮，則《周官》、《儀禮》也。」[註32] 賈公彥亦曰：「《周禮》、《儀禮》發源是一，理有始終，分爲二部，並是周公攝政太平之書。《周禮》爲

[註30] 孺悲學〈士喪禮〉於孔子之說，應出自《禮記・雜記》。《禮記正義》（臺北：藝文印書館，民國70年，影印嘉慶二十年江西南昌學府重刊宋本）：「恤由之喪，哀公使孺悲之孔子學士喪禮，〈士喪禮〉於是乎書。」（卷43，頁7上）

[註31] 此段引文中華書局本有若干名詞冠上書名號，疑並不妥，如「孔子嘗言吾學周禮矣」，「周禮」應爲名詞，爲周代禮制之意；「夫書爲孔、孟所未嘗道」，句中之「書」乃《周官》和《儀禮》的代稱，皆不應冠上書名號，故本文引用時逕予更正。

[註32] 漢・鄭玄注，唐・孔穎達疏：《禮記正義・序》，頁9上。

末,《儀禮》爲本。」〔註33〕此二說代表《周官》、《儀禮》爲周公所作的傳統說法。顧棟高認爲《周官》和《儀禮》典制記載詳細,若爲周代之制度,則應爲當時之人所遵從。然而就《左傳》所載,當時之人皆未有引論《周官》和《儀禮》。並且孔子未嘗言及《周官》,孟子班爵之說也和《周官》矛盾,孺悲學士喪禮於孔子之事更不得其詳。顧氏綜合上列觀點,以爲此二書孔、孟皆未嘗言及,《詩》、《書》、三《傳》亦未見引用,其於漢代出現,必爲漢儒所編綴而成。顧氏之論《左傳》未引及《周官》和《儀禮》,的確符合事實。小島祐馬於〈左傳引經考證〉亦以爲《左傳》未引用三《禮》之文句,而《傳》文所言之「禮書」、「周禮」、「禮經」之類,亦和後世的《禮》經無關。〔註34〕顧氏以《儀禮》乃漢儒所掇拾編輯,大抵也是事實。《漢書·藝文志》著錄「《禮》古經五十六卷,《經》十七篇」,其後言:「《禮》古經者,出於魯淹中及孔氏,與十七篇文相似,多三十九篇。」〔註35〕則今本《儀禮》十七篇之內容亦見於孔壁之中,《禮》古經比十七篇的《儀禮》還多三十九篇,故爲五十六卷。則《儀禮》的完成,當是漢儒編輯而成,其文和《禮》古經相似,篇目少三十九篇。此處論《周官》亦是漢儒編錄,雖未必如此,〔註36〕但較〈田賦丘甲論〉所言:「余謂《周禮》出于王莽時,好爲繁重碎密之制,特傳會司馬法以瞀當世之愚民,非周制之本然也。」(頁1432)則顯得客觀平實的多。論中言「雖其宏綱鉅典,未嘗不稍存一二,而必過信之爲周公所作,則過矣。」肯定《儀禮》、《周官》所載反映部分周代的制度實貌,但不可信其爲周公所作,其論足以正孔穎達、賈公彥之失。

第三節　對杜預《春秋經傳集解》的研究

杜預《春秋經傳集解》自孔穎達《左傳正義》選爲官方注本後,其重要性不言而喻。《春秋大事表》全書取杜預之說甚多,至於針對《春秋經傳集解》

〔註33〕漢·鄭玄注,唐·賈公彥疏:《儀禮注疏》(臺北:藝文印書館,民國70年,影印嘉慶二十年江西南昌學府重刊宋本),卷1,頁1上。

〔註34〕[日]·小島祐馬:〈左傳引經考證〉,頁278。

〔註35〕漢·班固著,唐·顏師古注:《漢書》(北京:中華書局,1996年),頁1709～1710。

〔註36〕如葉國良、夏長樸、李隆獻著《經學通論》所言:「當代學者大多認爲《周禮》並非周公施政的實錄,也非漢人的偽作,而是先秦無名氏的政治構想的作品,至於究是戰國末年?或是秦朝時?還是西漢人?則尚無絕對的定論。」(頁172)

的研究，則有〈左傳杜註正訛表〉。其〈左傳杜註正訛表敘〉曰：

> 昔杜元凱作《春秋釋例》，世人未之重，獨摯虞賞之曰：「左丘明本
> 爲《春秋》作傳，而《左傳》遂自孤行。《釋例》本爲《傳》設，而
> 所發明何但《左氏》，當亦孤行。」至今百世，遂爲定論。然愚嘗受
> 其書而反覆之，杜氏之最精且博者，莫如作《長曆》以正春秋之失
> 閏，作《土地名》以考列國之地理，其學誠絕出古今。至其解釋《經》、
> 《傳》，不無齟齬，而其最大者尤在昭十五年周景王葬穆后《傳》註
> 曰：「天子諸侯除喪當在卒哭。」復于隱元年宰咺歸賵、昭十二年子
> 産辭享禮二《傳》疏通而証明之。杜氏釋《經》既誤，遂以此斷據
> 朝廷大典爲一代定制，後世謂杜氏短喪……讀《春秋》而見當日諸
> 侯之例，皆既葬成君，列于會盟，不知此自當時之失禮，非先王本
> 制也。欲執此爲定制，令上下可通行，爲短喪者立赤幟，論者謂其
> 得罪名教，豈過論哉！（頁 2567～2568）

顧氏以爲杜預《春秋》之學最爲精博者，爲朔閏和地理方面的考釋，至於註
解《經》、《傳》則不無問題。其中如既葬除喪之說，晉朝據以定爲禮制，頗
遭學者批評。顧棟高對既葬除喪之說亦有所反駁，認爲《左傳》所載乃當時
失禮的情形，並非周代禮制之原貌，杜預反而據以亂法典，謬誤甚矣。杜說
之誤既所在多有，顧氏便將杜《注》的錯誤，列舉其說加以駁正。〈左傳杜註
正訛表〉並非將杜《注》的錯誤逐年列出加以析論，乃先將其誤分類成「論
禮之誤」、「地里之誤」、「時日之誤」、「稱名之誤」、「解《經》、《傳》之誤」
五種，每類之下再列杜《注》之說予以駁正。如論禮之誤主要如〈敘〉所言，
駁其短喪之非。地理之誤則在於析論杜預地名位置之誤。如襄公三年《傳》
有「楚子重取鳩茲，至于衡山。」表引杜說復加案說曰：

> 杜《註》：「鳩茲，吳邑，在丹陽蕪湖縣東，衡山在吳興烏程縣南。」
> 案：杜註衡山甚謬。鳩茲在今江南太平府蕪湖縣東三十里，烏程爲
> 今浙江湖州府附郭，時吳都尚在無錫，從無錫至湖州尚三四百里，
> 楚兵不應反過吳都也。當塗縣東六十里有橫山，橫與衡古通用，具
> 在太平府，此說得之。（頁 2577～2578）

顧氏據杜預之說衡山在烏程則嫌太遠，以爲應在當塗縣東北六十里的橫山較
爲合理。表中論此類地理之誤者共有 10 條。論杜預時日之誤者共 5 條，如「僖
公五年春，晉侯殺其世子申生。《傳》：『四年十二月戊申，縊于新城』」一條，

《經》、《傳》對於申生之死的時日記載不同，杜《註》以爲「書春，從告。」
顧氏以爲：「《經》書春，不書月數，蓋春二月也。晉用夏正，晉之十二月爲
周之春二月。晉以十二月告，魯史用周正改書春耳。杜謂以晉人赴告之日書
之，非也。」（頁2581～2582）杜預以爲《經》、《傳》所載時日不同，乃是《春
秋》從赴告而記。顧氏則反駁《經》從赴告書之說，認爲兩者的差異在於《經》
從周正，《傳》從夏正，於是相差兩個月。杜預於《經》、《傳》記載晉事相差
二個月皆以爲《春秋》從赴告之故，表中則皆以《春秋》記載用周正，《左傳》
記載用夏正加以反駁。

　　表中又有正杜預書名之誤，此類乃杜預主張《春秋》書名以貶者，如「僖
公七年，鄭殺其大夫申侯」一條，杜預以爲「申侯專利而不厭，故稱名。」（頁
2583）又如「僖公十年，晉里克弒其君卓及其大夫荀息」一條，杜預以爲「荀
息本無遠謀，從君之昏，故稱名。」杜預以書名爲貶，顧棟高則不贊同，於
表後曰：

> 殺大夫無不稱名之理，而杜乃以稱名爲貶，至以洩冶之直諫而死，
> 與里克、宵喜之弒逆同科。大夫奔無不稱名之理，而杜以稱名爲貶，
> 至以公子慭之爲國除惡，與欒盈、良宵之叛臣同罪。一字之誤，玉
> 石俱焚。其以稱字爲褒，則如司馬華孫來盟，謂其憂國舉職，而不
> 知其爲公子鮑之私人也。足知名字褒貶之例，斷斷不可通于《春秋》。
> （頁2590）

顧氏以爲舉凡殺大夫和大夫出奔，皆以名赴告他國，故書名與否無關褒貶。
褒貶從綜觀史事之中自可評斷，而非由書名、書字來衡量。所以顧氏亦不贊
同《春秋》有書字之筆法，而作〈春秋無書字之法論〉曰：

> 善乎方氏望溪之言曰：「《春秋》從無書字之法。舊以王人子突爲字，
> 非也。古有以子某者，如陳子亢、介子推之類是也。以邾儀父爲
> 字，非也。古有以某父名者，如齊侯祿父、儀行父、箕鄭父是也，
> 而支離穿鑿之弊掃除過半矣……」方氏之言得之矣。且邾儀父與介
> 葛盧、鄅黎來均爲附庸，則不宜有差別。今以儀父爲字，而以葛盧
> 與黎來爲名，可乎？夫大夫之殺與出奔列國無不以名赴而以字赴之
> 理。列國不以字赴，魯史何從而得其字？魯史既不書其字，孔子於
> 百年後更何從追書其字耶？杜於凡書名者皆曰惡之，必當日俱有字
> 書於簡冊，聖人特以惡之而斥其名，殊不知大夫既已正典刑與逃竄，

其本國方深惡痛絕之不暇，豈更有褒嘉之辭，而以其字赴於諸侯耶？

且《春秋》之法果以稱字爲褒，稱名爲貶，子貢之徒當必習聞之，

哀十六年續《經》何不書曰仲尼卒，而書孔丘卒耶？

顧棟高引方苞之說以爲春秋無書字之法，王人子突、邾儀父皆是名而非字。
列國之間赴告，應該都是以名赴，史策亦應從赴書名，《春秋》絕無書字之法。
論中以爲《春秋》若有稱字以褒之法，則續《經》於孔子之卒應書仲尼卒，
不當書孔丘卒。是以顧氏反對由書名或書字來論褒貶，對杜預等人之說提出
辯駁。

〈左傳杜註正譌表〉對杜預註解的錯誤進行分類而予以析論，以明是非。
當中許多論斷深得其要，值得學者參考。但在眾多論述中，亦有些可商榷之
處。試舉一例明之，如僖公十五年，秦、晉韓之戰《傳》載秦穆公卜而得侯
車敗之說，杜預以侯車乃晉侯車，顧棟高以爲：

> 侯車當作候車，謂探候之車，如後世哨騎相似，蓋秦伯之偏師爾。
> 卜徒父筮之，而偏師先敗，秦侯以其不驗，故詰之，對曰：「此敗乃
> 大吉也，三敗之後必獲晉君。」一時問答神氣是如此，乃字方有來
> 歷。若說晉侯車敗，秦伯得勝，無緣要詰，乃字亦轉不去矣。杜又
> 牽強說秦伯不解，疑敗在己，故詰，則秦伯不應瀆瀆至此。軍中消
> 息，勝負瞭然，何至錯認……（頁2591～2592）

顧氏反駁杜說，以爲侯車乃候車，即候哨之車。然顧說頗有可疑處，案《左
傳》原文如下：

> 晉饑，秦輸之粟；秦饑，晉閉之糴，故秦伯伐晉。卜徒父筮之，吉：
> 「涉河，侯車敗。」詰之。對曰：「乃大吉也。三敗，必獲晉君。其
> 卦遇蠱曰：『千乘三去，三去之餘，獲其雄狐。』夫狐蠱，必其君也。
> 蠱之貞，風也；其悔，山也。歲云秋矣，我落其實，而取其材，所
> 以克也。實落材亡，不敗何待？」三敗及韓……〔註37〕

顧氏將侯車改爲候車，以爲卜徒父筮吉，此時秦偏師之敗的軍息傳來，故秦
穆公以卜筮結果不合而詰之，卜徒父乃進一步對曰三敗而能及韓。顧氏以爲
偏師先敗，則三敗皆指秦軍而言。若此，秦軍接連三敗，豈能至韓？晉惠公
既三勝，怎會憂慮地對慶鄭說「寇深矣，若之何？」〔註38〕且秦師若三敗，

〔註37〕晉・杜預注，唐・孔穎達疏：《春秋左傳正義》，卷14，頁3上～4上。

〔註38〕晉・杜預注，唐・孔穎達疏：《春秋左傳正義》，卷14，頁4下。

士氣必定低迷，然晉之韓簡說「師少於我，鬬士倍我。」、「我怠、秦奮」〔註39〕，於情又有所不合。顧氏之說和《左傳》之載實相齟齬。顧氏以爲「涉河，侯車敗」乃事實而非卜徒父之辭，顧炎武《左傳杜解補正》已作此解，〔註40〕楊伯峻反駁此說曰：「按之全文，似不合。」〔註41〕竹添光鴻則曰：「此二句（案：指「涉河，侯車敗」）非繇辭，筮者據卦象言之耳。下千乘三語，自爲繇詞。」〔註42〕楊氏、竹添氏之說應較合《左傳》之意。且顧氏執著於「詰」字立論，以爲「無緣要詰，乃字亦轉不去矣。」然而詰乃盤問細故，竹添光鴻即曰：「其語（案：指卜徒父之語）簡短，故秦伯不能了而詰之也。」〔註43〕頗合情理。綜觀韓之戰，晉惠公得秦之力入國而背秦之賂，獲秦輸之栗而閉之糴，秦較理直氣壯，故慶鄭、韓簡的言語對晉惠公頗有不滿。秦之士氣較晉軍高，一鼓作氣三敗晉軍至韓，於前後史實觀之亦較爲合理。杜預曰：「秦伯之軍涉河，則晉侯車敗。秦伯不解，謂敗在己，故詰之。」〔註44〕其中「秦伯之軍涉河，則晉侯車敗」之意亦應如竹添光鴻所言，指卜徒父之言。而「秦伯不解，謂敗在己，故詰之」雖未必秦伯眞懷疑三敗乃指己敗，但杜說恐較合史實。顧說改字而駁杜《注》，其說實不確。〈左傳杜註正訛表〉中的論述雖偶有上例之疵誤，仍有許多可供參考採用見解，對杜《注》實有補正之功。

〔註39〕同上注，卷14，頁5上。
〔註40〕顧炎武：《左傳杜解補正》，卷上，頁15上～下。
〔註41〕楊伯峻：《春秋左傳注》，頁353。
〔註42〕〔日〕‧竹添光鴻：《左氏會箋》（臺北：天工書局，民國82年），頁396。
〔註43〕同上注。
〔註44〕晉‧杜預注，唐‧孔穎達疏：《春秋左傳正義》，卷14，頁3下。

第五章　《春秋大事表》的總評騭

　　在分析過《春秋大事表》各表的體例、用意及優缺之後，本章試圖總結前人對《春秋大事表》的評價，並以前文研究所得，以綜觀全書的視角，對《春秋大事表》的特色及優缺點進行分析。

第一節　歷來學者對《春秋大事表》的評價

　　《春秋大事表》成書以來，歷來學者多有評價是書之成果。《四庫提要》是最早評述《春秋大事表》者。《提要》曰：「表之爲體，昉於周譜，旁行斜上，經緯成文。使參錯者歸於條貫，若其首尾一事」〔註1〕，肯定《春秋大事表》以表作爲體裁，可使繁雜的春秋歷史條理清晰。對於書中的論辨亦有所讚揚，認爲：「引據博洽，議論精確，多發前人所未發。」〔註2〕不過《提要》也認爲《春秋大事表》體裁上亦有缺點：「可以循次而書者，原可無庸立表，棟高事事表之，亦未免繁碎。至參以七言歌括，於著書之體亦乖。」〔註3〕對於顧棟高凡事皆用表呈現，以及雜用七言詩論述問題這兩點不以爲然。不過《提要》仍肯定《春秋大事表》的成果：「條理詳明，考證典核，較公說書實爲過之。」〔註4〕認爲其成就超越宋程公說的《春秋分紀》。《四庫提要》注意到《春秋大事表》表與論兩者相互搭配形成的成就，可謂掌握了顧棟高編輯

〔註1〕　《四庫全書總目提要》，卷29，頁29下。
〔註2〕　同上注。
〔註3〕　同上注。
〔註4〕　同上注。

之要旨。梁啓超也和《提要》有相似的意見：

> 他（顧棟高）著有一部好書，名曰《春秋大事表》。這部書的體例，
> 是將全部《左傳》拆散，拈出若干個主要題目，把書中許多零碎適
> 時按題搜集起來，列爲表的形式，比較研究。其有用特別眼光考證
> 論列者，則別爲敘說論辨考等。凡爲表五十篇，敘說等百三十一篇。
> 《禮記》說：「屬辭比事，《春秋》之教。」治史的最好方法，是把
> 許多事實，一件一件零碎擺著，像沒有什麼意義，一屬一比，便會
> 有許多新發明。用這種方法治歷史的人，向來很少。震滄這部書，
> 總算第一次成功了〔他研究的結果，雖有許多令我們不能滿足，但
> 方法總是對的〕。〔註5〕

梁啓超認爲顧棟高這種編纂方法，有助於從比較中揭露歷史蘊含的意義，給
予正面的肯定。楊向奎於《清儒學案新編》亦論及《春秋大事表》表論相互
搭配的體裁。楊說首先對顧棟高「能從時、空開始治《春秋》，乃深明歷史之
真義者」〔註6〕表示肯定，進而對《春秋大事表》以表爲體論曰：「與顧氏同
時之浙東史學家萬斯同鼓吹史表，以爲史家之第一要事，余曾譏其識小，如
顧氏之《春秋大事表》條理分明，有表以列其繁，有論以扼其要，爲後世治
史者提供方便，可以無譏矣。」〔註7〕可見楊向奎肯定《春秋大事表》表論兩
者相互融合的體例，以爲此乃理想的表體形式。此外羅炳良亦論《春秋大事
表》的體裁曰：

> 《春秋大事表》除主體部分共 50 篇寓含紀事本末體裁的史表以外，
> 書前有〈總敘〉，各篇表又有敘或後敘，有些表後還附有論；書後爲
> 十餘幅春秋時期輿地圖，形成表、圖、敘、論相互結合的史書編纂
> 體裁。這種編纂體裁的優點是記事條理清晰，首尾完備，直觀明瞭，
> 再輔以敘述作表之意，評論歷史事件，可以容納更多的歷史內容，
> 全方位、多層面地反映出春秋時期的歷史面貌。〔註8〕

羅氏之論亦從體裁方面入手，肯定《春秋大事表》有條理地呈現春秋的歷史
脈絡。這些意見都注意到表論互相搭配的作用，對於顧棟高的編纂方法大加

〔註5〕 梁啓超：《中國近三百年學術史》（天津：天津古籍出版社，2003 年），頁 108。
〔註6〕 楊向奎：《清儒學案新編》（濟南：齊魯書社，1985 年），第三卷，頁 85。
〔註7〕 同上注，頁 90。
〔註8〕 羅炳良：《清代乾嘉史學的理論與方法論》（蘭州：蘭州大學出版社，2004 年），
頁 232～233。

讚許，並肯定《春秋大事表》體裁的成熟。

　　《春秋大事表》既以表體之成熟受學者所重視，其編纂體例的來源則爲學者關注的焦點。《四庫提要》對於《春秋大事表》和《春秋分紀》體裁的異同有所論述，以爲顧棟高並未抄襲程公說之書，其中詳委在前文〈緒論〉已有論述。除此之外，江藩對《春秋大事表》的體裁來源亦有所論：「震滄之《大事表》雖精，然實以宛斯之書爲藍本，且不知著書之體，有不必表者亦表之，甚至如江湖術士之書，以七言爲歌括，不值一噱矣……」〔註9〕江藩此論，蓋以顧棟高據馬驌《左傳事緯》編纂而成《春秋大事表》，並對該書體例加以駁斥。關於此一觀點，錢泰吉曾加以反駁：「近見甘泉江氏《漢學師承記》謂以宛斯之書爲藍本，蓋指鄒平馬氏《左傳事緯》。《事緯》誠精核，然是宋章氏《事類始末》之類，與《大事表》實不相同，不知江氏何以言之？」〔註10〕陳鴻森更以爲《四庫提要》曾論《春秋大事表》與程公說《春秋分紀》體例相似，江藩之說實剿襲《提要》之說，而誤將《春秋分紀》記爲《左傳事緯》。〔註11〕以上諸家之說法足以反駁江藩以爲顧棟高抄襲《左傳事緯》之說。不過《春秋大事表》和《左傳事緯》這類紀事本末體的關係，實有待更進一步的釐清。近代學者多認爲《春秋大事表》之體裁和紀傳本末體相關。例如金毓黻以爲：「棟高所著書曰《春秋大事表》，係將《左傳》之全部分爲若干標題，綜集一題之事實，列而爲表，蓋與《通鑑紀事本末》之作法相同，不過易紀事而爲表耳。」〔註12〕白壽彝亦以爲《春秋大事表》乃「紀事本末體式的史表體著述」。〔註13〕羅炳良在白氏之說的基礎上提出：「（顧棟高）產生出歷史編纂學的創新思想，把史表和紀事本末兩種體裁結合起來，從《春秋》和《左傳》中整理出50項重大歷史事件，按其發展順序，列表完整地記其始末，具有鮮明的紀事本末體史書性質。」〔註14〕

〔註9〕　清・江藩：《漢學師承記》（收入《清代傳記叢刊》第1冊，臺北：明文書局，
　　　　民國74年），頁13～14。
〔註10〕　清・錢泰吉：《曝書雜記》（收入《書目叢編》第5冊，臺北：廣文書局，民
　　　　國56年），卷中，頁29下～30上。
〔註11〕　陳鴻森之說見〈乾嘉學術小記〉（收入《張以仁先生七秩壽慶論文集》，臺北：
　　　　臺灣學生書局，1999年），頁262～263。
〔註12〕　金毓黻：《中國史學史》（臺北：漢聲出版社，民國61年），頁211。
〔註13〕　白壽彝：〈中國歷史體裁的演變〉（收入《白壽彝史學論集》，北京：北京師範
　　　　大學出版社，1994年），頁658。
〔註14〕　羅炳良：《清代乾嘉史學的理論與方法論》（蘭州：蘭州大學出版社，2004年），
　　　　頁232。

這些說法都認為《春秋大事表》融合紀事本末體的風格，成為獨特的史表體裁。

大體而言，史表體和紀事本末體有其相似之處，皆透過分類編排史實來勾勒歷史的脈絡。兩種體裁雖皆可使史事首尾脈絡井然，但就分類概念而言，《春秋大事表》和紀傳本末體實有差異。紀事本末體歸類的「事」指的是歷史上的重要事件，著重於事件的前後發展及其影響；《春秋大事表》的「事」指的卻是主題，其概念類似於從各種觀察角度加以研究，進行歷史脈絡的分析。顧氏的作法在《春秋》學史上也非獨創，程公說《春秋分紀》就有相近的分類方法。就此而論，《春秋大事表》這類體裁和紀事本末體雖就功用而言有相似性，但其分類概念卻有本質上的不同。

王樹民論《春秋大事表》，亦著眼於體裁上，他注意的是顧棟高「經經緯史」的觀念：「所謂『經經緯史』，即以經學為主而以史學為從的原則。清代的史學，尤其是先秦史，是和經學分不開的，既因之而發展，又未能脫離其範圍，可以說既受經學之惠，同時又受其局限，顧氏之言，正說明此中隱秘。」〔註15〕王氏認為顧棟高仍將史學研究依附於經學之下，對此有所批評。

章太炎對於《春秋大事表》亦有所評論，然卻是貶多於褒：

> 顧氏《大事表》，其考證可取，然事實掌故雖夥，而言典禮處，則疏陋鄙倍，深可嗤矣。至其《讀春秋偶筆》及《表》中說經處，憑臆妄斷，目無先師，實為《春秋》之巨蠹。而似是而非，最足惑人者，在尊君抑臣之說，每于弒君諸獄，謂《傳》注歸罪于君者為助亂。蓋自託《春秋》欲亂臣賊子之義，不知綱舉而目始張，源清而流始潔，非先正君父，終不能過亂賊之逆謀也。明君在上，正身率下，刑政具舉，則亂臣賊子自懼而不敢發矣。苟任君父之失道，而徒于已弒之後，明書亂賊之名，雖筆如日月，何足使亂賊心懼哉？且百二十國寶書，固已明著其姓名矣，何待書之《春秋》而始懼哉？若謂寶書與《春秋》優劣懸殊，傳否自當有異，聖人先料及之，則聖人亦未能必知《春秋》之傳世也。六經皆聖人手定，而《書》亡其大半，《禮》存者不及百一，《樂經》則一字無存，又安能必寶書之不傳哉？而以此決亂賊姓名之存滅，聖心寧有是乎？太史公曰：「為人君父而不通《春秋》之義者，必蒙首惡之名。」非知此義，不能治《春秋》。又其于盾、止之弒，權趨歐陽修說，謂其志在乎刃，必

〔註15〕王樹民：《中國史學史綱要》（北京：中華書局，2002年），頁164。

非《春秋》空加。不知《春秋》立此二義，所以誡慎臣子，使知稍
一失檢，即以陷于大惡。歐陽之説，似能窮亂賊之罪案，而不知適
以弛臣子之大防也。太史公曰：「爲人臣子而不通《春秋》之義者，
必陷篡弒之誅，死罪之名。」是豈爲魯翬、宋督言之哉？非知此義，
亦不能治《春秋》。〔註16〕

章氏處清末民初之間，主張革命，對於主張迴護君權者，自然嗤之以鼻。其
批評《春秋大事表》中迴護君權的思想，居今言之，亦可謂切中顧棟高的要
害。然對顧氏大加撻伐，斥爲「《春秋》之巨蠹」，似亦嫌於過苛。

　　除了上引諸説外，錢穆對《春秋大事表》亦有正面的評價。〔註17〕總體來
説，學者多肯定顧棟高此書的成就。上列評價《春秋大事表》諸説，皆較簡略，
詳細評論是書相關問題者，則有待《春秋》學史方面的專著。目前《春秋》學
史的著作有沈玉成、楊寧所著《春秋左傳學史稿》，戴維的《春秋學史》和趙伯
雄的《春秋學史》三種。此三本著作對於顧棟高其人及《春秋大事表》的體例
皆有概述，並論述其在《春秋》學史上的意義。例如《春秋左傳學史稿》論曰：

　　顧書的重點是史學研究。在他的歸納整理之下，一幅春秋社會的歷
史畫面展現在讀者面前。顧氏的史學研究是有意識的，爲創作春秋
地理表，他像司馬遷一樣漫遊各地，探尋遺址；〈列國山川險要表〉、
〈列國險要表〉更不侷限於《春秋》經傳而將歷代史書中有關記載
搜羅殆盡。綜合各表，就是一部翔實的軍事、政治、人文、地理的
記錄，體現了鮮明的史學傾向。更令人嘆服的是他在史論中所表現
出的卓絕史識。顧氏的成就絕非偶然，清初史學的經世致用觀雖然
在政治高壓下變得隱蔽，但精神氣質並未消歇，這種隱而不發的願
望，使宋代史學不拘於史料考證而以探歷史發展之迹爲務的學風得
到繼承。顧氏踵事增華，他接受了宋人中通達的思維方式，而又能
謹慎地收集史料，排比歸納，既避免了空疏的浮華之辭，又不流於
只見數目的瑣屑考證。他充分發揮了時代給予他的優勢，其成就是
個人才華與時代風尚的結晶。〔註18〕

〔註16〕章太炎：《駁箴膏肓評・敘》，（收入《章太炎全集》，上海：上海人民出版社，
　　　　1986年），頁899。
〔註17〕錢穆之説，前文〈緒論〉已引，此不贅述。
〔註18〕沈玉成、劉寧：《春秋左傳學史稿》，頁281～282。

《春秋左傳學史稿》著眼於《春秋大事表》書中堅實的考證以資探究歷史意義的層面，肯定顧氏經世致用的觀念，對於此書有很高的評價。

戴維的《春秋學史》論《春秋大事表》曰：

> 《春秋》圖表的著述自六朝出現以來，歷代都有人進行著，顧棟高《春秋大事表》對比此前的這些著述，顯然有兩個最鮮明的特色，其一，以往圖表著述，僅止於分類歸納，而顧棟高卻不是如此，他建立這些圖表，是為了分析，他是有意識這樣作的，這樣，在思想上以及方法上他就比前輩高明得多。其二，以往圖表作者，一般是就一事或數事列表，而顧棟高卻是從各個方面各個角度進行全方位的工作，其規模之龐大，也許除宋人程公說《春秋分紀》差可比肩外，其餘都不敢望其項背，甚至其囊括之全，後人也無從措手，所以終《春秋大事表》出現以來，基本上再無人在此方面著力，除非現代利用計算機等技術，才有可能突破顧氏的範圍。〔註19〕

戴維從兩個角度分析顧棟高《春秋大事表》的特色，認為顧氏編纂各表並非只是分類歸納各表而已，是有意識地從中進行分析；再加上其全方面地將《春秋》重要的「大事」予以編排成表，於是肯定《春秋大事表》在《春秋》學史上的價值。

趙伯雄《春秋學史》論《春秋大事表》曰：

> 用今天的觀點看來，《春秋大事表》更像是一部史學著作，但在顧氏自己看來，「此皆有關經義之大者」。顧氏有所謂「經經緯史」之說，表明他認為經與史存在著相互依存的關係。但比較起來，經史畢竟有主、從之分，經學為主，史學為從。〔註20〕

> 顧棟高的《春秋大事表》，為傳統的《春秋》學研究開闢新的途徑。儘管他的這種研究方法不能說是前無古人的，但在他的那個時代，把《春秋》看做史文，對《春秋》的內容做史的研究，顧棟高畢竟是做得最好的一位，也是影響最大的一位。〔註21〕

趙伯雄和王樹民一樣注意到顧棟高「經經緯史」的觀念，不過他也認為《春秋大事表》「更像一部史學著作」，肯定其研究的成果。總結上論，三本《春

〔註19〕戴維：《春秋學史》，頁470。
〔註20〕趙伯雄：《春秋學史》，頁640。
〔註21〕同上註，頁643。

秋》學史的專著對《春秋大事表》皆給予高度的肯定。

除了《春秋》學史上的專著對《春秋大事表》有較詳細的論述外，還有幾篇研究《春秋大事表》的專文，如楊釗〈顧棟高的史學〉〔註22〕、張愛芳〈春秋大事表的特點〉〔註23〕和吳樹平〈顧棟高和他的春秋大事表〉三篇文章。楊釗〈顧棟高的史學〉一文只有約略介紹顧棟高的生平及《春秋大事表》的內容架構，較無深入的述評。張愛芳〈春秋大事表的特點〉一文則著眼於編纂的角度進行分析，將《春秋大事表》的特點分成內容和體例的兩方面加以論述。內容的特點方面，張氏認為有兩點：一、《春秋大事表》對歷代的春秋史研究進行總結，將資料進行糾正、匯集和重新整理。二、重新探討和整理了春秋時期的歷史。體例方面，亦有兩個特點：一、肯定白壽彝將此書定位成「紀事本末體的史表體」著作，認為這種具有紀事本末的體裁可清晰地將歷史事件的來龍去脈一一呈現。二、肯定顧棟高「表、圖同論（包括敘、後續、案語）互相配合」的作法。張氏所言皆針對《春秋大事表》的特色而論，肯定顧棟高的史學成就。至於吳樹平〈顧棟高和他的春秋大事表〉一文，是當前研究顧棟高和《春秋大事表》最詳細的著作。吳氏先對顧棟高的生平和《春秋大事表》的全篇架構、成書經過有詳細的論述。接著對顧棟高《春秋大事表》的原則提出四點特色：一、打破年代界限，通覽《春秋》。吳氏以為「探求歷史事變的真象和《春秋》作者對此歷史事變所持的態度，就不能局限在一年之內的記載上，而必須破除時間界限，著眼全書，把前後相關的記載聯繫起來閱讀。」〔註24〕對於顧棟高能夠以表通覽史事來提出合理的見解，給予很高的評價。二、審度形勢，以定是非。吳氏提出顧棟高往往能根據當時的情勢，對於史事有較正確的看法。三、既有所主，又兼採眾說之長。三《傳》中，吳氏認為顧棟高雖然在治學上是以《左傳》為主而貶斥《公羊》和《穀梁》，但有時也能取《公羊》和《穀梁》解釋較佳者，來修正《左傳》的說法。若三《傳》的說法皆不可取時，則能出入於三《傳》之外，另立己說以求事實。除於三《傳》有所取捨外，顧棟高亦大量吸收了前人的說法，使《春秋大事表》的研究成果豐碩。四、反對一字寓褒貶之說。顧棟高反對《春秋》一字之間寓有褒貶之意，亦即沒有義例，褒貶之意必須以史實記載

〔註22〕 楊釗：〈顧棟高的史學〉（收入所著《先秦諸子與古史散論》，北京：北京師範大學出版社，2003年），頁198～201。
〔註23〕 張愛芳：〈春秋大事表的特點〉，《史學史研究》，2001年第3期，頁40～44。
〔註24〕 吳樹平：〈顧棟高和他的春秋大事表〉，頁14。

來進行判斷。吳樹平對此四點特色皆極為讚揚，論及《春秋大事表》的優點時，則提出條理清楚，考證翔實兩點而加以肯定。吳氏除注意到《春秋大事表》的成就外，對於書中的缺點也提出兩項加以批評：一、對君權的曲為回護。吳氏認為顧棟高有意識地通過闡發《春秋》之旨，維護君權的尊嚴和神聖，不但因此有所臆說，更將《春秋》變成現實君權的附屬物。二、限於學識而作出的誤斷。吳氏認為《春秋大事表》大體雖考證翔實，然亦有所疏誤，在使用時不得不慎。最後吳樹平概論《春秋大事表》各種版本的流傳和優缺點，提出萬卷樓刻本錯誤最少的結論。〈顧棟高和他的春秋大事表〉全面而深入地探討《春秋大事表》的相關問題，評論往往精確可採。不過其論顧棟高的生平、著作和《春秋大事表》的成書體例和經過，仍有不足之處，本文〈緒論〉已有所論述。又如論及《春秋大事表》的特色，其中有「打破年代界限，通覽《春秋》」、「審度形勢，以定是非」、「反對一字寓褒貶之說」三點，顧氏既主張通覽《春秋》，則必然綜觀形勢以論定是非，故當然不主張一字褒貶之說，此三點實息息相關，可視為相同之特色。

總結上列對《春秋大事表》的評價，大體皆讚揚是書在體裁上的完備，並且有助於瞭解春秋前後的歷史脈絡。就此而論，顧棟高《春秋大事表》的成就受到後代學者所肯定。

第二節 《春秋大事表》的特色——再探表體的相關問題

論及《春秋大事表》的特點，可從各種角度進行評論。本節主要扣緊是書表體的相關問題，分成表體特性的展現和選擇表體作為體裁的原因兩點來論述《春秋大事表》的特色。

一、《春秋大事表》表體特性的展現

《春秋大事表》將春秋歷史分成各種類別，再依類別編表成書，全書最大的特色即在於此。如前〈緒論〉所言，表可以透過有條理的編排，使歷史脈絡更加清楚，《春秋大事表》即具有如此的特性。此外，表體可以針對不同的目的進行分類編排，使選定的主題透過表而能更清楚地顯現。以《春秋大事表》來說，全書共有五十篇表，每篇表針對不同的目的，在表的設計上也

有所不同。若以時間為軸來排列史事，便可清楚瞭解春秋前後的變化沿革。如〈列國疆域表〉以時間先後排列各國吞併的情形，則可瞭解疆域的變化；五禮表以時間為軸，則其中的因革損益可見；〈爭盟表〉、〈交兵表〉以時間為軸，則春秋之大體情勢、各國的強弱變化皆能清楚呈現。以地理為軸作為表的核心，則易於顯現各國的情況和彼此異同。如〈列國地形犬牙相錯表〉以清代地理為軸，各國地理的交錯情形皆可推知；〈列國都邑表〉、〈列國山川表〉、〈列國險要表〉以地理為軸，各國的地理情景、距離的遠近皆能瞭若指掌；〈列國官制表〉以國家為軸，春秋各國官制的異同乃昭然若揭。其他如〈列國卿大夫世系表〉、〈三傳異同表〉、〈兵謀表〉、〈人物表〉等等，顧棟高皆根據各分類的性質來調整表的設計，使表的主旨清晰可見。朱彝尊言「表或年經而國緯，或國經而年緯，或主地，或主時，或主世系」〔註25〕，其意即以表體可以針對不同的分類和目的，彈性調整綱目，卒能彰顯大義。《春秋大事表》在這方面充分掌握表體彈性調整的特色，從中選定不同的主題，以各種角度分析春秋的大事，進而揭露《春秋》之旨。顧棟高掌握各表擬所彰顯的意義，心中又具有「經經緯史」的概念來統攝各表，使得各表不至紛亂無章。所謂「經經緯史」的概念，就是先建立春秋的時空座標，然後將人事予以分類歸納，最後回歸經學問題的探討。《春秋大事表》各篇的次序雖如顧氏所言乃「隨手輯成，不拘次序」（卷前，頁28），但以「經經緯史」的概念來觀察，各表彼此的聯繫是有組織性的。除此之外，《春秋大事表》各表在論述間往往可見詳某表的附註，透過彼此各有詳略而互相補充的方式，使得各表的聯繫更為緊密。各表之間彼此影響的痕跡也很明顯。例如〈三傳異同表〉中論沙鹿（頁2325）和城緣陵（頁2329）等，就採用地理考釋的成果。又如闕文說，具體的論述見於〈闕文表〉，其影響則如〈刑賞表〉論「曹、宋殺其大夫」（頁1385）、「宋人殺其大夫」（頁1393）亦以闕文之說來加以解釋。就此而言，顧棟高乃有意識地組織編纂《春秋大事表》各表，使得各表融為一體而相互支援，實為相當成熟的表體之作。

二、以表為體的原因——屬辭比事探究經義的方法

　　顧棟高為何選擇以表體編纂《春秋大事表》一書，歷來學者似皆未有論述。其中的原因，固然可以簡略地歸因於效法歷來的表體著作，然就思想觀

〔註25〕清・朱彝尊〈歷代年表序〉，《歷代年表》卷首，頁3上。

念必定影響編纂體例的角度探討，可發現是書以表爲體裁和顧氏推求《春秋》經旨的方式有關。回顧《春秋》詮釋的傳統，歷來有主張以義例探求聖人書旨之法者。所謂義例，即建立在聖人筆削而成《春秋》，故一字之內往往寓有褒貶大義的認知上。其中《公羊》和《穀梁》兩家特別注重以義例解經的方法，《左傳》則偏向以史實解釋經義；但亦有主張以義例解經的《左傳》學者，其中以杜預爲代表。杜預《春秋經傳集解·序》曰：「其發凡以言例，皆經國之常制，周公之垂法，史書之舊章，仲尼從而修之，以成一經之通體。」〔註26〕又曰：「經之條貫，必出於傳。傳之義例，摠歸之凡。推變例以正褒貶，簡二傳而去異端，蓋丘明之志也。」〔註27〕杜預不但主張《春秋》中有義例，並認爲《左傳》在傳述經義時，往往申明義例以顯聖人褒貶之旨，以正《公羊》、《穀梁》兩家之異說。杜預認爲義例中又有例和變例：例即所言「其發凡以言例，皆經國之常制，周公之垂法，史書之舊章，仲尼從而修之」，乃孔子承襲史書傳統而用其例，《左傳》則以「五十凡」〔註28〕詮釋其意。變例則如「諸稱書、不書、先書、故書、不言、不稱、書日之類，皆所以起新舊，發大義，謂之變例。」〔註29〕如此一來，《春秋》一字之間皆有褒貶，而《左傳》亦以義例彰顯聖人之旨。杜預之後，歷代學者多有從其說者，例如胡安國即曰：「《春秋》之文有事同則詞同者，後人因謂之例，然有事同而詞異，則其例變矣。是故正例非聖人莫能立，變例非聖人莫能裁。正例，天地之常經；變例，古今之通誼，惟窮理精義於例中見法、例外通類者斯得之矣。」〔註30〕對此種以義例解經的方式，顧棟高並不贊同。顧氏於書前〈春秋綱領〉列引朱子、鄭樵、黃震、呂大圭、張自超和華學泉等歷來學者反駁義例的意見，表達不贊同的傾向。除此之外，他在〈讀春秋偶筆〉中更多處抒發自己對《春秋》義例的意見。例如：

> 《春秋》一書，一以存綱紀，一以紀世變。如吳、楚本僭稱王，《春秋》止書曰子；又如吳、楚之君不書葬，此聖人之不因魯史，特削

〔註26〕晉·杜預注，唐·孔穎達疏：《春秋左傳正義》，卷1，頁12下。

〔註27〕同上注，卷1，頁20上～下。

〔註28〕五十凡見孔穎達曰：「發凡五十皆是周公舊法。」（《春秋左傳正義》，卷1，頁12下）五十凡乃指《左傳》中有用「凡……」來詮釋《春秋》書旨的體例。例如「凡弒君，稱君，君無道也。稱臣，臣之罪也。」

〔註29〕晉·杜預注，唐·孔穎達疏：《春秋左傳正義》，卷1，頁13下。

〔註30〕宋·胡安國：《春秋胡氏傳》，綱領，頁2上～下。

以示義，所謂存綱紀也。又有世變所趨，不得不存之以紀其實。如楚始書「荊人」，繼書「楚人」，後書「楚子」，此因其勢漸盛交通于中國，魯史書之，聖人亦因而不變，所以紀世變也。若概書曰「荊」，則蠻夷猾夏之實轉不可得而見。乃或以爲嘉其慕義而進之，或因一事之合禮而襃之，皆非也。罪莫大于觀兵問鼎，而聖人書曰「楚子伐陸渾之戎」，諸儒又將何説哉？（頁30）

春秋中葉，或前書「楚子」，後書「楚人」，又書「楚師」，後又復書「楚子」，諸儒以爲襃貶所係，皆非也。如城濮、柏舉俱戰稱「楚人」、敗稱「楚師」，蓋立文不得不如此爾。其餘或書爵，或書人。以君不在而大夫將則稱人，或以討賊之義予之則稱人。宣十一年楚人殺陳夏徵舒，如蔡人殺陳佗、衛人殺州吁之類是也。間有君將而亦書人者，如齊人伐我北鄙，楚人、陳侯、蔡侯、鄭伯、許男圍宋，亦義存乎其事，初不以稱人爲貶。如以爲貶，則楚子、蔡侯次于厥貉，滅蕭，伐宋，圍宋，其憑陵上國甚矣，聖人反書爵以予之乎？（頁30）

顧棟高此二條說法，反駁《春秋》書人以貶，書爵以襃之說，舉出如《春秋》書「楚子」、「楚人」和「楚師」，其中皆無義例，故一字襃貶之說不可信。顧氏認爲「聖人之心正大平易，何嘗無襃貶？但不可于一字上求襃貶耳。」（〈讀春秋偶筆〉，頁35）所以《春秋大事表》各篇對一字襃貶之說，皆駁斥其非。例如〈凶禮表敘〉言：「世儒多以例釋《春秋》，吾不知所爲例者，將聖人自言之乎？抑出于後儒之揣測也？是不以凡例釋《春秋》，而直以《春秋》釋凡例，而經旨益晦。」（頁1485）認爲以凡例來解釋《春秋》經義，反而會使經旨更加晦澀難懂。故〈闕文表〉一篇，顧氏即以《春秋》有闕文的情形來反駁《春秋》有「不書」之義例。這些都是顧棟高反對一字襃貶的意見。

至於顧棟高反對一字襃貶之說，實和個人的春秋史觀有關：

春秋二百四十二年，時勢凡三大變。隱、桓、莊、閔之世，伯事未興，諸侯無統，會盟不信，征伐屢興，戎、狄、荊楚交熾，賴齊桓出而後定，此世道之一變也。僖、文、宣、成之世，齊伯息而宋不競，荊楚復熾，賴晉文出而復定，襄、靈、成、景嗣其成業，與楚迭勝迭負，此世道之又一變也。襄、昭、定、哀之世，晉悼再伯，幾軼桓、文，然實開大夫執政之漸，嗣後晉六卿、齊陳氏、魯三家、宋華向、衛孫甯交政，中國政出大夫，而春秋遂夷爲戰國矣。孔子

> 謂自諸侯出，自大夫出，陪臣執國命，實一部《春秋》之發凡起例。
> 逐年有發端，逐代有結案，有起伏，有對照，非可執定一事以求其
> 褒貶也。(〈讀春秋偶筆〉，頁32～33)

顧棟高認爲春秋時勢有三大變化，也因此《春秋》相同之書法，往往其意涵不同，必須配合當時的情勢才能得知褒貶之義。〈凶禮表敘〉曰：「執孔子隱、桓、莊、閔之《春秋》而例昭、定、哀之《春秋》則鑿矣。學者無以傳求經，並勿執經以求經，惟熟覽二百四十二年之情事，而綜考聖人前後之書法，與聖人默會于千載之上，庶乎可以得之。」(頁1486)聖人之用意，並不在字句之間，亦不可以「執定一事以求其褒貶也。」探求《春秋》之義，必須「熟覽二百四十二年之情事，而綜考聖人前後之書法」，其方法也就是所謂的「屬辭比事」。

《春秋》有屬辭比事之教，起於《禮記·經解》之說。屬辭比事的意義，可參考顧氏於〈春秋綱領〉中引程端學的說法：

> 《春秋》有大屬辭比事，有小屬辭比事。其大者合二百四十二年之事
> 而比觀之，其小者合數十年之事而比觀之。大凡《春秋》一事爲一事
> 者常少，一事而前後相聯者常多。其事自微而至著，自輕而至重，始
> 之不愼，卒至不可救者，比比皆是，必合數十年之通而後見。或自《春
> 秋》之始至中、中至終而總論之。此正所謂屬辭比事者也。而先儒或
> 略之，乃于一字之間而究其義，此穿鑿附會之所由來也。(頁19)

程端學認爲《春秋》所載之事，往往皆有所關連，也因此必須透過屬辭比事的方法，綜觀歷史發展的脈絡和變化，才能探求《春秋》褒貶之義。所以屬辭比事之法不但著眼於事件的前後發展變化，更藉綜觀史事的方法來尋繹《春秋》之義。此種見解，和顧氏的看法相契合。顧棟高既認爲春秋時勢有變化，所以必定用屬辭比事的方法來分析《春秋》之義。其〈讀春秋偶筆〉多處申明理解《春秋》意旨的方法：「看《春秋》眼光須極遠，近者十年、數十年，遠者通二百四十二年」、「夫子直書其事，而天下之大勢起伏自見，褒貶即存乎其間矣。」(頁33)「春秋二百四十二年，事勢數變，如高山大川，學者須高處立，大處看，形勢曲折，高低起伏自見。若區區執定一句，又求之一字、兩字，如鑽入鼠穴，聖人之心不得出矣。」(頁37)這些皆強調綜觀史事的重要。此外又如說：

> 《春秋》有只一書以見義者。如子同生，肆大眚，鄭棄其師，成

宋亂，宋災故，王室亂，終春秋不再見。此聖人之特筆，不必屬
辭比事而可知者也。有屢書再書不一書以見義者。如桓五年齊侯、
鄭伯如紀，至莊四年齊侯葬紀伯姬，首尾凡十七年，書紀凡十四
事，著齊首滅國，而紀委曲圖存終不得免，憫紀之亡而傷齊之暴
也。（頁31）

顧氏認爲《春秋》有一書而見義者，自然不需屬辭比事觀之，但亦有一再書
其事者，則必須透過屬辭比事之法，將相關的事件排比分析，自然可知《春
秋》的意旨。所以顧棟高實採屬辭比事的方法以探求《春秋》經義。

　　顧棟高採取屬辭比事以分析《春秋》經義，此一立場和以史表體例編纂
《春秋大事表》頗有關係。史表的體例長於編排史事，使史事首尾具見而脈
絡清晰。就此而論，史表乃是呈現屬辭比事之法最佳的體裁。綜觀《春秋大
事表》全書，將春秋中重要的「大事」分類而逐一排列，其方式即是屬辭比
事。而且《春秋大事表》的屬辭比事並不侷限於分析單一事件而已，透過各
篇不同主題的表進行史事的編排，實際上即如同切換各種分析角度來探究春
秋歷史的演變和發展。所以採用史表爲體裁的《春秋大事表》，將屬辭比事的
分析方法提昇至更高的層面。梁啓超評論《春秋大事表》曰：

這部書的體例，是將全部《左傳》拆散，抽出若干個主要題目，把
書中許多零碎適時按題搜集起來，列爲表的形式，比較研究……《禮
記》說：「屬辭比事，《春秋》之教。」治史的最好方法，是把許多
事實，一件一件零碎擺著，像沒有什麼意義，一屬一比，便會有許
多新發明。用這種方法治歷史的人，向來很少。震滄這部書，總算
第一次成功了。〔註31〕

這段話實際上即是著眼於史表體裁和屬辭比事的關係，贊同《春秋大事表》
排列史事以探究歷史眞相的方法。《春秋大事表》有幾篇表的確如梁啓超所
說，只有單純的排列史事，實際上即是運用屬辭比事的方法，以呈現《春秋》
大義。

第三節　《春秋大事表》的優缺點

　　本節在歷來學者研究的基礎上，對《春秋大事表》的優缺點予以闡述。

〔註31〕梁啓超：《中國近三百年學術史》（天津：天津古籍出版社，2003年），頁108。

一、《春秋大事表》的優點

關於《春秋大事表》一書的優點，歷來學者已論述頗多。最主要認為顧棟高將春秋的歷史分成各大類，用表體方式進行編排，有條理地呈現歷史脈絡。而且能在表體之外，另作論辨及輿圖以補充表體的不足，顯現出體裁的成熟性。對於書中考證翔實，學者也多給予肯定。上述優點之外，筆者認為顧棟高能以客觀因素評斷《春秋》之義，在解釋經義時往往能擺脫主觀臆說，並能兼採各家說法之長，此亦是《春秋大事表》的長處。以下就此兩點略加討論：

（一）客觀分析《春秋》之義

歷來解釋《春秋》經義的學者，多有執著於字義上詮解褒貶之義者。顧棟高反對一字褒貶之說，贊成以屬辭比事的方法探求經義。〈春秋楚人秦人巴人滅庸論〉曰：「夫讀《春秋》者，貴合數十年之事，以徐考其時勢，不當就一句內執文法以求褒貶。宜合天下而統觀大勢，不當就一國內拘《傳》事以斷其是非。」（頁2023）這種方法使得春秋歷史的評價有更客觀的依據，對於歷史的發展和變化也更能掌握。所以全書以表羅列史事，回歸史實詮釋《春秋》，展現平實客觀的優點。〈凶禮表敘〉曰：「執孔子隱、桓、莊、閔之《春秋》而例昭、定、哀之《春秋》則鑿矣。學者無以傳求經，並勿執經以求經，惟熟覽二百四十二年之情事，而綜考聖人前後之書法，與聖人默會于千載之上，庶乎可以得之。」（頁1486）不瞭解時勢的變化往往對經義的瞭解會有所誤解。所以如〈春秋定十五年姒氏卒論〉曰：

> 姒氏者，哀公之母，定公之妾也。前此僖、宣、襄、昭四妾母皆薨稱夫人，葬稱小君，君子譏之曰僭。則姒氏之書卒而不書夫人，書葬而不稱小君，為《春秋》許其復正乎？曰：不許也。四妾母之稱夫人，稱小君也，是君之欲私厚于其母也。此姒氏之不書夫人、不書小君也，是強臣專制陵蔑其君，使君不得加厚于其母也。（頁1554）

顧棟高認為定公之妾姒氏卒，《春秋》書卒而不書夫人，書葬而不稱小君，似乎有別於前面僭稱夫人、小君者，看似肯定魯定公能遵守禮制，實際上並非如此。定公之時權臣專制，目無國君，故定公即欲加厚其妾而稱夫人、小君亦不可得。此即從時勢變化的角度分析《春秋》之義。

顧氏不但注意到時勢變化可能對經義的瞭解產生影響，所以回歸史實脈

絡來分析《春秋》之書法，更注意到地理對於經義的瞭解也很重要。其地理
的研究成果，集中在地理類諸表之中，至於各國之疆域論，往往能從地理的
角度分析春秋歷史的發展變化，從中對歷史事件做出客觀的評價。例如〈衛
疆域論〉對於晉文公伐曹、衛兩國之事，即回歸地理因素來探討，認爲兩國
的地理位置重要，晉文公要制衡楚國，則不得不先攻曹、衛，否定文公挾怨
報復而攻曹、衛的解釋。又如〈宋疆域論〉曰：

> 悼公之再伯也，用吳以掎楚，先用宋以通吳，實于彭城取道。楚之
> 拔彭城以封魚石也，非以助亂，實欲塞夷庚，使吳、晉隔不得通也。
> 晉之滅偪陽以畀宋也，非以德宋，欲宋爲地主，通吳、晉往來之道
> 也。（頁 529）

〈宋疆域論〉提出晉聯吳制楚的過程中，晉、楚兩國爭宋的原因，乃因其介
於吳、晉兩國往來之道的緣故。此類顧氏皆能由地理的角度，結合當時情勢
提出精闢的見解。〈春秋蔡侯以吳師入郢論〉曰：「夫讀《春秋》者，不知春
秋之地里，則不得當日之事勢；不得當日之事勢，則無以見聖人之書法。」（頁
2082）其意即在於此。顧棟高能從時、空的歷史脈絡入手，對春秋的史事作
出合理的評斷，使得褒貶評價不再是主觀的推論，有著客觀的衡量依據。

（二）融合各家說法而無偏見

　　《春秋大事表》成就受學者肯定，並不只是因書中見解往往有慧眼獨具
之處，更重要的原因在於顧棟高採納融入歷代學者的說法和成果。舉地理類
的考釋方面來說，他大量採用《國語》、《竹書紀年》、《史記》、《漢書》等資
料，以及歷來地理類的著作如《水經注》、《括地志》、《尋陽地記》、《九江圖》、
《荊州記》、《晉書地道記》等材料，在考證上又吸收高士奇《左傳地名考實》
和顧祖禹《讀史方輿紀要》的成果，所以其地理考釋的成果多可信。在《春
秋》學方面，顧氏採用趙匡、劉敞、孫復、孫覺、家鉉翁、呂大圭、高閌、
程端學、趙汸、汪克寬、張洽、方苞等歷代學者及其老師高愈和母舅華學泉
的說法，並大量吸取《欽定春秋傳說彙纂》的成果，最後再以個人的意見爲
裁斷。顧棟高可說在歷代研究的成果上，再向前推進一步。

　　顧棟高廣納各家的說法，使得研究成果有堅實的基礎。難得的是他往往
能不拘家法，吸取各家之長。以三《傳》而言，顧氏既主屬辭比事以尋求《春
秋》之義，其學術立場必然偏向《左傳》。但他並不迷信《左傳》。例如僖公
四年齊桓公伐蔡，《左傳》以爲懲罰蔡姬盪舟之故，顧棟高即批評曰：「《左氏》

喜談女德，史公因之，遂曰桓公實怒少姬，南伐蔡，管仲因而伐楚。以震動天下大事同于兒戲，可一笑也。」（頁1959）因此不採《左傳》的解釋。又在〈春秋文十二年子叔姬卒論〉曰：「《左傳》謬說極多，豈能必求其可通！」（頁1551）而〈秦晉交兵表〉亦曰：「夫過信《左氏》固不可，全撤卻《左氏》更無欛柄。」（頁2048）這些都表示顧氏於《左傳》取其長而不迴護其短的意見。顧氏既不專從《左傳》之說，對於《公羊》、《穀梁》兩家的說法，若有可採信之處，則亦有所取。例如〈城築表〉一篇，覺得《穀梁》「凡城之志，皆譏也」（頁2146）之說較爲合理，認爲《春秋》書「城」乃譏魯君耗費民力，故不採《左傳》有合時而書之說。又如〈晉楚爭盟表〉中「襄十六年三月，公會諸侯于溴梁。戊寅，大夫盟」一條，顧氏曰：「《公》、《穀》以權移于大夫爲說，則據以後百年之大勢也。其義更精，不得以此廢彼。」對於《公羊》和《穀梁》著眼於權移大夫的說解大加讚賞，認爲不可「以此廢彼」，應該兼取其精義。顧棟高兼取《公羊》和《穀梁》兩家的說法，具體表現在〈三傳異同表〉一篇之上，顯現其不拘於一家之言。《春秋大事表》兼取各家之長，亦明顯展現在對胡安國的說法上。書中對胡《傳》的解釋多所反駁，特別是夏時冠周月和一字褒貶之說，顧棟高皆深斥胡《傳》之非。不過顧氏並不因此摒棄胡安國所有的意見，對於胡《傳》解釋有可取者，亦加以採用。例如〈三傳異同表〉於僖公二十六年「齊人侵我西鄙，公追齊師至酅，弗及」一條，表中對於胡安國認爲此乃譏僖公追師深入之說表示贊同曰：「至酅弗及，胡《傳》深入之說爲較得聖人之意。」（頁2338）可見對胡安國的說法若有可取之處，顧氏亦能嘉揚其說而予以採用。總結上述，顧棟高廣泛的吸取各家的說法，並能客觀的採納眾說之長，不偏頗於一家之言，所得的成果自然翔實可信。

二、《春秋大事表》的缺點

　　歷來學者在評價《春秋大事表》時，較少有系統的分析其缺點。吳樹平〈顧棟高和他的春秋大事表〉一文對此較有論述，將《春秋大事表》的缺點分成對君權的曲爲迴護和限於學識而作出的誤斷兩點。吳文的考證翔實，然卻仍未能多方面指陳是書的缺點。本文在吳說的基礎上，對《春秋大事表》的缺點提出以下五點進行討論：

（一）體例略有不一

顧棟高既以「經經緯史」的概念架構《春秋大事表》全書，其所產生的弊病即在於各表取材態度的不一。所謂的「經經緯史」，也就是《春秋》最後必須回歸經學上的意涵進行討論。《春秋》最重要的意涵，即聖人筆削之義。顧棟高肯定孔子作《春秋》有筆削之義，例如〈凶禮表〉中「襄二十八年十二月乙未，楚子昭卒」一條，顧氏曰：「聖人于二十九年春正月書公在楚，所以存其實，削楚之葬不書，所以正其名，所謂春秋非聖人莫能修也。」（頁1528）所以顧棟高欲求所謂聖人之義時，於表中之取材則只限於《春秋》，《左傳》所載之事即不取。以五禮表為例，只取《春秋》所書有關禮制者，而不取《左傳》記載，故五禮表詳於聖人之意，卻不足以全面反應春秋的禮制實況。又如〈刑賞表〉、〈田賦軍旅表〉、〈城築表〉等表，固皆以求聖人書旨為目的，其取材和其他以史事來探求春秋歷史脈絡的各表自然有所不同，似不應苛責其體例不一。但若從另一個角度思考，即在「經經緯史」的態度下，《春秋大事表》中經和史的關係並非完全協調而融為一體。《春秋大事表》在這方面顯露出矛盾性，也就是究竟要純粹以史事的脈絡來評斷褒貶之意，還是要從聖人筆削的角度在字句上去解釋書載之旨，這中間並沒有取得平衡點。所以顧棟高雖肯定屬辭比事解經的好處，有時仍偏向從字句上解釋聖人之書旨。例如〈刑賞表〉論楚子虔殺蔡侯般、公子棄疾殺公子比和楚子帥蔡侯等殺齊慶封三事曰：

> 此《春秋》之變文。以賊討賊，不辨曲直，故書楚子虔、蔡侯般，同斥其名。比不稱君，比不得為君也。棄疾不稱人，棄疾非討賊，不得稱人也。所謂輕重之權衡、曲直之繩墨也。慶封見執例，然亦弒君之賊，與泛執他國大夫有別，故從《春秋》討亂賊之例。（頁1385）

此處便從字詞解釋的角度，解釋書名和不書人的意涵，並言及「《春秋》討亂賊之例」。所以顧氏有時仍在字句上探求聖人書旨，顯露出他的矛盾性。王樹民言顧氏受經學侷限，當即是指此類缺失而言。

顧棟高體例不一之處，還在編纂方法上。其〈凡例〉既說稱引前輩學者，「從稱名之例，庶使人一見瞭然，非敢唐突前輩也。」（頁28）此在學者閱讀的了解和引用上，確實提供了方便。然翻閱全書，往往仍有沿用字號者，甚至如〈刑賞表〉有只稱「陳氏」、「孫氏」者（頁1381），如此豈能使人一見瞭然？此皆書中體例不一的缺失。

（二）體裁偶有不當

如前文所言，《春秋大事表》既以表體多方面地勾勒春秋歷史的脈絡，又輔以翔實精確的考證而成全書，可說是相當成熟的體裁。不過是書的體裁並非皆精當而不可修正。《四庫提要》即曾針對《春秋大事表》的體裁提出批評：「可以循次而書者，原可無庸立表，棟高事事表之，亦未免繁碎。至參以七言歌括，於著書之體亦乖。」〔註32〕也就是對史表過於繁碎和雜用七言口號兩點有所訾議。就史表過於繁碎這點來說，《春秋大事表》的確存在這個問題，例如〈人物表〉和〈列女表〉雖以表為體，實際上「循次而書」更能顯得簡要不繁。又如〈列國地形險要表〉中並列縱排周、魯、齊、晉等十國的險要，其中因晉、楚兩國險要較多，造成表體太過冗長而多佔篇幅。實際上不用表體來依次排列各國的險要，也能收同樣的功效。顧棟高對於表體過於堅持，凡事皆用表來編排，反而有負面的效果。至於雜用七言詩以成〈列國地形口號〉和〈五禮源流口號〉兩篇，雖說其意在於「便學者記誦」（〈總敘〉，頁3）但實際上恐不如有條理的表體來得有用。此二點問題，當初編輯《春秋大事表》時，即有人予以規勸。程晉芳〈書春秋大事表後〉曰：

> 若〈人物〉、〈列女表〉及口號，則每與師道共勸先生，以為二表可不作，口號可改為附論，不必悉為有韻之文。先生初則頷之，卒弗從也。要之世之讀是書者，取其典核可已。〔註33〕

師道即協助顧棟高編纂《春秋大事表》出力最多的華玉淳。據程晉芳之說，當初和華玉淳曾共同勸顧棟高可以不編〈人物表〉、〈列女表〉，口號則改為附論形式，則當時兩人已對《春秋大事表》的體裁不當表示改動的意見，但顧棟高最後並未接受。故程氏稱讀此書「取其典核可已」，實為公允之論。

（三）部分說解矛盾

《春秋大事表》全書言論之間常見彼此牴牾的情形，實為不小的缺失。其言論相違者，有時乃各表之間相互抵觸，仔細查核即可發現。例如〈三傳異同表〉為駁斥《穀梁》以叔詹為佞人之說，其案語曰：「僖七年《傳》曰：『鄭有叔詹、堵叔、師叔三良為政。』稱曰三良，則知佞人之說非矣。」（頁

〔註32〕《四庫全書總目提要》，卷29，頁29下。

〔註33〕清・程晉芳：《勉行堂文集》（收入《續修四庫全書》第1433冊，上海：上海古籍出版社，2002年，影印清嘉慶25年冀蘭泰吳鳴捷刻本），卷4，頁2上～下。

2305）既肯定《左傳》記載叔詹爲三良，而〈鄭執政表〉則曰：「叔詹爲國大臣，不能救正，亦語有罪，而管仲、富辰猶以爲三良，吾不解也。」（頁1911）對於叔詹爲三良之說又表示懷疑不解，兩說略有矛盾。又如〈丘甲田賦論〉曰：「余謂《周禮》出于王莽時，好爲繁重碎密之制，特傅會《司馬法》以瞀當世之愚民，非周制之本然也。」（頁1432）認爲《周禮》爲王莽時所僞，附會《司馬法》，並非周制之原貌。而〈左氏引經不及周官儀禮論〉卻又以爲《周禮》和《儀禮》：「雖其宏網鉅典，未嘗不稍存一二，而必過信之爲周公所作，則過矣。」（頁2556）則又肯定《周禮》中有保存周代部分的典制。

　　有時則在同篇表中，其說即有不同。例如〈列國地形犬牙相錯表〉以《左傳》之穆陵關在山東臨朐縣東南，而後〈齊穆陵辨〉又取華師茂說以爲其爲楚之木陵關。又如〈列國爵姓及存滅表〉既分厲、賴爲兩國，而後〈春秋時厲賴爲一國論〉卻又主張兩者實爲同一國。此外如〈吉禮表敘〉言：「昔成王以周公有大勳勞，賜魯重祭，其目有三，曰郊、曰禘、曰大雩。」（頁1435）認爲郊、禘等禮乃成王所賜，故魯國得以舉用。至於〈吉禮表〉後的〈書陳止齋春秋郊禘說〉卻又主張：「郊、禘非成王所賜，而出于東遷以後之僭禮無疑也。」（頁1482）認爲郊、禘出自魯君僭用。〈吉禮表敘〉亦曰「八佾惟用于文王、周公之廟」（頁1435）認爲魯有文王之廟，但表後〈魯無文王廟論〉又反駁魯國有文王廟之說。這些都見同表之中顧說互相違背的情形。《春秋大事表》書中見解彼此矛盾者，大體出自於一時失察，或者是著者前後見解不同所造成，最後刊刻時又沒有統一核校，故有此失。

（四）迴護君權

　　關於顧棟高迴護君權的態度，章太炎即曰：「每于弒君諸獄，謂《傳》注歸罪于君者爲助亂。蓋自託《春秋》欲亂臣賊子之義，不知綱舉而目始張，源清而流始潔，非先正君父，終不能遏亂賊之逆謀也。」〔註34〕吳樹平於此對顧棟高亦有所批評，認爲顧氏有時爲了迴護君權，在未舉出合理的證據之下，就推翻三《傳》的解釋。例如〈衛蘧伯玉論〉中以爲《左傳・襄公十四年》所載蘧伯玉的言行不符合顧氏的忠君思想，並未提出根據即斷言《左傳》的記載不可信。〔註35〕這些批評都是針對顧棟高迴護君權的意見而發。《春秋大事表》中迴

〔註34〕章太炎：《駁箴膏肓評・敘》，（收入《章太炎全集》，上海：上海人民出版社，1986年），頁899。
〔註35〕吳樹平：〈顧棟高和他的春秋大事表〉，頁36～37。

護君權的思想相當明顯，例如〈亂賊表敘〉曰：「豈有父爲不道，子可致逆……夫君父一而已矣，聞有弒君之賊，人人得而誅之，豈有暴虐之君，夫人得而弒之者乎！」（頁 2497）顧氏將君臣關係，等同於父子血親關係的必然性，是不可以推翻的。所以即使國君暴虐，亦無人人得誅之理。在此觀念下，所引學者之說亦有尊君的觀念。例如〈凶禮表〉論仲遂有弒君之罪而《春秋》載其卒有繹，引華學泉之說曰：「《春秋》示天下萬世人主以待大臣之義，不以仲遂書。」（頁1540）又如〈刑賞表〉中成公七年齊靈公納譖言而逐高無咎，表中引王葆的說法曰：「無咎身爲卿佐，不能謀國正君以致見逐，亦不爲無罪，故書奔。」（頁1415）由此二說推尋顧氏之觀念，乃國君對臣子皆待以大義，臣子亦應戮力以奉。即使國君言行不正，則因臣子未能導正國君而罪在臣子。此種觀念實推崇國君的神聖性，歸過於臣子身上，迴護君權的用意顯然。此一迴護君權的態度，在〈人物表〉的設計和評論中更顯露無遺。〔註36〕

（五）立論偶有偏失

顧棟高著《春秋大事表》雖以論證精核爲世所重，有時論說中亦夾有推想之說，失於武斷。例如〈天文表〉爲了解釋春秋日食頻食記載的問題，於是在毫無根據的情況下，提出春秋時期已能推算日食之發生週期而加以頒佈的說法，其結論自然不可信。〈衛蘧伯玉論〉中因爲蘧伯玉的行爲不符合顧氏的忠君思想，便毫無根據地否定《左傳》記載的可信度，故吳樹平對此即有所批評。又如〈春秋俱係孔子修成以後闕誤論〉認爲：「愚謂史闕而聖人因之，無是理也。孔子修《春秋》，垂訓百世，必擇其善可爲法、惡可爲戒者書之。若前史有闕，宜并削而不錄，此何關于勸懲，而重書之，以惑誤來世，故知皆修成以後闕也。」（頁2477）此論亦是根據後世因闕文而有異說的情形，於是推測孔子若遇舊史有闕時，必定刪去不錄，不然會造成後世疑惑，此說實有以今律古的嫌疑。此外如〈晉公子重耳適諸國論〉，李隆獻於《晉文公復國定霸考》亦批評此論有失當之處。〔註37〕此類皆可見顧氏於論述中過於武斷之弊。

〔註36〕關於〈人物表〉中迴護君權的態度，前文已詳論，此不贅述。

〔註37〕李隆獻：《晉文公復國定霸考》（臺北：國立臺灣大學出版委員會，民國77年），書中頁 163～165 對於〈晉公子重耳適諸國論〉有所評論。書中肯定顧棟高簡要地分析重耳遊歷諸國的原因，但批評顧氏之論有臆度失實之處。李說認爲顧氏論「鄭、衛諸小邦，則晉令朝下而夕且繫公子而獻于晉耳」和「秦、楚別有間道，而楚又設兵防衛以備不測」，皆屬揣度之詞；而重耳如齊，顧氏以爲「時當秦歸惠公之明年，秦、晉新協和」，亦不符合史實。其說甚是，可詳參。

第六章　結　論

　　《春秋大事表》受到後代學者的肯定，而是書能有豐碩的成果，當然和顧棟高的學問根基有關。顧氏從小由父親親自授讀，開始接觸《左傳》。後從學於高愈和華學泉，兩人博學廣聞，顧棟高從中聽聞許多精要的見解，奠定爲學的基礎。《春秋大事表》書中擷採兩人相當多的說解，足證高、華二氏對顧棟高在《春秋》學上的影響。除此之外，顧氏和許多當時知名的學者如方苞、李紱、盧見曾、秦蕙田、程廷祚、惠棟等人有所往來，彼此互相討論學問，對顧棟高學術見識的開拓亦有幫助。從動手編纂《春秋大事表》一書，到完成共花了十五年的時間。其間和顧氏往來的學者以及顧氏的學生都曾對《春秋大事表》的編纂提供過不少意見，甚至親自參與《春秋大事表》一書的編纂工作。就此而論，《春秋大事表》一書的成就，亦要歸功於這些人身上。

　　《春秋大事表》全書以表體爲架構，共有五十篇表。除此之外有口號兩篇，敘五十四篇，論辨八十篇，或論述作表的用意，或對某些問題再行深入探討。全書體制弘大，多方面地對《春秋》的歷史加以分類，形成精彩的各篇表。顧棟高雖然說編輯此書時各篇皆隨手輯成，並無次序。可是進一步分析，發現顧氏編輯此書有其理論架構，也就是透過「經經緯史」的概念來統攝編纂。顧棟高對春秋曆法和地理相關的問題最爲重視，所以《春秋大事表》最先處理春秋的曆法及地理問題。關於曆法方面，顧氏首先反對胡安國夏時冠周月之說，認爲《春秋》和《左傳》在記載上有月份的差異，乃因《春秋》皆用周正，而《左傳》有時沿用他國的曆法。對春秋朔閏的復原，採用按照曆日干支來推算的方法，務求合於《經》、《傳》的記載。至於日食的推算，顧棟高則根據《元史・曆志》加以論述。顧氏對春秋地理的考證，也多所用

心。〈列國疆域表〉用以呈現春秋各大國疆域變化的劇烈程度。〈列國爵姓及存滅表〉則對各國從始封到滅亡，簡略地加以標示，揭露春秋大國兼併小國的激烈情形，顯示封建逐漸轉變成郡縣的過程。〈列國犬牙相錯表〉、〈列國都邑表〉、〈列國山川表〉和〈列國地形險要表〉，對於春秋各國彼此的交界位置，都邑設立的情形，國家之內的地理形勢和險要設置的狀況，各表皆清楚地呈現當時的實況。顧氏在地理的考察上大量參考歷代的著作，再加上自己親自走訪各地，於是構成詳密的各表。雖然《春秋大事表》在曆法和地理的考釋都有缺失，特別因顧棟高不通曆算之學，後代學者對其曆法的推定成果多有非議，但是不可不注意顧氏考釋背後的用意。書中曆法及地理諸表不但確立了春秋時空的座標軸，實際上更依據這客觀的座標軸來衡量《春秋》之義。

　　建構春秋的時空之後，顧棟高進一步分析春秋時期的重要人事。本文將顧棟高整理的人事歸類成禮制、政治、軍事、世族、人物及其他六類。就禮制而言，顧棟高對於春秋的禮制研究，集中在五禮表上。顧氏認為孔子眼見春秋禮制的崩壞，因此而作《春秋》。所以五禮表的用意在於透過《春秋》書載的記錄，探討孔子的褒貶微旨。政治類的表則有〈列國官制表〉、〈刑賞表〉、〈王迹拾遺表〉、〈魯政下逮表〉、〈晉中軍表〉、〈楚令尹表〉〈宋執政表〉和〈鄭執政表〉。〈列國官制表〉詳細考列各國的官制，對於其中的異同多有留意，從中可探查春秋各國官制的變化。〈刑賞表〉則呈現春秋刑賞失政的情形，孔子作《春秋》即為正刑賞之失，使亂臣賊子懼。以上乃由政治制度層面分析春秋的政治，然而政治乃人類活動的表現，所以顧棟高著眼於各國執政大臣的行為，編成〈王迹拾遺表〉、〈魯政下逮表〉、〈晉中軍表〉、〈楚令尹表〉〈宋執政表〉、〈鄭執政表〉各表，從中探討各國政治情勢的變化。軍事類的表有〈田賦軍旅表〉、〈齊楚爭盟表〉、〈宋楚爭盟表〉、〈晉楚爭盟表〉、〈吳晉爭盟表〉、〈齊晉爭盟表〉、〈秦晉交兵表〉、〈晉楚交兵表〉、〈吳楚交兵表〉、〈吳越交兵表〉、〈齊魯交兵表〉、〈魯邾莒交兵表〉、〈宋鄭交兵表〉、〈齊紀鄭許宋曹吞滅表〉、〈兵謀表〉等表。其中〈田賦軍旅表〉主要探討魯國的田賦軍旅制度，兼及其他各國。〈爭盟表〉各表則關注春秋強權彼此爭為盟主的情勢變化，其中又以晉國和楚國相爭為春秋的核心脈絡。〈交兵表〉不但注意到大國彼此的兵爭，也留意較小國家的爭戰，列成各表顯示當時戰爭的頻繁程度。〈齊紀鄭許宋曹吞滅表〉將齊、鄭、宋併吞紀、許、曹的前後經過羅列成表，對於小國被鄰近大國趁亂併滅表示無奈，從中肯定霸權維護和平的貢獻。至於〈兵

謀表〉則將春秋戰爭中所見的兵法，分成十三類，顯現當時戰爭已經廣泛使用各種計謀，足見戰爭的激烈程度。世族類的表有〈列國姓氏表〉和〈列國卿大夫世系表〉兩篇。〈列國姓氏表〉主要在分析春秋各國國姓以及各氏之源流發展，並駁斥春秋有生而賜氏之說。而〈列國卿大夫世系表〉則在〈列國姓氏表〉的基礎上，詳加考列各國卿大夫的世系情形，彰顯各國重要氏族世系的繁盛，以明世卿制度的弊病。人物類的表有〈亂賊表〉、〈人物表〉和〈列女表〉三表。〈亂賊表〉承接〈刑賞表〉中《春秋》使亂臣賊子懼的觀念，將《春秋》中亂賊的行為分成弒君和出君兩類，從中探討孔子書載誅伐其惡的筆法。〈人物表〉則將春秋的人物分成十三類，從中對人物加以評價。〈人物表〉表後附有多篇對春秋人物的論說，例如對鄭莊公伐共叔段的行為加以辯護等，從中展現顧氏品評人物的獨到之處。〈人物表〉分析春秋的男性人物，而〈列女表〉則分析女性人物，將其分成節行、明哲、縱恣不度三等，品評重點在女性應該具備的德行上。除以上五類之外，《春秋大事表》中還有三篇較難歸屬分類的表。〈城築表〉羅列魯國城築等建設記錄共 23 條，認為魯君應以務德為上，修築城池溝洫並不足以穩固國家，而耗費民力以修建臺囿等建築更是不應當的行為。〈四裔表〉則在探討蠻夷各族名號的歧異，並透過羅列各族事蹟的方式，凸顯蠻夷禍亂華夏的罪狀。〈五行表〉認為《春秋》透過書載災異儆示國君修身務德的重要，具有垂教的意義。表中將《春秋》記載的災異分成九類，探討上天懲示災異的意涵。以上六類的表可說多方面地剖析春秋的「大事」，對於瞭解春秋各種層面的歷史脈絡有極大助益。

從時空進入人事的分析，亦即建構出春秋的歷史。然而《春秋》也是經書，若單純只從史實的角度切入是不夠的。變動的歷史最終要回歸不變的常經，所以《春秋》的歷史框架必須回歸經學的統攝，這也是「經經緯史」所代表的意義。書中具有濃厚的經世致用的觀念。〈兵謀表敘〉曰：「經術之足以戡亂。」（頁 2529）〈闕文表敘〉曰：「儒者釋經，為後王典制所自起，國家善敗恆必由之，可不慎哉！」（頁 2443）這些都顯示顧棟高的經世致用觀。因此全書最終關注的還是經學層面的問題，表示顧棟高研究《春秋》最後仍須回歸經學上的問題，對《春秋》的經、傳、注進行分析。《春秋大事表》對於經學的研究有〈闕文表〉、〈三傳異同表〉、〈左傳引據詩書易三經表〉和〈左傳杜註正訛表〉四篇。〈闕文表〉分析《春秋》中有後來產生的闕誤，所以學者不應執著於字句來闡釋經義，綜觀《春秋》前後的史事則褒貶之義自見。〈三

傳異同表〉列出 202 條經文，詳細考論三《傳》彼此解釋的異同。三《傳》之中，顧氏採用《左傳》的說法最多，對於《公羊》、《穀梁》中不錯的解釋，則亦吸收採納。〈左傳引據詩書易三經表〉對於《左傳》中記載賦《詩》、引《書》、占《易》的記載，用表予以陳列，企圖藉此瞭解春秋經學的概況。〈左傳杜註正訛表〉將杜預註解《左傳》的錯誤分成五類，逐一討論其中的缺失，對於杜《注》可說有補正之功。

分析顧氏以表為體的原因，可說與其解經的觀念相關。顧氏反對從義例來分析《春秋》的大義，認為一字褒貶之說不可信。他認為隨著時間的變動，情勢亦異，《春秋》書載的用意就會不同。所以他主張應該要用屬辭比事的方式，綜觀史事，方能探尋聖人書載之旨。而且顧氏往往融入地理位置、遠近等要素，對《春秋》的記載提出客觀的分析，使得解釋經義時，能夠結合時、空等客觀條件，審度時勢，進而提出合理的見解。

仔細分析《春秋大事表》各表，可以發現每篇表針對不同的目的，表格的設計也隨之而調整，充分發揮史表彈性調整的特性。各表在顧棟高的編排之下，所探討的主題大體皆能透過表而清晰地顯現其中的意涵。顧棟高編排各表，大量參考歷代的著作以及前人的論說，若有不足之處，則往往另立己說以為評斷，從中展現其深厚的學問根基。全書各表，難免有一些地方值得商榷與補正，特別是曆法諸表頗為後代學者疵議，但是其成果仍值得肯定。

就全書的角度評價《春秋大事表》，可以發現顧氏雖據「經經緯史」的觀念來編排各表，但是可能由於當初編排不拘次序的緣故，抑或編纂各表時間不一以致見解容有先後不同，所以偶有體例不一或說解互相矛盾的情形。此外顧氏的考論並非盡皆平當可取，難免有立論失實之處。有些篇章的體裁似乎可以略加修正，使全書更為完善。這些皆是《春秋大事表》的缺失，無庸諱言；然而全書精當之處頗多，立論考證多有可取之處，也是不爭的事實。是書表體的成熟性，使讀者能在披覽之餘，對於春秋的時空環境、人事的變化等皆能精確掌握其中的脈絡，為後代學者所稱頌，良有以也。《春秋大事表》瑕不掩瑜，其成就應當給予肯定，實為《春秋》學史上一本重要的著作。

參考書目

一、古籍文獻（以時代和四部分類編排）

經　部

1. 《毛詩正義》漢・毛亨傳，漢・鄭玄箋，唐・孔穎達疏（臺北：藝文印書館，民國 70 年，影印嘉慶二十年江西南昌學府重刊宋本）。

2. 《周禮注疏》漢・鄭玄注，唐・貫公彥疏（臺北：藝文印書館，民國 70 年，影印嘉慶二十年江西南昌學府重刊宋本）。

3. 《儀禮注疏》漢・鄭玄注，唐・貫公彥疏（臺北：藝文印書館，民國 70 年，影印嘉慶二十年江西南昌學府重刊宋本）。

4. 《禮記正義》漢・鄭玄注，唐・孔穎達疏（臺北：藝文印書館，民國 70 年，影印嘉慶二十年江西南昌學府重刊宋本）。

5. 《五禮通考》清・秦蕙田撰（臺北：新興書局，民國 59 年，影印光緒六年九月江蘇書局重刊本）。

6. 《公羊傳注疏》漢・何休注，舊題徐彥疏（臺北：藝文印書館，民國 70 年，影印嘉慶二十年江西南昌學府重刊宋本）。

7. 《春秋穀梁傳注疏》晉・范甯注，唐・楊士勛疏（臺北：藝文印書館，民國 70 年，影印嘉慶二十年江西南昌學府重刊宋本）。

8. 《左傳正義》晉・杜預注，唐・孔穎達疏（臺北：藝文印書館，民國 70 年，影印嘉慶二十年江西南昌學府重刊宋本）。

9. 《春秋胡氏傳》宋・胡安國撰（收入《四部叢刊廣編》，臺北：臺灣商務印書館，民國 70 年，影印常熟瞿氏鐵琴銅劍樓藏宋刊本）。

10. 《春秋集解》宋・蘇轍撰（收入《百部叢書集成》，臺北，藝文印書館，民國 56 年，影印清同治 7 年經苑叢書本）。

11. 《東萊博議》宋・呂祖謙撰（收入《百部叢書集成》，臺北，藝文印書館

，民國 56 年，影印清同治胡鳳丹輯刊金華叢書本）。

12. 《左傳杜解補正》清・顧炎武撰（臺北：廣文書局，民國 88 年）。

13. 《春秋大事表》清・顧棟高撰（北京：中華書局，1993 年）。

14. 《春秋大事表》清・顧棟高撰（國家圖書館藏清乾隆十三年萬卷樓自刻本）。

15. 《春秋大事表》清・顧棟高撰（臺北：廣學社印書館，民國 64 年，影印同治十二年山東尚志堂刻本）。

16. 《春秋左氏傳舊注疏證》清・劉文淇撰（臺北：明倫出版社，民國 59 年）。

17. 《春秋朔閏異同》清・羅士琳撰（收入《皇清經解續編》，臺北：復興書局，民國 61 年）。

18. 《春秋朔閏表發覆》清・施彥士撰（收入《續修四庫全書》第 148 冊，上海：上海古籍出版社，2002 年，影印清道光十二年求己堂刻本）。

19. 《春秋朔閏日至考》清・王韜撰（收入《續修四庫全書》第 148 冊，上海：上海古籍出版社，2002 年，影印清光緒十五年鉛印弢園經學輯存本）。

20. 《論語注疏》魏・何晏集解，宋・邢昺疏（臺北：藝文印書館，民國 70 年，影印嘉慶二十年江西南昌學府重刊宋本）。

21. 《孟子正義》漢・趙岐章句，舊題宋・孫奭疏（臺北：藝文印書館，民國 70 年，影印嘉慶二十年江西南昌學府重刊宋本）。

史　部

1. 《漢書》漢・班固撰，唐・顏師古注（北京：中華書局，1996 年）。

2. 《史記索隱》唐・司馬貞注（收入《史記三家注》，臺北：鼎文書局，民國 69 年）。

3. 《史通釋評》唐・劉知幾著，清・浦起龍釋，呂思勉評（臺北：華世出版社，民國 70 年）。

4. 《四庫全書總目提要》清・紀昀等纂（台北：臺灣商務印書館，民國 72 年，影印武英殿本）。

5. 《四庫全書總目提要》清・紀昀等纂（北京：中華書局，2003 年，影印浙江書局本）。

6. 《四庫全書總目提要》清・紀昀等纂（臺北：藝文印書館，民國 78 年，影印同治七年廣東書局本）。

7. 《歷代年表》清・萬斯同撰（收入《百部叢書集成》，臺北：藝文印書館，民國 53 年，影印廣雅書局史學叢書本）。

8. 《後漢書補表》清・盧文弨撰（收入《後漢書三國志補表三十種》，北京

：中華書局，1981 年）。

9. 《文獻徵存錄》清・王藻、錢林撰（收入清代傳記叢刊第 10 冊，臺北：明文書局，民國 74 年）。

10. 《疇人傳三編・卷一・國朝補遺一》清・諸可寶撰（收入《清代傳記叢刊》第 34 冊）。

11. 《漢學師承記》清・江藩撰（收入《清代傳記叢刊》第 1 冊，臺北：明文書局，民國 74 年）。

12. 《無錫金匱縣志》清・裴大中等纂（收入《中國方志叢書・華中地方》第 21 冊號，臺北：成文出版社，民國 59 年，影印光緒 7 年刊本）。

13. 《吳江縣志》清・倪師孟等纂（收入《中國方志叢書・華中地方》第 163 冊號，臺北：成文出版社，民國 59 年，影印石印重印本）。

子 部

1. 《日知錄集釋》清・顧炎武撰，清・黃汝成集釋（臺北：臺灣中華書局，民國 73 年）。

2. 《郎潛紀聞初筆、二筆、三筆》清・陳康祺撰（北京：中華書局，1984 年）集部。

3. 《皇朝經世文編》清・賀長齡編（臺北：國風出版社，民國 52 年，影印光緒十二年思補樓重校石印本）。

4. 《愚菴小集》清・朱鶴齡撰（收入《文淵閣四庫全書》1319 冊，臺北：臺灣商務印書館，民國 72 年）。

5. 《穆堂初稿》清・李紱撰（收入《李穆堂詩文全集》，國立臺灣大學圖書館藏清道光十一年辛卯珊城阜祺堂重刊本）。

6. 《全祖望集彙校集注》清・全祖望撰，朱鑄禹彙校集注（上海：上海古籍出版社，2000 年）。

7. 《延綠閣集》清・華希閔撰（收入《四庫未收書輯刊》九輯第 17 冊，北京：北京出版社，2000 年，影印清雍正刻本）。

8. 《勉行堂文集》清・程晉芳撰（收入《續修四庫全書》第 1433 冊，上海：上海古籍出版社，2002 年，影印清嘉慶 25 年冀蘭泰吳鳴捷刻本）。

9. 《曝書雜記》清・錢泰吉撰（收入《書目叢編》第 5 冊，臺北：廣文書局，民國 56 年）。

二、近、今人論著（略以四部次序編排）

1. 《先秦漢魏易例述評》屈萬里撰（臺北：學生書局，民國 58 年）。

2. 《尚書通論》陳夢家撰（北京：中華書局，2005 年）。

3. 《尚書學史》劉起釪撰（北京：中華書局，1996 年）。

4. 《先秦兩漢典籍引尚書資料彙編》陳雄根、何志華編（香港：香港中文大學中國文化研究所，2003 年）。

5. 《春秋左傳學史稿》沈玉成、劉寧撰（江蘇：江蘇古籍出版社，2000 年1 月）。

6. 《春秋學史》戴維撰（長沙：湖南教育出版社，2004 年）。

7. 《春秋學史》趙伯雄撰（濟南：山東教育出版社，2004 年）。

8. 《左氏會箋》[日]竹添光鴻撰（臺北：天工書局，民國 82 年）。

9. 《春秋左傳注》楊伯峻撰（北京：中華書局，1990 年）。

10. 《駁箴膏肓評》章太炎撰（收入《章太炎全集》，上海：上海人民出版社，1986 年）。

11. 《春秋大事表列國爵姓及存滅表譔異》陳槃撰（臺北：中央研究院歷史語言研究所，民國 86 年）。

12. 《不見于春秋大事表之春秋方國稿》陳槃撰（臺北：中央研究院歷史語言研究所，民國 71 年）。

13. 《春秋人譜》程發軔撰（臺北：教育部大學聯合出版委員會，民國 79 年）。

14. 《春秋左傳人物譜》方朝暉撰（濟南：齊魯書社，2001 年）。

15. 《左傳稱詩研究》張素卿撰（臺北：國立臺灣大學出版委員會，民國 80 年）。

16. 《左傳引詩賦詩之詩教研究》曾勤良撰（臺北：文津出版社，民國 82 年）。

17. 《左傳敘述模式論》潘萬木撰（武漢：華中師範大學出版社，2004 年）。

18. 《春秋吉禮考辨》周何撰（臺北：嘉新水泥公司文化基金會，民國 59 年）。

19. 《中國經學思想史》姜廣輝主編（北京：中國社會科學出版社，2003 年）。

20. 《經學通論》葉國良、李隆獻、夏長樸撰（臺北：大安出版社，2005 年）。

21. 《國學研讀法三種》梁啓超撰（臺北：臺灣中華書局，民國 47 年）。

22. 《清史稿》柯劭忞等纂（北京：中華書局，1976 年）。

23. 《清儒學案》徐世昌等纂（臺北：世界書局，民國 55 年）。

24. 《清儒學案新編》楊向奎撰（濟南：齊魯書社，1985 年）。

25. 《清人文集別錄》張舜徽撰（武漢：華中師範大學出版社，2004 年）。

26. 《中國近三百年學術史》梁啓超撰（天津：天津古籍出版社，2003 年）。

27. 《歷史與思想》余英時撰（臺北：聯經出版社，民國 72 年）。

28. 《清初的群經辨偽學》林慶彰撰（臺北：文津出版社，民國 79 年）。

29. 《明清之際儒家思想的變遷與發展》林聰舜撰（臺北：學生書局，民國 79 年）。

30. 《中國史學名著》錢穆撰（臺北：素書樓文教基金會、蘭臺出版社，民國 90 年）。

31. 《中國史學史》金毓黻撰（臺北：漢聲出版社，民國 61 年）。

32. 《中國史學史綱要》王樹民撰（北京：中華書局，2002 年）。

33. 《白壽彝史學論集》白壽彝撰（北京：北京師範大學出版社，1994 年）。

34. 《清代乾嘉史學的理論與方法論》羅炳良撰（蘭州：蘭州大學出版社，2004 年）。

35. 《春秋史》童書業撰（上海：上海古籍出版社，2003 年）

36. 《春秋史》顧德融、朱順龍撰（上海：上海人民出版社，2001 年）。

37. 《楚國史》李玉潔（開封：河南大學出版社，2002 年）。

38. 《周秦少數民族研究》蒙文通撰（收入《古族甄微》，四川：巴蜀書社，1993 年）。

39. 《晉文公復國定霸考》李隆獻撰（臺北：國立臺灣大學出版委員會，民國 77 年）。

40. 《晉國伯業研究》劉文強撰（臺北：學生書局，2004 年）。

41. 《呂思勉讀史札記》呂思勉撰（上海：上海古籍出版社，2005 年）。

42. 《史林雜識初編》顧頡剛撰（北京：中華書局，2005 年）。

43. 《古史地理論叢》錢穆撰（收入《錢賓四先生全集》第 36 冊，臺北：聯經出版社，民國 84 年）。

44. 《東洋天文學史研究》[日]新城新藏撰，沈璿譯（上海：中華學藝社，民國 22 年）。

45. 《君子儒與詩教──先秦儒家文學思想考論》俞志慧撰（北京：三聯書店，2005 年）。

46. 《先秦諸子與古史散論》楊釗撰（北京：北京師範大學出版社，2003 年）。

三、學位論文

1. 《晉史蠡探──以兵制與人事爲重心》李隆獻撰（臺北：國立臺灣大學中國文學研究所博士論文，1992 年）。

2. 《葉夢得春秋傳研究》姜義泰撰（臺中：國立中興大學中國文學研究所碩士論文，2005 年）。

四、期刊論文、學術論文

1. 〈左傳引經考證〉（日）小島祐馬撰（收入江俠菴編譯：《先秦經籍考》，臺北：新欣出版社，民國 59 年），頁 235～292。

2. 〈春秋列女表考釋（上）〉施之勉撰《大陸雜誌》，1982 年，第 65 卷，第 5 期，頁 205～219。

3. 〈春秋列女表考釋（下）〉施之勉撰《大陸雜誌》，1982 年，第 65 卷，第 6 期，頁 280～297。

4. 〈顧棟高和他的《春秋大事表》〉吳樹平撰（收入清·顧棟高：《春秋大事表》，北京：中華書局，1993 年），頁 1～48。

5. 〈春秋大事表的特點〉張愛芳撰《史學史研究》，2001 年第 3 期，頁 40～44。

6. 〈春秋年曆研究略論〉吳緝華撰《中國書目季刊》，1982 年第 15 卷第 4 期，頁 3～22。

7. 〈春秋日食三十七事考〉關立言撰《史學月刊》，1998 年第 2 期，頁 95～103。

8. 〈顧棟高春秋朔閏表述評〉陳廖安撰（中研院文哲所籌備處清代乾嘉學者的治經貢獻第二次學術研討會會議論文，民國 90 年 11 月 22～23 日），頁 1～28。

9. 〈春秋經內外傳天文曆法紀事的比較研究〉張培瑜撰（佛光人文社會學院歷史系第一屆世界漢學中的春秋學學術研討會論文集，民國 93 年 11 月 17～18 日），頁 185～210。

10. 〈明末清初經學研究的回歸原典運動〉林慶彰撰（中華民國孔孟學會主辦國際孔學會議論文集，民國 76 年 11 月 11～17 日），頁 867～881。

11. 〈盧見曾與乾嘉學派〉曹江紅撰(《史苑》第十期，載於中華文史網<http://www.historychina.net/cns/DZQK/WSWZK/epaper-content.jsp?infoid=9733&tempChannelid=891>)。

12. 〈乾嘉學術小記〉陳鴻森撰（收入《張以仁先生七秩壽慶論文集》，臺北：臺灣學生書局，1999 年），頁 257～290。